笑出腹肌
的
中国史

大唐初创——玄武门之变

梁山微木

著

北京理工大学出版社

BEIJING INSTITUTE OF TECHNOLOGY PRESS

图书在版编目（CIP）数据

笑出腹肌的中国史 . 大唐帝国 : 全5册 / 梁山微木
著 . — 北京 : 北京理工大学出版社 , 2023.7
　ISBN 978-7-5763-2030-5

　Ⅰ . ①笑… Ⅱ . ①梁… Ⅲ . ①中国历史 – 唐代 – 通俗
读物 Ⅳ . ① K220.9

中国国家版本馆 CIP 数据核字（2023）第 008169 号

出版发行 / 北京理工大学出版社有限责任公司
社　　址 / 北京市海淀区中关村南大街 5 号
邮　　编 / 100081
电　　话 /（010）68914775（总编室）
　　　　　（010）82562903（教材售后服务热线）
　　　　　（010）68944723（其他图书服务热线）
网　　址 / http : // www.bitpress.com.cn
经　　销 / 全国各地新华书店
印　　刷 / 三河市华骏印务包装有限公司
开　　本 / 710 毫米 × 1000 毫米　1/16
印　　张 / 104.5
字　　数 / 1320 千字
版　　次 / 2023 年 7 月第 1 版　2023 年 7 月第 1 次印刷
定　　价 / 298.00 元（全 5 册）

责任编辑 / 李慧智
文案编辑 / 毛慧佳　李慧智
责任校对 / 刘亚男
责任印制 / 李志强

图书出现印装质量问题，请拨打售后服务热线，本社负责调换

序言

　　历时两年，这套近百万字的唐朝史终于写完了。

　　原本以为，写完这近三百年的历史，我应该会欣喜万分，就像父母看到自己的孩子事业有成一样。

　　但此刻，我的心中只有两个字——解脱！

　　首先，是精神上的解脱。看过了这近三百年的尔虞我诈，文臣武将们的起起伏伏，我越来越觉得，什么功名利禄、什么英雄豪杰，不过是一场大梦而已。唐朝数百名宰相，我们知道的又有几个？一人之下，万人之上又如何？不过是历史中的一粒尘埃而已，没有多少人会记得。即便有人记得，又能如何？终究是尘归尘，土归土！

　　所以，过好当下，珍惜眼前，才是我们每个人应该拥有的生活态度。至于身外之物，不过是浮云而已。何必因物而喜，又何必因己而悲？

　　其次，是从历史中解脱。以前我一直都有一个疑问，《明朝那些事儿》如此火爆，作者当年明月为什么不把中国的历史都写一遍。现在我终于理解他为什么不再写了，大概率是因为两个字——恶心。

　　皇帝、后妃、皇子、大臣、诸侯……他们之间的每一次斗争，看起来完全不同，却又极为相似。

皇帝要长生，后妃要争宠，皇子要夺嫡……你诬陷我，我诬陷你。近三百年中，这些一直在不断地上演。甚至可以说，整个中国古代史都是隋唐史的不断重演。

怎奈，历史就是如此，因为这就是人性啊！

再次，是从生活中解脱。这两年我的生活极其枯燥乏味，每天从早上九点写到晚上九点，基本没有休息的时间，眼睛经常酸涩流泪，脖子僵硬发疼，而且还胖了好多，以前的裤子，如今只有两条能够勉强穿上。

不过，写作也增强了我对生活的信心。回想起开始动笔写隋唐史连载的时候，我其实根本不知道自己会写到哪里，我也不止一次地想过放弃。但是故事中的那些人物，那些事迹，一次又一次地给我勇气，让我觉得有必要用自己的方式重新讲述。再加上读者们都在满怀期待，我就又多了不少毅力。

两年的时间过去了，我就这样一直走到了这里。

当然，也有些东西是始终不变的，那就是我仍旧怀着最初那个简单的梦想：把历史写得好玩一些，有趣一些，让更多的人爱上这近三百年的历史。

因为这近三百年历史的浓度，足以让每位读者沉醉其中。

它有像李密那样打遍天下、气吞万里的枭雄。它也有像李世民那样，将一众英雄收服的天纵奇才。

它有李靖连百万之众，纵横数千里，取敌军上将首级的军事奇迹。它也有李德裕运筹帷幄之中、决胜千里之外的政治谋略。

它不仅有男人们的血腥厮杀，还有一路隐忍，废子杀子，舍弃了爱情和亲情，几乎摒弃了一个女人该拥有的一切特质，才爬到权力巅峰，让后人惊叹不已的女皇武则天。

它有明君辈出，在短短六十年里，让大唐的版图空前扩大，西及咸海，东至朝鲜，北包贝加尔湖，南抵越南中部，合计一千两百多万平方公里。

它也有昏君接力，连续两代皇帝，"崽卖爷田不心痛"，让祖宗们好不容易打下的江山毁于一旦。

它还有理想主义者的无奈，一个末代皇帝，在穷途末路之中，一次次苦苦挣扎，企图恢复王图霸业……

总之，无论位于庙堂之上，还是处于江湖之远，你都能从这近三百年历史中领悟到人生的真谛，学到足够的知识。

有这样一种说法，电影可以延长三倍生命。而书籍能做到的，远不止此。

因为有了书籍，我们得以和古人进行跨越千年的交流，他们的声音得以到现在还在许多人心中不时地回响。

因为有了史书，我们可以不用亲自尝试，就能从历史人物的生死悲欢中明晰一些道理，从而少犯一些错误。

作为后来人的一个先天优势，我们可以站在遥远的后代，清楚地看到前人作出的那些抉择所带来的结果，从而推断出他们是对还是错。

因此，我希望这套《笑出腹肌的中国史：大唐帝国》除了为你讲述凝结了中华五千年历史精华的唐朝故事之外，也能带给你一些启发，帮你解答一些疑问。

如此，便足矣。

梁山微木

目 录

一 "辕门射鸟眼"，一个畸形皇帝的爱情

566年十二月二十一日，北周京师长安（大兴）一个大户人家诞生了一名男婴。

这孩子比较特殊，倒不是说他出生时家里电闪雷鸣、鸡飞狗跳啥的，而是这孩子有病，先天畸形——有三个乳头。

现代医学管这种畸形叫作"多乳症"，在亚洲人中的发病率为百分之一到百分之三。百分之八十以上患者的第三个乳头长在胸部附近和腋下，但也有一部分会长在脸上、臀部，或者其他地方。

这孩子多长的那个乳头具体在哪儿，咱也不知道。只知道初为人父的大野先生不但没有嫌弃他，反而异常兴奋。

当然，不是大野先生缺心眼，没有审美。而是中国历史上，有一个大名鼎鼎的男人——周文王，也得了这种病，而且他有四个乳头。所以，在周文王之后，多乳症就成了大吉之相。

大家都认为这孩子不同凡人，以后必有作为，所以，大野先生根据《周

易·易经·乾卦》中的"潜龙勿用，或跃在渊"给这孩子起了个名字：大野渊。

需要注意的是，大野不是日本姓氏，而是鲜卑姓氏。大野渊的祖父姓李名虎，是个地地道道的汉人，后来因为建功立业成为西魏八柱国之一，才被皇帝赐姓"大野"。

西魏灭国之后，大野虎家里并没有受到什么影响，他的儿子大野昞则摇身一变，成了北周柱国大将军、唐国公。隋文帝杨坚篡位之后，大野家才恢复汉姓"李"，所以现在的大野渊也就是后来的李渊。

含着金钥匙出生的李渊，在家人的一片宠爱中，过着无忧无虑的生活。但是在他七岁那年，家里发生了意外——他爹死了。

虽然小李渊顺理成章地继承了他爹的爵位，成了令人尊敬的唐国公，但还是经常有同龄的小孩骂他为"野孩子""没爹的孩子"。

受委屈时，小李渊也不敢问他母亲，父亲去哪儿了，因为一提到这个话题，刚刚还在嬉笑的母亲，就会变得泪眼蒙眬。于是，后来受到欺负之后，小李渊只好躲在屋内独自哭泣，他不明白那个高大魁梧的男人、那个经常陪他玩的男人去了哪里。

时间一长，本来还活泼开朗的小李渊，性格慢慢变得孤僻。如果照此下去，我们的历史上也许就会少一位英明威武的开国皇帝了。

幸好，小李渊的母亲及时意识到了他的变化，便在他的人生中又安排进了另一个男人——杨坚。

杨坚的老婆和李渊他妈是亲姐妹。没爹之后，缺乏管教的李渊经常被送到杨府，接受姨父的再教育，当然也少不了和表弟杨广一起玩耍。

在杨府中，虽然有一群表哥、表弟陪自己玩耍，但是，小李渊的心中还是明显感觉到了异样——他和其他孩子不一样，他们受到的重视明显比自己更多。

于是，为了引起小姨和姨父的注意，小李渊变得格外努力。他努力记住见过的每一个人的名字，努力记住所看到的每一张地图，努力学习骑马和射箭。

经过无数个日夜的努力，李渊的付出终于得到了回报，他变成了一台古代版的照相机。只要见过一个人，几年之后，他仍然能够说出那个人的名字。只要看见一张地图，他就能准确地标记出关键的位置。他变得争强好胜，成了一个武艺超群的神射手。

杨坚和老婆独孤伽罗对李渊也慢慢变得"特见亲爱"。杨坚称帝之后，便让十六七岁的李渊做了贴身保镖。而这一做，就是四年。

这四年他具体干了些什么，我们不得而知，不过可以参考《还珠格格》里的尔康、尔泰，李渊干的就是那种活儿。差不多就是皇帝去到一个地方，他就骑着马在前面给皇帝开路，但最重要的是，他可以跟着皇帝学习执政的技巧。

当李渊二十岁时，他迎来了自己的爱情。有一天，他在长安城内瞎溜达，突然听说了一条花边新闻：

定州刺史窦毅，为了给十七岁的女儿选婿，在家中搞了一场比武招亲。

争强好胜的李渊，立刻快马加鞭赶往了窦府。等到了门前，他才发现一众的大姑娘、小媳妇、单身汉……看热闹的、准备上场的，将窦府围得水泄不通。

费了九牛二虎之力，李渊终于挤了进去。窦家人看他长得英姿飒爽，又穿着绫罗绸缎，就知道他来头不小，于是，赶紧迎上去给他排了个号。

李渊一看前面那么多人在排队，顿时倒吸一口凉气，感觉没戏了。但是，当他听完比武规则之后，又瞬间恢复了信心。规则是这样的：

每人只有一次机会，用手中的两支箭去射一百五十米外屏风上画的孔雀的两只眼睛。两支全中者晋级，否则淘汰。若有多人晋级，那就再射一次。

据现代人考证，吕布当年辕门射戟的距离也不过一百六十到一百八十米，而孔雀眼睛可比戟要小太多了。所以，大部分单身汉听完这规则，心里都没谱了。这哪里是比武招亲，分明是"辕门射鸟眼"嘛。

不用说，前面的几十位爷们全都没有中。等到李渊上场时，只见他弯弓搭箭、瞄准射击，嗖嗖两声，倒腾出来一个成语：雀屏中选。

窦毅见状，赶紧把李渊迎了进去，一唠家常才发现，竟然钓到个黄金王老五唐国公。那还废啥话，赶紧定亲，不能让这金龟婿跑了啊。

杨坚听说后也相当高兴，还没等小两口度完蜜月，就很贴心地给李渊换了工作——让他做刺史去了，杨坚这姨父当得真称职。

按道理讲，像李渊这种传奇人物，当上刺史之后，就应该更加传奇，搞出一番名留青史的事情来。但令人奇怪的是，在之后的二十多年里，他好像遇到了事业上的瓶颈，在各地来来回回当刺史，就是升不了官。

幸好李渊的心态比较好，外面不让他升，那他就在家里生。他和窦氏恩恩爱爱的，连续生了五个好儿女。

长子李建成，生于589年，出生时正常。

长女平阳公主，出生年月不详，不过肯定比李世民大，出生时正常。

次子李世民，生于599年一月，出生时正常。但是，人家是未来的皇帝，既然出生时正常，没有满室飘香、电闪雷鸣等异象，那么，他小时候就必须有一些传奇的经历。

《唐书》里说李世民四岁时，有一个书生看到李渊之后惊叹道："你长得天庭饱满、骨骼清奇，以后肯定是个大贵人，你的儿子里面肯定还有个贵子。"

书生这话刚说完，转身就碰到了李世民，哟呵、哟呵两声惊叹："这孩子有龙凤之姿、天日之表，估计不到二十岁，就能济世安民。"

"龙凤之资、天日之表"到底长啥样？

据说额头又宽又亮，叫天日之表。额头上有两根突出的骨头，叫龙凤之资。

总之吧，李世民长得就是不同凡响，和当年的刘备一样。

李渊听书生这么一说，非常高兴。但是转念一想，万一这书生泄露天机怎么办。于是，书生前脚刚走，他就派了几个人去追杀，但是书生已不知所终。

所以，李渊觉得书生是个神人，便用他所说的"济世安民"中的两个字，给二儿子取名为李世民。

三子李玄霸，不是隋唐演义中的李元霸，那是编的，历史上没那人。李玄霸生于599年年末，但是616年就死了。他出生时也正常。多说一句，窦氏一年时间就生了两胎，这生育能力也是挺厉害的。

四子李元吉，生于603年，出生时不太正常，具体来说就是长得有点丑。

窦氏看到这孩子后很失望，恶心得直想吐，觉得拼死拼活，怎么生了这么个玩意儿。刚好，此时李渊又在外出差。于是，窦氏一狠心，便让李元吉的奶妈陈善意把他扔了。

好在李元吉命大，陈善意和她的名字一样，充满了善意，她把李元吉带到自己家里私下抚养，等李渊回来之后，又交给了李渊。不过，陈善意的结局却很不好，后来被李元吉这混蛋给杀了，后面我们会详细讲的。

史书上关于李元吉的这段记载，让人很是怀疑其真实性，不是怀疑窦氏扔李元吉的真实性，而是怀疑窦氏的动机。

都说女子本弱，为母则刚，一个女人再狠心，也不至于因为刚生下的孩子丑，就给扔了吧？

窦氏已经生了四个儿女，怎么可能不知道很多小孩刚生下来就是很丑的，但是长着长着就好看了呢？

古人都特别重男轻女，扔女孩的事听过，但是扔男孩的事情还真少有。

战国四公子之一，孟尝君田文算一个，但是他被扔的原因却不是因为长得丑，而是他爹迷信，认为五月初五出生的人克父母。还有，当时田文他爹非要扔他，而田文他妈拼了老命也要把他抱回家。

李渊刚好出差不在家，窦氏就趁机扔孩子，这一点最可疑。

所以，她扔掉李元吉到底是因为孩子长得丑，还是其他什么原因呢，我们就无从得知了。

在李渊和窦氏的精心教导下，这五个儿女的成才率相当高，除了被窦氏嫌弃的李元吉和死去的李玄霸外，其他三位都成了一流的人才，包括平阳公主，她让无数男人都汗颜。历史上第一支娘子军就是她建立的，大名鼎鼎的娘子关，也是因她而得名的。

只是很可惜，窦氏没有等到儿女们成才的那一天，在李渊起兵前夕，她就因病去世了。不过也还好，如果她活得久了，就会看到三个儿子互相残杀。

李渊和窦氏就在生孩子、养孩子的事业中，一直奋斗了二十年。

直到613年，杨广二征高句丽的时候，李渊才终于迎来了一次升迁的机会，他被提拔到中央担任卫尉少卿，负责押运粮草。

结果杨广大军刚和高句丽开打，杨玄感就在后方造反了。

当时，李密给杨玄感出过一个馊主意："洛阳已不可久留，我军可诈称弘化郡（今甘肃庆阳）留守元弘嗣叛乱，打着平叛的旗号直入关中，打开永丰仓赈济贫苦百姓，等关中稳定之后，我们再向东争夺天下。"

为什么说这是馊主意呢？因为当时全天下的人都已经知道杨玄感造反了，你再打着平叛的幌子进关中，根本就没有人相信，最多只能临死拉一个垫背的。

事实也是如此，杨玄感叛乱被平定之后，杨广抱着宁可信其有，不可信其无的态度，真把元弘嗣斩了，让自己认为是忠臣的表哥李渊接替了他的职务。

杨广二征高句丽失败这件事，让李渊意识到天下必将大乱，如果想有所作为，他必须提前做准备。所以，李渊刚刚到达甘肃庆阳，就打起了小算盘，和当地的豪杰贵族、地痞流氓称兄道弟，准备一旦天下有变，就带着大家一起砸了大隋的锅。

功夫不负有心人，尤其是不负手中掌握各种资源的官老爷们。没过多久，李渊就把庆阳变成了一个培植自己势力的大本营。

但是，这一次他却预估错了。

李渊等啊等，一直等了两年也没有等到机会。虽然全国各地造反的人一拨接着一拨，但是，全部都是民众在造反，官员们竟然还在听杨广的指挥。

而李渊结交豪杰的举动，却引起了杨广的注意。不久之后，杨广就下了道圣旨，把李渊调回身边。

二　平乱民、打突厥，李渊武力很强大

李渊接到圣旨的时候，恰好病了，高烧不断，全身无力，连下床都难。本来就做贼心虚的他，正好趁此机会向杨广请了病假。

但是，这个举动也让杨广的疑心更大了，什么时候不病，偏偏召见你的时候生病，难道真的要造反？杨广顿时心生杀机，对自己的妃子、李渊的外甥女王氏说："你舅病得重不重，会不会死？"

本来还病恹恹的李渊一听这话，顿时吓得魂不附体，竟然奇迹般地被"吓"好了。

接下来怎么办呢？装作什么事都没发生一样，继续结交豪杰？肯定不行，那样只会死得更快。

那么入朝见杨广，表示病好了？肯定也不行，那样只会增加杨广的猜忌。李渊思来想去，又翻了翻史书，终于发现了两条路：

第一条，装疯卖傻。

学习榜样：战国的孙膑、前燕的慕容翰。

具体操作步骤：躺在猪圈里，和猪抢食，要是有人来了，就一边吃，一边吆喝着好吃好吃；或者在家里天天披头散发，躺着大小便；或者在大街上，拿着马粪往脸上抹。

第二条，自秽。

学习榜样：大汉的萧何。

具体操作步骤：贪污腐化，吃喝嫖赌，强抢民女等。

李渊想了想，第一种方法味道实在有点重，猪食粪便放到鼻子跟前就受不了，更别提直接吃了。于是，他决定先学第二种，如果蒙混不过关，再一步一步来。

李渊顾不得大病初愈的虚弱身体，转身就开启了一段浪荡生涯。他白天在家里喝酒吃肉、不理政事，晚上跑去外面花天酒地。

杨广的耳目们将李渊的行为一一报告给杨广，时间一长，杨广终于确认李渊胸无大志。于是，他慢慢放下了猜忌之心，恢复了对李渊的信任。

不要觉得这是杨广昏庸，尽喜欢一些道德低下的货色，其实这是帝王之道。

大家可以思考一个问题：皇帝是喜欢道德低下的臣子，还是喜欢道德高尚的臣子？

如果喜欢道德低下的臣子，那么，皇帝为什么要斩杀那些贪官？

如果喜欢道德高尚的臣子，那么，历史上为什么有那么多大臣需要自污保命？

所以，真正的答案是，皇帝都喜欢，也都不喜欢，主要看你所处的位置。

如果你是重臣和高级将领，皇帝要的是你的能力，而不是你的道德，所以他就希望你道德低下，因为这样不会威胁皇权。

如果你是普通官员，那么，皇帝就希望你道德高尚，因为，他还要治理天下。

这种要求，看起来很矛盾，但是却很实用。

明君和昏君的区别就在于，明君知道谁可以贪，谁不可以贪。而昏君却根本不管谁贪或不贪。判断贤臣和奸佞的标准，也从来不在于贪或不贪，而在于有没有帮助皇帝把天下治理得不那么乱。

615年，杨广开始重视造反的乱民时，便将重获信任的李渊提拔成河东慰抚大使，派他到山西平叛。

不过，为了防止李渊势力过大，杨广还留了后手，他只给了李渊区区几千兵马，而且还不是精兵。

但是李渊却很自信，接到命令后，带着兵就渡过了黄河，往河东行进。当李渊走到龙门（今山西河津）的时候，如他所愿，终于碰到了母端儿统领的几万起义军。

李渊觉得，这些起义军只不过是一群乌合之众，二话没说，便下达了冲锋的命令。隋军一鼓作气，叫喊着就向起义军猛冲了过去。但是，隋军这一股气刚喘了一半，就被起义军给堵了回来。

原来，母端儿见隋军只有几千人就敢进攻，大为恼火。于是他亲自敲鼓呐喊，起义军士气大振。

起义军反击之后，隋军还没有抵挡一会儿，就扛不住了，撒开脚丫子，调头就往李渊的营地狂奔。眼看隋军兵败如山倒，几千人就要这么折了，李渊在军中急得直跺脚，他就这点本钱，实在是赔不起啊。

万般无奈之下，四十八岁的李渊也顾不得左右的劝阻，亲自披挂上阵，拿起一把长弓，找了一辆战车就爬了上去。只见他弯弓搭箭，把跑在最前面的起义军当成了比武招亲时的孔雀眼睛。

起义军正追得起劲，根本没有防备。结果，李渊连射七十多箭，箭无虚发，中者个个毙命。

起义军见状，吓得不敢再追，急忙往后撤。正在往回跑的隋军突然发现后面没人了，定睛一看，原来有神射手的庇护，顿时军心大振，转过身来了个反杀。

这一仗起义军被杀一万多人，被俘六万多人，仅有四千人逃走，刚刚还在敲鼓起劲呐喊的母端儿，也死在了乱军之中。

转败为胜之后，李渊收起了弓箭，擦了擦额头上的冷汗，大为恼火。不过，他没有痛骂隋军将士懦弱，而是对这些起义军的尸体进行了报复。

他派人把起义军的尸体"垒为京观"，就是把那一万多人的尸体堆集了起来。

这种变态的行为好像古今中外的胜利者都很喜欢，中国最早出现这一词是在春秋时期。

杨广三征高句丽时，高句丽也把隋军的尸体"垒为京观"。这些隋军将士，就在高句丽暴尸荒野几十年，一直到李世民登基后征讨高句丽时，才派人将这"京观"给毁了。

搞定母端儿之后，李渊势如破竹，很快又把绛州（今山西运城）的几万起义军灭了。自此，河东郡基本恢复了太平。

可是内乱刚刚平定一点，北方边境又燃起了战火。

616年秋，两年没有动静的突厥，又开始南下给隋朝做"计划生育"了。正好，突厥进攻的地点就是山西。

于是，杨广又把李渊升任为右骁卫将军，让他和马邑（今山西朔州）郡守王仁恭一起抵御突厥。

面对突厥骑兵的不断骚扰，王仁恭看着手下那五千人，有种鸡蛋碰石头的感觉——淡淡的忧伤。

李渊再次表现得很自信，不过，这一次他不是盲目自信，而是把手下将领都召集了起来，对敌情进行了充分的分析：

这帮草原汉子就会骑马弯弓射大雕，感觉能打赢了，他们就一起上，轮流呼你；感觉打不赢了，他们调转马头就跑，步兵根本追不上。

所以，和他们干架不能用步兵，得学习他们，全用骑兵，逐水草而居，以羊马为军粮。这边捞不到好处，他们自然就撤了。

众将听罢李渊的分析，不禁竖起了大拇指，发出一片赞扬之声。不过，很快就有人提出了新的问题：

分析得真好，但是这里面有一个最关键的问题，派谁去和突厥打呢？真有那实力，谁还愿意待在城里啊？

一语惊醒梦中人，本着谁出主意谁干活的原则，众将不约而同地将目光投向了李渊。李渊这才意识到，除了自己之外，其他将领都是那么不靠谱。

于是，李渊只好亲自下场，精挑细选了两千多名骑兵，离开马邑城，到周围的草原上到处溜达。

每次看见突厥骑兵，李渊都赶紧带着这两千多人，甩开马腿就跑。不过，不是往后跑，而是耀武扬威地奔腾到突厥兵的前面。他也不去打突厥，只是在人家能看得到的地方停下来，弯弓射雕，发无不中，把突厥兵吓得一愣一愣的。

时间一长，马邑周围的突厥人都知道了，草原上有一伙善于骑射的隋军。但是，这伙隋军也不和你干架，就喜欢在你面前显摆。

李渊这是欺负突厥无人啊，但是，那么大的突厥，怎么可能无人。

于是，就有一群不怕死的突厥兵想挑战一下李渊的本领。等李渊带着两千多人冲到他们面前，准备再次表演射雕的时候，他们趁隋军不备，便发起了进攻。一时间，万马奔腾，声音响彻云霄。

只是很可惜，隋军不是不备，而是早有准备。在李渊射雕的同时，隋军其实也在时刻观察着突厥兵的动向。当他们发现突厥骑兵开始进攻的时候，早已拉满了弓弦，调整好了马头，只等李渊一声令下，便和突厥骑兵来个对冲。

眼看突厥骑兵越来越近，李渊终于下达了进攻的命令，带头向突厥骑兵冲了过去。主帅亲自冲锋在前，其他隋军哪敢懈怠，个个奋勇向前。

突厥骑兵被吓了一跳，本以为可打隋军一个措手不及，哪知道隋军这么不要命，顿时士气就下去了一半。

双方一阵厮杀，结果自然是突厥骑兵大败而逃，被斩一千多人。

这种战法大家熟悉不？当年杨素就是采用这种战法和突厥骑兵正面硬碰硬，根本不玩虚的。

整个隋朝，杨素是第一个敢和突厥骑兵对冲的人，李渊则是第二个。由此可见，李渊的武力有多么强大。

此战过后，突厥人老实了好一阵子，也记住了李渊的大名，为他们后续的合作基本铺平了道路。

内能平叛、外能御敌，又"吃喝嫖赌、胸无大志"，从此之后，杨广对这位表哥越看越满意。

617年，已经跑到了江都的杨广还特意下诏，将李渊提拔为太原留守、晋阳宫监，全权负责山西事务。

从这一刻起，李渊父子正式成为历史舞台上的主角，一个伟大的李唐王朝即将诞生。

但是，接下来的这段历史，却陷入一团迷雾之中。

三 历史的迷雾，晋阳起兵谁才是主谋

晋阳（今山西太原）起兵到底是李世民的功劳还是李渊的功劳，一直争议不断。

两种说法都有依据，前者依据《新唐书》，后者依据《大唐创业起居注》。这两本书谁对谁错至今没有定论。

我们先看正史《新唐书》是怎么说的。

李渊当上太原留守之后，纯洁得像一朵白莲花，对杨广忠心耿耿，一心想着除暴安良。

在半年多的时间里，李渊在北边和突厥搞好了关系，在内部又平定了西河的农民起义军魏刀儿。

平叛过程中，李渊还粗心大意，带着五千人，中了甄翟儿的埋伏。李渊打了半天也出不来，眼看快要不行了，忽然天降神兵，李世民带人杀到，把他救了出来。

当时，李世民的老婆长孙氏（大忽悠神箭手长孙晟的女儿）的族叔长孙顺德不想去高句丽送死，就逃了兵役投奔李渊。

陕西人刘弘基，世袭了父亲的职位，任右勋卫（禁军、七品），去高句丽打仗时，误了兵期，便畏罪潜逃，也投奔了李渊。

不过，这两人觉得李渊虽然厉害，但是不如李世民。李世民豁达大度、神武雄豪，简直就是刘邦在世，于是他们便和李世民结交，私下里关系很铁。

晋阳县令刘文静，因为和李密是亲家，受到李密的牵连，被关了起来。李世民不知道通过什么渠道了解到刘文静是个人才，于是，他经常在夜里带着长孙顺德、刘弘基等人去狱中和他商量如何砸碎大隋的锅。

刘文静情到深处，给李世民讲解了一篇狱中版《隆中对》：

"方今天下大乱，皇上南下江都，关中正是空虚。现汾州、晋州一带百姓为了避乱都在城里，我刘文静虽然是县令，但也不是啥好人，平时就和这些人里面的坏蛋关系特别好。一旦号召起义，轻轻松松就能聚集十来万人。再加上唐公府的数万兵马，一声令下，谁敢不从？然后我们敲着锣打着鼓入关，威震天下，帝业这就成了。"

刘文静这牛吹得特别大，什么十来万人？最后李渊起兵时也不过三万人。不过，李世民也没抠这字眼，听完刘文静这么一通分析，大喜过望，真想立刻起兵。

但是李世民又害怕"白莲花"李渊不同意造反。思来想去，他们就准备搞个农村包围城市：先把晋阳副宫监裴寂拉下水，再让裴寂去劝李渊。

裴寂，山西人，很小的时候便父母双亡，成了孤儿，由几个哥哥抚养长大成人。裴寂家里虽穷，却在十四岁就成了郡里的主簿。

后来，裴寂又当过一段时间京官，认识了李渊。等李渊到太原当老大时，两人因为是旧交，关系就更好了，天天腻歪在一起。

刘文静和裴寂的关系也很好，起码目前很好，两人之间还有一段故事。

有一天晚上，刘文静和裴寂两人看见城头上点起了烽火，裴寂说了段非常气人的话："哎，刘兄啊，咱俩贫贱到这个地步，又遇到了乱世，以后该怎么办？"

刘文静笑道："裴兄啊，你也别愁，现在虽然乱，但是只要预测对乱的方向，你我齐心协力，不愁干不成大事，又何必为贫贱忧虑呢？"

十四岁就当了郡里主簿的裴寂，可能很清廉，有一点点贫贱。但是刘文静可不贫贱，他本人是县令，同时还继承了他爹的爵位，正所谓"仪同三司"。

什么叫"仪同三司"？

"三司"就是袁绍家那个"四世三公"的三公，指太尉、司徒、司空。

"仪同"的意思是，虽然不是三司，但可以享受三司的超级待遇。

隋朝时，"仪同三司"成了散官，没有实际权力，只是享受三公的待遇。

郡里的主簿贫贱，享受三公待遇的贵族贫贱，真不知道古人是怎么定义"贫贱"的。

话说回来，因为刘文静和裴寂关系好，还一起感叹过"贫贱"，所以，他作为中间人，将裴寂介绍给了李世民。

李世民并没有轻易相信裴寂，而是采用了当年宇文述拉杨素下水的计谋：

李世民先把自己的私房钱，交给了龙山县县令高斌廉，让高斌廉与裴寂赌博时，故意把钱全部输给裴寂。裴寂连赢几天，和高斌廉的关系迅速升温，成了无话不谈的好朋友。

就在裴寂最开心的时候，李世民把真正的目的告诉了他。从上文就能看出，裴寂也不是什么良民，所以听李世民说要他把李渊那老头拉下水，他立刻就答应了。

紧接着，裴寂、李世民这几个人又合伙给李渊挖了个坑。

裴寂把晋阳宫里本来侍奉杨广的几十个宫女，献给了李渊。李世民他妈死得早，所以李渊也没管这些女人的来历，顺手就把她们给收了。

然后，裴寂又请李渊到家里喝酒，两人喝得正起劲呢，裴寂扑通一声跪那里，表示：老大啊，你前几天收的那群女人可是皇帝杨广的宫女啊。

李渊大吃一惊，迅速蔫了，饭也不吃了，酒也不喝了，吓得不知道如何是好。

这时候，李世民赶紧跑过来劝他爹：造反吧，你要不反，这事暴露了也得死。

李渊很生气，坚决不同意造反，还要把李世民抓起来送到官府。不过后来，李渊思来想去，最后还是同意造反了。

李渊虽同意了造反，但是还一直犹犹豫豫，不敢反。情急之下，刘文静让裴寂又推了李渊一把，李渊这才下定决心造反。

李渊起兵后，率领大军快到霍邑（今山西临汾）的时候，忽然天降大雨，持续了半个多月。李渊又蔫了，要退兵，但是李世民站在军营前痛哭，把李渊劝住了。

霍邑之战中，李建成被宋老生打得坠落马下，危急关头，天降神兵，李世民又出现了，救了他哥哥。

总之，李渊和李建成在起兵的时候，基本上是俩窝囊废，全是李世民的功劳。

但是这种记载引起了很多人的质疑：

一个开国皇帝，怎么可能如此窝囊，处处被十九岁儿子的智商碾压？

李渊平叛军、打突厥的时候，以及霍邑之战，都那么英明，怎么偏偏在准备起兵的这段日子里，变成了庸才？

李渊起兵后，还有七大叔、八大舅子，以及众多原隋朝官员的响应，你十九岁的李世民，怎么可能有这么强的号召力？

关于这一点，我们再看《大唐创业起居注》是怎么记载的。

《大唐创业起居注》是李渊大将军府记室参军温大雅写的，温大雅是开国功臣，后来李建成、李世民争权时，温大雅又成为李世民的得力干将。所以，他没有任何动机抹杀李世民的功劳。而《大唐创业起居注》也是被很多史学家认可的。

什么是"起居注"呢？就是史官记录皇帝每天都做了些什么的史料，而且这份史料，是不允许皇帝看的。

李世民登基后，曾经和掌管记录皇帝言行的褚遂良有过一次对话。

李世民问褚遂良："你写的起居注，朕能不能看？"

褚遂良答："现在记录起居注的人就是以前的史官，皇帝的善恶一定要记录，作用就在于告诫皇帝别干坏事，臣没有听说过哪位天子看过自己的起居注。"

李世民又问："朕有不好的言行，你一定会记录吗？"

褚遂良答："遵守道义不如奉行职守，臣的职责就是记录，皇上不管说啥、做啥，我肯定是会记的。"

从这段对话中，我们可以得知李世民想看起居注，但被褚遂良怼了回去。李渊肯定没有看过《大唐创业起居注》，不然褚遂良不会说他没有听说过哪个皇帝看过自己的起居注。

综上所述，《大唐创业起居注》肯定是比较靠谱的。

四　起兵前夕，李渊却入狱

《大唐创业起居注》是这样记录李渊的"创业"过程的：

李渊被杨广提拔为太原留守之后，心中暗爽到了差点内伤。不过，不是因为升官发财了才爽，而是因为封建迷信。

很多人可能都在网上搜过自己的"祖宗"里有哪些名人。如果搜到很多大名人，就会特别爽，尽管这些名人与你相隔了几百年，甚至是几千年，而且大概率和你没有半点血缘关系。但你还是会觉得，他就是你们家的"祖宗"，根本不管他同意不同意。

李渊虽然是未来的皇帝，思想境界很高，但是在这一点上，却和我们普通人一模一样。他虽然发现自己的"祖宗"有李耳、李牧这些大名人，但是他都不太满意，因为他的目标是成为至高无上的皇帝。

于是，他只好放宽了条件去找，结果还真被他找到了一位名气更大的祖先——尧。

尧和李渊能有啥关系呢？在普通人看来，好像八竿子也打不着。但是，对于有心人来说，就是有关系。

尧是帝喾的儿子，他的封地在唐地，也就是今天的山西。而李渊是太原留守，也在山西。两人都在山西，这是第一层关系。

尧刚开始被封在了陶地，后来又被封到了唐地，所以尧也叫唐尧或者陶唐。而李渊的爵位是唐国公。他俩都和唐有关，这是第二层关系。

当时，天下还传唱着一首童谣《桃李子歌》："桃李子，莫浪语，黄鹄绕山飞，宛转花园里。"

李渊觉得，这首歌是在暗示他老李家要夺得天下。

为什么呢？

桃和陶发的是一个音，刚刚说了，尧也叫陶唐。李呢，是李渊的姓。所以，"桃李子"就是指他李渊。

"黄鹄绕山飞"中的"黄鹄"和鸿鹄是一个意思，陈胜当年还在地里种庄稼的时候，就说过"燕雀安知鸿鹄之志哉！"后来，刘邦还写过一首《鸿鹄歌》。所以，黄鹄以后就代指胸怀大志的人了。

那这首歌表达的是什么意思呢？

简单一句话，就是他老李家被老天爷选中了，标准的潜力股！这是李渊和尧的第三层关系。

虽然这三层关系都扯得相当远，但是，李渊却自认为这是尧在千年之后和他来了一场"约会"，甚至自己有可能就是唐尧转世。总之，这是大吉之兆。

关于童谣的事，我们多说两句。每个朝代的末年，都会有童谣或者谶语出现来暗示天意"某某要得天下了"，而且还奇准无比。

王莽篡了西汉政权之后，江湖上就出现了一本《赤伏符》，它是一本预言书，其中有一句谶语是"刘秀发兵捕不道"。结果，刘秀就成了东汉的开国皇帝。所以，这个谶语被认为特别准。

汉朝时还流传着一句谶语，即"代汉者，当涂高也"。后来，被人解释为，涂是土的意思，高是土垒成的城墙、宫殿。魏的本意就是宫殿。所以，曹魏代汉，是几百年前就有人预言过的。

总之，谶语和童谣都是既玄乎又准确的预言。但是我们认真想一下就会发现，这些明显是封建迷信，一点儿也不可信。

为什么这么说呢？因为每个造反的人，在造反前，都会编一个有利于自己的童谣或者谶语来蛊惑大众。最后，这些造反的人中间，肯定会有一个人胜出，那么他编的童谣或者谶语就应验了。

例如，陈胜、吴广起义的时候，就在鱼肚子里塞了"陈胜王"三个字。

汉末黄巾起义的时候，老道张角就编了一个谶语叫作"苍天已死，黄天当立，岁在甲子，天下大吉"。

他们如果最后取得了天下，那么，大家肯定也会觉得，哇，这谶语好准啊。只是他们失败了而已。

还有，谶语的解释权在胜利者手里，他想怎么解释就怎么解释。这样解释不通，就换一种方法。

比如"刘秀发兵捕不道"这句话，"刘秀"既可以解释为名字叫"刘秀"的这个人，也可以解释为老刘家优秀的人。如果不是光武帝刘秀最后得了天下，而是玄汉的刘玄得了天下，那么，这句话照样能解释得通。

还有，隋末如果不是李渊得了天下，而是李密或李轨得了天下，那么《桃李子歌》也能解释得通。

所以，不管是童谣还是谶语，听听就行了，不可信。但是不可信，并不代表没有用。

这首很有可能是李渊自己编的《桃李子歌》，就像李渊在家里安装了一个有密码的大功率WiFi，密码就是"李渊造反"。破解密码的民众越多，归附李渊的人也就越多，李渊的实力也就越强大。

当然，这个大功率WiFi也有可能给李渊招来杀身之祸。只是很可惜，杨广在听说这首童谣之后，没能准确破解。他还以为是自己的宿将李浑要造反，于是就把李浑一家老小三十多口人全杀了。李浑的其他族人则被贬到了广东和越南。

鉴于姓李的造反人数比较多，准确破解这个密码有难度，李渊便把三个儿子和平阳公主夫妇派了出去，让他们分别在两个地方帮助大家破解密码：

李建成、李元吉、李智云去了河东郡；

女儿平阳公主和女婿柴绍则在长安。（柴绍也是官宦世家出身，他爹位列公爵。三百多年后，他的十二世孙柴荣还当了后周的皇帝，这家族兴旺的时间多长啊！）

他们所在的位置，全部都是太原进攻长安的战略要点。

而李渊和李世民，则留在太原处理更复杂的事情，具体来说是有三股势力需要摆平：

其一，城内有杨广安插在李渊身边的两个副手——兽贲郎将王威和兽牙郎将高君雅。

其二，城外有农民起义领袖历山飞魏刀儿。历山飞是绰号，魏刀儿是名字。

其三，有对山西虎视眈眈的"老朋友"突厥。

面对这么多棘手的问题，李渊首先想到了中华民族的优良传统——开会。

他把李世民、裴寂、刘文静、刘弘基、长孙顺德等一群非富即贵的人，召集起来开了一个小会。经过讨论，他们把造反战略定为了三步走：

第一步，拉拢监视自己的副将，先把历山飞魏刀儿灭了。

第二步，用完就扔，再把两位副将杀了。

第三步，联合突厥，挥军南下，直指长安。

历山飞魏刀儿在隋末的农民起义军中，属于水平比较高的那一个，打败过很多隋军将领，他在遇到李渊之前，可以说打遍山西无敌手。

所以，李渊很重视他，亲自带兵围剿。还记得《新唐书》中这一段是怎么写的吗？李渊轻敌冒进，被历山飞包围了，眼看就要不行了，天降神兵，李世民杀入敌军，把李渊救了。

但是下面咱们说的这个情节，除了人名之外，几乎和《新唐书》没有一样的地方了。

李渊带了五六千人，在雀鼠谷遇到了历山飞带领的两万多农民起义军。

五六千对两万，副将王威一阵胆颤，建议先避其锋芒，再伺机而动。但是李渊提出了反对意见：历山飞以前屡战屡胜，此次见到官军肯定会麻痹大意，只要略施小计，就一定能够打败他。

不得不说，主帅的水平就是高。

于是，李渊使了个损招。王威，你不是怕死嘛，那你就去死吧，去当诱饵，带着一群老弱病残，拉着辎重，扛着无数旌旗，冒充主力吸引历山飞的所有火力。

而李渊呢，则带着真正的主力，潜伏在侧翼，等待时机，给历山飞致命一击。

当年那个和薛世雄穿越几百里茫茫沙漠，灭了伊吾的王威，竟然一下子吓瘫了，可能是人越老就越怕死吧。

战役开始之后，历山飞发扬其一贯的"擒贼先擒王"的战术风格，带着两万大军，向旌旗招展的王威中军冲了过去。

还没等到起义军冲过来，王威便提前完成了李渊交给他的任务——跑。

他把辎重一丢，撒丫子就往后跑。李渊看王威这般模样，顿时火气就上来了。但是，还没等他发火，机会竟然就这么来了。

他万万没想到，王威提前逃跑的效果还挺好。起义军看见漫山遍野的物资，把兵器一扔，就开始疯抢，完全没有注意到不远处李渊带着的主力部队。李渊便趁机率领真正的主力部队冲了过去。

起义军此时才醒悟过来，可惜为时已晚。一通厮杀之后，这些人便几乎被隋军全歼，历山飞也死在了乱军之中。

整场战役压根儿就没有李世民什么事，更别提李渊被包围差点儿就完了。这次胜利来得很容易，李渊也很得意，下一步就该杀王威等人了。

但是，还没等杀了王威，他自己就被逮捕入狱了。

原来，突厥人趁李渊围剿历山飞之际，数次率军南下攻打马邑。

李渊让马邑太守王仁恭坚守不出，等待自己平定历山飞后再回军和突厥死磕。但是这位老兄却立功心切，违抗军令，选择了主动出击，结果不用说——大败。

远在扬州的杨广听说之后大怒，便下旨将王仁恭关押起来，待秋后处斩，而负有领导责任的李渊也被捕入狱了。由此可见，杨广此时此刻余威还在，他的命令还是有很多人听的。

一时间，老李家造反集团群龙无首了。

就在这危急关头，十九岁的李世民站了出来，挑起了重担。他带着裴寂、刘文静等人秘密到监狱中探望李渊，商量怎么继续砸大隋的锅。

狱中的李渊情绪已经低落到了极点，难道这就是天意，还没开始就要去见"老祖宗"唐尧了？一番感叹之后，李渊竟然开始向李世民交代后事了："我如果不幸遇难，你们兄弟几个一定要赶紧跑，齐心协力，共举大事，万万不可全部被杀，让天下英雄耻笑！"说罢，这个一向坚强的汉子竟然眼泪汪汪。

李世民也忍不住泪流满面，劝说李渊可以学习汉高祖刘邦，先落草为寇，等待机会东山再起。

不过李渊拒绝了，因为此时李建成、李元吉和平阳公主等人都还不知道他已被捕入狱，如果他现在逃跑，三个儿子和女儿必然会被朝廷杀害。

由于父亲死得早，李渊知道当孤儿的痛苦，所以他一向对儿女们特别疼爱，宁可牺牲自己，也绝不置孩子们于危险之中，这也是造成玄武门悲剧的一个原因。

李世民见老父亲意志坚决，只好和裴寂、刘文静等人离开了监狱，但是私下里，他们仍然广纳豪杰，一方面准备劫狱，另一方面为李渊万一遭遇不测做准备。

大概就是从这个时候起，李世民便开始重点打造自己的班底了。

五 两计拔钉子，武则天之父救李渊

眼看着李渊就要上演一出"监狱风云"，或者"出师未捷身先死"的悲剧了，接下来，却发生了一件很神奇的事情。

也不知道杨广哪根神经搭错了，他竟然下了道圣旨把李渊和王仁恭赦免了。关于赦免的原因，史书中没有任何记载，大概率是杨广本来就没打算治李渊的罪，只是想借突厥敲打一下这位表哥。

但是，这时候明显不适合敲打，你得明白胡萝卜加大棒什么时候才有效啊！

只有在你的实力能够碾压对方的时候，敲打才会有效。他要敢反，随时可以灭了他。但是，现在呢，李渊就算造反了，你杨广又能怎么办？

杨广真是严重低估了李渊的实力，我们看一下李渊在晋阳这段时间都把哪些人拉下了水。这些名字大家不用记，看一下就行了，以后看李密、窦建德创业的时候，对比一下，就知道什么叫"起点决定终点"了。

裴寂，晋阳宫副监，出身河东裴氏。

这是中国历史上独一无二的望族，出过许多宰相、大将军，其他各级官员更是数不胜数。还记得隋朝时的裴矩吗，他也是出身河东裴氏。

李渊为什么和裴寂关系好，又为什么把李建成等人放到了河东郡？那可不是白放的。自己搞定了裴寂，再让儿子们借着裴寂的名望，去搞定其他河东裴家人，山西的一半都到手了。

刘文静，虽然不是山西人，但他是晋阳的县令。

刘文静自己也说了，他平时和那些豪杰关系特别好，一旦号召起义，轻轻松松就能聚集十来万人。虽然召集十来万人有点儿吹牛，但起码代表晋阳的官方和民间都已经基本姓了李。

唐俭，山西晋阳豪族，爷爷是北齐的宰相，父亲是隋朝刺史，他和李渊原来都管过禁军，和李世民是好朋友。

殷开山，《西游记》中唐僧的外公，出生于官宦世家，当时任太谷县县令，在太原东南边。

柴绍，李渊的女婿，山西临汾望族，父亲是公爵。

王长谐，出身太原王氏，历史上鼎鼎有名的豪族。

温大雅，山西祁县人，出身官宦世家，也就是写《大唐创业起居注》的那位。

另外，李渊的老婆是扶风窦氏，这个家族从汉朝兴盛到了现在，皇帝轮流做，窦家却一直兴盛着。李渊入关之后，窦家人管理的几个郡立马归顺了他。

李建成的老婆是荥阳郑氏，这个家族在当时也特别牛，史上最狠名将杨素的老婆就是荥阳郑氏。当年，杨素和他老婆吵架，说了句："我要是当了皇帝，绝对不让你当皇后。"结果，被他老婆告到了隋文帝杨坚那里，杨素被贬官好几年，屁也没敢放一个。

李世民的老婆是长孙氏，神射手长孙晟是他岳父。

别的就不再列举了，反正围绕在李渊身边的都是非富即贵之人。无论是在智力、财力还是影响力上，都完全碾压了隋末所有起义军。

李渊为什么在这么短的时间内就能拉起来这样一支队伍？除了祖宗积德，从姥爷辈开始都是大贵族以外，更大的原因在于杨广跑到了扬州。皇帝这么一跑，北方就出现了权力真空的状况，任谁都能看得出来，天下要大乱了。

这些豪门贵族能够世世代代一直豪下去的原因就是人家特别会站队。李渊造反的信号一发出，这些"人精"便纷纷过来站队了。

此时整个晋阳，不，应该是差不多整个山西都等着李渊摇旗了。所以，李渊从监狱里出来之后，就立刻对隋朝下手了——搞定两个副手王威和高君雅。

碰巧的是，北边马上就给李渊提供了一个合适的机会。

在马邑的王仁恭被捕入狱、准备秋后问斩的那段时间，王仁恭的亲信、马邑校尉刘武周害怕王仁恭的小妾一个人太寂寞，便主动上门送了一些温暖。哪承想，王仁恭竟然安然无恙地回来了。

这下刘武周就尴尬了，不逃吧，万一他和王仁恭小妾的事情败露了咋办？逃吧，又能逃到哪里去呢？去大草原上搂草打兔子？可是喝奶、喝西北风的生活，他又实在受不了。

思来想去，刘武周便想把王仁恭给杀了。于是，他让人到处散播谣言："老百姓都被饿死了，王大人却宁愿让粮食坏掉，也不愿意开仓放粮，这是什么父母官？"

造谣动动嘴，辟谣跑断腿。还没等王仁恭辟谣呢，马邑的老百姓们便已经信了刘武周的鬼话。

刘武周见造反的时机已经成熟，便召集了几个同乡，把王仁恭给暗杀了，随后开仓放粮，收买人心，占据马邑，自称天子，立国号为"定杨"。

这国号挺有意思的，"定杨"就是搞定杨家的意思，一看就知道刘武周是个大老粗，文化人干造反的事情，怎么可能不扛着"仁义道德"的大旗。

617年二月，刘武周听说打铁的尉迟敬德（"门神"之一）打仗很有两把刷子，就把他纳入麾下，担任偏将。

接着，他又勾搭着突厥，带了一万多人，攻克了隋朝边境雁门、楼烦等郡，还把汾阳宫（今山西宁武县）里所有的宫女都献给了突厥。

突厥始毕可汗也投桃报李，给了刘武周不少战马，还封他为"定杨可汗"。于是，刘武周的势力迅速膨胀起来，直逼晋阳城。

面对刘武周的威胁，李渊深知"攘外必先安内"。所以，他准备借这个机会，做一个"杯酒释兵权"的局。

某天晚上，李渊把晋阳的高官都叫到家里来喝酒。喝得正酣的时候，李渊哀叹了一声：

"兄弟们啊，现在刘武周造反，自称天子，还把皇上的汾阳宫占了，我们要是不能平定叛乱，脑袋恐怕都要搬家了啊。"

王威和高君雅作为军队二把手，赶紧拍马屁，表示大哥说得对。

李渊见两位已经上钩，便来了招以退为进："太原城里有兵有粮，抵御刘武周的事，就交给你们二位了。"

王威和高君雅懵了，他们还以为李渊要撂挑子跑路呢。他俩的水平，李渊又不是不知道，打打闹闹还行，打仗就没赢过。

于是，这两人赶紧表示自己能力不行，李渊绝对不能撂挑子。

李渊还在继续装："我们的一举一动都要通报朝廷，晋阳距离江都三千多里，一来一往几个月，这仗怎么打？所以，不是大哥撂挑子，而是没法打，你们还是推举一个有能力的人来当老大吧！"

这两人估计也是酒喝多了，完全没有意识到李渊这是在变相夺权，竟然主动表示：战事紧急，哪有那么多规矩可言，从今往后，太原城内任何事都听老大你的，谁敢不听，我俩第一个不愿意。

李渊等的就是这句话。于是，趁此机会，李渊赶紧给这两位明升暗降，夺了他们的兵权。

然后，李渊又让李世民、刘文静等人以抵御刘武周的名义，在太原附近大肆征兵。不到十天，他们便征得了几千兵马。

如果不出意外，等李建成一行回来之后，李渊会招募到几万人马，然后就可以起兵了。但是，李渊接下来却是百密一疏，一不小心露出了狐狸尾巴。

他把刚招来的几千人分成了三队，由李世民、刘弘基、长孙顺德三个人各率领一队。

刘弘基、长孙顺德是谁？我们在前面讲过，都是为了逃兵役而躲在李渊家的亡命之徒。

现在李渊竟然让这两个亡命之徒出来带兵，这不就相当于在额头上刻了"造反"两个字嘛。

王威、高君雅虽然不太聪明，但绝对不是傻子。所以，他们自从酒醒后，就感觉不太对劲儿。等看见这两个亡命之徒出来带兵后，他们便意识到了问题的严重性，是的，李渊要反，必须杀了他。

但是，在动手之前，他俩又神经错乱了。他们把这个不成熟的想法告诉了"好朋友"武士彟（yuē）（武则天的父亲），想征求一下他的意见。而这个武士彟，又恰好是李渊安插在他俩身边的"眼线"。

武士彟出生于山西，家族世代为商。年轻时，走街串巷卖过豆腐，后来又当了"倒爷"，竟然成了大富翁。李渊以前在山西当官的时候，在他家住过，两人便官商"勾结"，结下了深厚的友谊。

隋朝末年，社会动荡，谁都有随时被杀的可能，尤其是虽有家财万贯，却没什么武力值的商人。于是，武士彟顺应时代潮流，弃商从军，当了一名小小的军官。李渊做太原留守之后，因为有旧交，就把他安排到了王威、高君雅身边当了

"眼线"。

武士彟得知这两人的计谋后，心头一惊，但是马上镇定下来，装作一副老好人的样子，说："他们都是唐公的门客，你们现在去揭发他们，谁敢治他们的罪？为此和唐公结下梁子，小心被穿小鞋！不如静观其变，以后再说。"

两人被武士彟这么一吓唬，顿时觉得还是他有水平，不能莽撞，是得等等。

哪知道，武士彟转身就把这事告诉了李渊。李世民、裴寂、刘文静等人再次极力劝说李渊立刻起兵。但是，李渊又拒绝了，理由还是李建成、李元吉、平阳公主等人没到晋阳。

由此可见，李渊真的是一位好父亲，至今已有两次甘愿冒着杀头的风险，也要确保儿女们的安全。

就在这焦急的等待之中，又过了将近一个月。事情不如李渊所料，他不但没有等来李建成兄妹几个，反而把王威、高君雅所有的耐性给等没了。这两人已经完全看透李渊的小动作，决定立刻动手了。

当时晋阳很长一段时间没有下雨，他俩便设计了一个圈套，企图以邀请李渊去祈雨为由，半路上把他杀了。这一次，他们没有再找人商量，而是亲自找了一批心腹准备动手。

但是这两位爷的运气实在是太背了，这边刚找好人，那边就又有人泄密了。一个叫刘世龙的乡长很快就知道了这事，他刚好也是李渊一党。

两名副手要搞秘密行动，乡长竟然都能知道。由此可见，李渊的势力渗透得有多厉害。

这一次，李渊终于不能再等了。事情紧急，当晚他便令李世民、长孙顺德、刘弘基等人率领三千五百名精兵，埋伏在晋阳宫城东门，准备第二天给高君雅、王威来个瓮中捉鳖。

第二天一大早，李渊升帐，召集太原文武百官开会，而高君雅、王威还不知道事情已经败露，如约而至。在大堂上，他俩还侃侃而谈，对当下的局势发表了一番真知灼见。

正在此时，刘政会（凌烟阁二十四功臣之一）进来了，他递给李渊一封早已串通谋划好的文书。李渊看也没看，豁达地表示，一切公文应该由王威、高君雅两位大人先看。

没想到李渊还对自己这么重视，王威和高君雅的脸上浮起了一丝满足的笑容。

但是，刘政会立刻变了脸，大声呵道："副留守勾结突厥造反，只能唐公看！"

李渊的笑容一下子凝固住了，他佯装愤怒，竟没给被告一个申辩的机会，就让人把这两个倒霉蛋押了下去。

杨广安插在李渊身边的两颗"钉子"，就这么轻而易举地被他拔掉了。

回头看王威、高君雅这段时间的所作所为，真的让人可怜可叹。天下即将大乱，连傻子都能看得出来，而他们作为高官，竟然不懂乱世的生存法则：

上策，跟着老大走，老大说干啥就干啥。如果这个老大不行，就骑驴看唱本，随时准备跳槽。

大部分官员都是这样干的，最典型的就是那个隋初名相苏威。他先是跟着杨广，随后又跟了宇文化及，后来跟了李密、王世充，最后还想归附李世民。虽然窝囊，但这也是个例，他的运气实在太背了。不过，这样起码能保条命，还能让子孙后代过得不错。

中策，把老大干掉，自己当老大。出去闯一闯，能统一天下就统一，没那能耐就抱条最粗的大腿。

例如罗艺，带着幽、营二州归顺了唐朝，被赐姓李，封为燕郡王。当然，后来他支持李建成，造反被杀，但那和乱世没有关系。

下策，辞官回家卖红薯，等到天下太平了，再出来当官。之所以说这是下策，是因为回老家被土匪、强盗杀掉的可能性比较大。如果在当地是豪族，那再另说。

反正，这三条路都可以走，也是大部分官员走的路，哪一条都不至于死得这么快。可是这两人却偏偏走了第四条路：监视老大，却不事先提防。

李渊造反的信号都发出那么长时间了，他们到最后才知道。李渊要是守规矩的人，怎会收留流亡之徒？被夺兵权时他们也不想想。

手里兵权都没了，才发现老大要反，不用想也会知道，自己肯定会被二十四小时监视，身边也肯定被安插了无数颗钉子啊。

这时候再去阴老大，不正是"挟泰山以超北海，非不为也，不能也"。

王威好歹当年也是穿越过几百里沙漠，灭掉伊吾的老将，竟然这么稀里糊涂地成了别人的祭旗鬼，实在可叹，可叹啊。

不过，李渊也没着急杀他们，还是因为他那几个宝贝儿子女儿没回来，现在还不到捅破最后一层窗户纸的时候。

但是，这两个人也没有几天可活了，因为两天之后，始毕可汗真的亲率突厥大军杀了过来，从而意外地坐实了他们勾结突厥的证据。

六　神操作，李渊吓退几万突厥兵

看到突厥大军前来，李渊既高兴，又惆怅。高兴的是终于有借口杀了两位副手，惆怅的是不愿意和突厥硬杠。

一年多以前还敢和突厥骑兵对冲的主帅，如今背靠坚城，却不愿和突厥硬杠，看似很不合理，李渊却是自有打算。

一来，始毕可汗亲自前来，肯定人多势众，不比当年，现在到城下和突厥骑兵打起来，即便赢了也会损失惨重。

二来，此时不能和突厥闹得太僵，起兵在即，李渊必须和突厥搞好关系，以防突厥在背后阴自己。

但是，紧闭城门坚守不出也不行，这样始毕可汗肯定会率军在城外大肆搜刮一番，周围被抢的豪族、士族、百姓会怎么看李渊？谁愿意跟着一个胆小怕事之徒？

打了得罪突厥，不打得罪百姓，难啊，实在是太难了！试想一下，如果你是李渊，会怎么办？如果想不到方法，再看李渊的操作，你就能明白他的厉害之处了。

按照一般的历史发展轨迹，这时候应该站出来一个谋士给李渊出一条妙计，李渊只要按计行事，危机自然解除，如果不听，就会陷入失败的境地。

但是大唐开国却很奇特，每到关键时刻，基本上都没有谋士什么事，总是李渊父子自己扛起重任，搞得他们很为难。

我们遍观中国历史会发现，王朝开国，其实有两种模式：

第一种是群狼模式。

在这种模式下，开国皇帝本身实力不咋地，谋略、打仗、治国等水平都不是当时最牛的。但是人家会搞协作，能把最优秀的人才笼络到自己身边，例如刘邦、刘备、杨坚等人。

很多问题，他们单独摆不平，但是，如果加上三类人，群殴，就无敌了。

第一类人是谋士，这些人不一定饱读诗书、学富五车，但肯定料敌如神，对厚黑学无师自通。大多数时候，他们还懂天文、地理、风水、医术等杂学，简直就是中西合璧的复合型人才。这其中的优秀代表有张良、郭嘉、李德林、刘伯温等人。

这类人属于"狡兔死，良狗烹"的典型代言人，打天下的时候是皇帝的左膀右臂，坐天下的时候是皇帝第一个要除掉的眼中钉，如果不赶紧自退，结局往往很惨。

第二类人是治世之能臣，他们往往是旧帝国培养的杰出人才，只是没有被旧帝国的统治者发现而已。他们也许无法做到料敌如神，但绝对是处理内政的一把好手，抚慰百姓、编订法律、征收粮草赋税样样精通。其中的典型代表有萧何、荀彧、高颎等人。

打天下时，这帮人没有谋士、名将耀眼；但坐天下时，他们绝对是宰相的不二人选。武将们往往会反对他们当宰相，但结果通常是皇帝把那些反对的人骂一顿："你们懂什么。"

第三类人是冲锋陷阵的名将，他们可以是从未上过战场的普通人，也可以是出身名将世家。他们战必胜，攻必克，用鲜血成就了一场场经典战役。其中的典型代表有白起、王翦、韩信、关羽、杨素等。这些名将的知名度通常是三类人中最高的。

第二种是群狮模式。

开国皇帝本人像头雄狮，是当时最杰出的谋士、最优秀的将领，而手下的人只能是豺狼和豹子。

谋士们想不到的问题，这些皇帝总能想到；将领们搞不定的敌人，这些皇帝一出征就能搞定。例如刘秀、刘裕、柴荣（虽不是开国皇帝，但胜似开国皇帝）等人。

跟随这两类皇帝打天下的将领的结局，往往也不同。第一种皇帝的功臣们，往往死得比较惨。第二种皇帝的功臣们，往往会得到善终。

这其实主要取决于皇帝的能力，皇帝能力越强，就越自信，根本不怕你造反。皇帝能力越差，就越害怕别人功高盖主。

唐朝的李渊和李世民就属于第二种，他们是当时顶级的政治家、军事家。所以，大部分关键时刻，他们都直接想出了妙计，这一次也不例外。

面对来势汹汹的突厥，李渊思来想去，不得不作出一个非常冒险的决定——空城计，把始毕可汗吓跑。

虽风险很大，却别无选择。一旦成功，既能实现以上的目的，还能宣传自己用兵如神的美名，对以后起兵大为有利。

不过李渊还留了两手，没有设置真正的空城。他害怕始毕可汗没有文化，根本不知道什么是"空城计"，万一始毕可汗真的率军进了城，把晋阳攻破，那可就完蛋了。

于是，李渊只是打开了晋阳城外城的北门和东门，而内城城门和其他几个外城城门则全部由重兵把守，在城墙上也藏满了士兵。

另外，李渊又让投降过来的农民军将领康达带着原部一千多人，埋伏在了突厥军队必经的北门，让他们等突厥骑兵过去之后，袭击突厥后方，抢一些战马回来。

一切布置就绪，只等始毕可汗前来了。

第二天一大早，始毕可汗便率大军抵达了晋阳城下，他惊奇地发现，城门竟然大开，而且城墙上空无一人。

进城还是不进呢？按照一般人的逻辑，肯定会犹豫一阵子，再决定是否进攻。比如聪明如司马懿者，肯定会调转马头就往后跑。

但是，无奈啊，始毕可汗是真的没文化，压根儿就不知道啥叫"空城计"。看见晋阳城门大开，他还以为李渊弃城逃跑了呢，于是挥舞着马鞭，喝着酒，唱着歌冲进了晋阳城。

进城之后，始毕可汗才发现，原来城墙上有士兵，而且还不少。他吓了一大跳，以为中了埋伏，赶紧命令全军做出防御姿势，准备从里边硬攻城墙。

但是，防御了半天，城墙上却没有任何动静。李渊只是站在高处安安静静地看着这一切。

始毕可汗被彻底搞蒙了，还以为李渊反应慢了半拍，赶紧率军从东门蹿了出去。

按照计划，这时埋伏在城北的隋军开始偷袭突厥军后方了，但是，这一次李渊却失算了，他严重低估了突厥骑兵的人数。

史书中说，突厥骑兵是"旦及日中，骑尘不止"，怎么也得有几万人。而李渊只派了一千多农民军在大白天偷袭人家，这不是找死么。更何况，这些农民军以前也没和突厥打过仗。

所以，当康达带着一千多人激动地蹿出来之后，突袭战就变成了歼灭战，隋军几乎全部被歼，逃回来的只有一百多人。

李渊很愤怒，死了将近一千人，空城计最后一步竟然玩儿砸了。康达也很羞愧，连个突袭都搞不成，实在没脸见人了。

不过，李渊很快就给所有人找好了台阶下："兄弟们，不是大家无能，而是王威和高君雅这两个家伙勾结了突厥。"

逃回来那一百多人，见老大给自己找了个台阶下，立马群情激昂地大喊："杀了这两个狗贼！"

事实不重要，死人不重要，有人背锅才最重要，两个人就这样被冤杀了，活着的人都很满意。

内患解决了，外患还在城外溜达。于是，李渊不得不启动B计划。

夜幕降临之后，李渊让李世民、刘文静、裴寂等人各率一支部队悄悄地溜出城去。

刘文静和裴寂各自率军占领一个险要的位置，在上面插满旌旗，让始毕可汗误以为人多势众，如果突厥军去攻打，一定坚守不出，不能暴露了实力。如果突厥军跑了，也千万不要去追。

李世民所率的部队，等到天亮之后，每个人扛着几面旌旗，大摇大摆地回到城中，让突厥人误以为晋阳援军已到。

第二天早上，始毕可汗便惊讶地看到了李渊布置的迷魂阵。他有点儿心虚，但是，更多的是不甘心，千里迢迢跑到中原打秋风，总不能喝口秋风就回去。所以，他想再等等。

第三天早上，李世民又率着前天晚上偷偷溜出城的部队进了城。

始毕可汗更心虚了，连续几天之后，他彻底蒙了。晋阳城搞的空城计，他看不懂。一夜之间，城外多了几处隋军，他也看不懂。晋阳城每天都有隋军援军到来，但就是不和他打仗，他也看不懂。

已知的未来再可怕，也没有未知的未来、扭曲的未来可怕。人在未知事物面前，总会下意识地胆怯，始毕可汗也不例外。

他想破了脑袋，也没有搞明白李渊的葫芦里到底卖的是什么药，他又想起了去年在马邑城外被李渊阴过的历史。

所以，在晋阳城外迷糊了几天之后，始毕可汗只好撤军走了。

一次看似严重的危机，一个看似不能解决的难题，就这样被李渊一顿跳大神似的操作解决了。

即使是现在的我们回看这段历史，也会不由地感叹：孔明在世，也不过如此！当时的人想必更是如此。

始毕可汗退走后，李渊在晋阳城周围名声大振。前来投奔的人开始络绎不绝，谁都知道跟着这样一位领袖，必定前程似锦。没过几天，李渊手下就汇集了几万人。

但是，就在这一片喜气洋洋的气氛背后，李渊却在忧虑一个问题：这一次突厥军走了，下一次他们再来，又该怎么办呢？

而在李渊忧虑的同时，另一个人也想到了同样的问题。

七　连环计，一场经典的外交对决

同样看出突厥问题还没有解决的人，就是给李世民提出狱中版《隆中对》的刘文静。

他猜到李渊的心事后，便主动请缨去说服始毕可汗。一场极其精彩，却让后人觉得有些屈辱的外交对决，就这样拉开了序幕。

刘文静走之前，李渊给始毕可汗写了一封比较谄媚的亲笔信，大概意思是：当今天下大乱，我要起义兵匡扶隋室，如果你能帮我，打下哪里，哪里的美女和钱财就都给你（若能从我，不侵百姓，征伐所得，子女玉帛，皆可汗有之）。

然后，李渊又在信封上写了一个"启"字，以表尊敬。

刘文静对信的内容没有意见，却对信封上的"启"字不太满意，因为这个字一般用于晚辈对长辈，下级对上级。

所以他劝李渊："始毕可汗这人没文化，老大你又不是不知道，他只是个贪财鬼，已经答应给他们那么多钱，就没必要那么尊敬了，还是把'启'字改成'书'吧。"

李渊摇了摇头，马上给刘文静上了一节顶级谋略课：

始毕可汗的确没文化，但是中原这么乱，跑到突厥的中原人肯定也不少，他们有文化啊。

我现在对始毕可汗尊敬一点，他还不一定愿帮我。我要是对他不尊敬，他还会帮我？

一个"启"字能值几个钱？那么多钱都送给他了，还差这一个字吗？古人说"屈于一人之下，伸于万人之上"就是这个道理。

有这样的眼光，又这样务实，不成功才怪。

李渊"子女玉帛，皆可汗有之"的承诺，最后并没有全部落实，因为突厥根本不可能知道，李渊打下的地方到底有多少钱和女人。而且，李渊进入关中之后，还把宫女都放回了家，因为他知道怎么笼络人心，不可能给突厥多少"子女"。

所以，现在的主流观点是，李渊最后的确给了突厥不少钱，但是人并没给多少。

几天之后，刘文静便来到了始毕可汗的帐下，呈上了李渊的书信。始毕可汗看罢，顿时有了一种被捧到天上的感觉。

不过，正如李渊所说，始毕可汗身边的确有几个中原去的谋士。这些谋士还是有点儿水平的，他们根本不相信李渊所开的空头支票，直接明确地要求李渊必须像刘武周一样，先自称帝，再向突厥称臣。

无奈之下，刘文静只好回去复命。在他看来，李渊"启"都"启"过了，再称臣也不丢人。更何况，三十多年前，北周、北齐也向突厥称过臣，有先例可循。

相反，如果自己率先鼓动李渊称帝，便有拥立之功，以后肯定少不了荣华富贵。

没想到，晋阳这边所有的文武大臣，竟然都和刘文静的想法一样。在各位大臣的撺掇下，连新招募来的士兵都哭着喊着表示，李渊要是不称帝，他们马上就吃散伙饭。

看着属下如此热情地拥立自己称帝，李渊有些哭笑不得，他既不太愿意称臣，也很不愿意称帝。

"启"只是一个字，称臣却有一套礼节。若突厥的使者到了，还得下跪接诏，奉为上宾。不管其他人称臣不称臣，自己称臣，总归是一件丢人的事。千百年以后，写在史书上也没面子。

杨广虽然昏庸，但是余威仍在，忠于隋皇室的势力还很强大，如果他贸然称帝，杨广一定会派重兵和他死磕。而他现在的实力，只不过一座晋阳城和几万士兵，怎么能贸然称帝？

称帝之后，怎么利用隋皇室残存的权威，挟天子以令诸侯？统一天下的步伐肯定会放慢。

所以，无论大臣们怎么劝，李渊还是坚决地拒绝了称臣、称帝的请求，并把话说得十分难听："诸位都是隋朝旧臣，却劝我称帝，节操何在？"

但是，刘文静、裴寂还没有看透其中的玄机，还以为李渊在搞三辞三让的把戏：

"如果当年伊尹与吕尚忠于夏桀、商纣，那就不能当商汤和周武王的臣子了。我们让您称帝，是劝您不能拘于小节。况且，我们需要突厥的支持，如果您不称帝，万一突厥人反悔了，到时候又该怎么办？"

有文化的人说话就是不一样，能把"卖主求荣"说得这么上档次，真心让人佩服。

李渊被怼得哑口无言，干脆直接拍拍屁股走人了。

后来的事实证明，正是这一次的拒绝，才有了李唐迅速成为隋末最强力量的可能。

刘文静、裴寂回去想了好几天，也没整明白到底该怎么办。不过，李世民却想到了一个非常经典的两全之策：

只以唐公的名义向突厥称臣，反正老爹现在就是大隋的臣子，再向突厥称一次臣也能说得过去。起义后，军队可以举红白相间旗，向突厥示好（隋朝旗为红色，突厥旗为白色）。

拿下长安，立代王杨侑为帝，遥尊杨广为太上皇，等杨广死后再称帝。至于称帝之后还向不向突厥称臣，看情况再说。

妙，这个太极打得实在是妙。李渊听后也大为高兴，全部按其执行。只是他没想到的是，尊现任皇帝为太上皇这事，几年之后，李世民便又来了一次。

关于称臣这件事，我们必须多说两句，不然可能会伤害不少人的感情。很多人认为李渊自始至终都没有向突厥称臣，也列出了一些证据。但是，《资治通鉴》中有段记载："太宗（李世民）初闻靖（李靖）破颉利，大悦，谓侍臣曰：朕闻'主忧臣辱，主辱臣死'。往者国家草创，太上皇（李渊）以百姓之故，称臣于突厥，朕未尝不痛心疾首，志灭匈奴，坐不安席，食不甘味，今者暂动偏师，无往不捷，单于款塞，耻其雪乎。"

李渊向突厥称臣的证据还有很多，就不一一列举了。关键是，称臣这事，恰是李渊能屈能伸，敢于忍辱负重的体现。

韩信有胯下之辱，勾践有尝粪之耻。越是成功的人，越把姿态放得低。越是失败的人，越把尊严放得高。

正所谓"人主之行，与匹夫不同。匹夫者，饰小行，竞小廉，以取名誉。人主者，定天下，安社稷，以成大功"。

想成大事的人，受一点儿委屈又算得了什么呢？回头来看，当初受的那些屈辱，不正是促使自己奋发图强的力量吗？

一个人只有把屈辱当成台阶，才能攀上高峰，看到最美的风景。这句话是鸡汤，但也是对成功者的总结。

始毕可汗见李渊耍了个滑头，有点儿惊讶。不过，很快就又有谋士给他出了一条妙计：

李渊的大话一点儿都不能信。如果以后李渊牛了，赖账不给钱，我们怎么办？如果以后李渊被灭了，我们又该怎么办？所以，我们必须抓住当下，狠狠地宰他一笔，高价卖给他几千匹战马。

不得不说，这又是一条很阴险的计策。于是，始毕可汗立刻派了柱国康鞘利，赶着两千匹马送到了晋阳。

李渊看到突厥想卖军火发战争财，头很大。不买吧，不利于"唐突"合作。买吧，就真的成了冤大头。以后突厥要是再赶几千匹马，过来卖高价怎么办？

思来想去，李渊又启动了他聪明的大脑，想到了一个见招拆招的妙计。他盛情接待了康鞘利，宴会上，趁着康鞘利醉眼蒙眬，李渊表示：

将军名扬四海实在让人佩服，这次有将军的两千匹战马相送，义军肯定所向披靡，等到我拿下长安，一定在长安给将军搞个大宅子。

什么？这两千匹马不是送的，还需要买？

哎哟，将军，您看我刚招募了几万将士，哪里还有钱啊。要不，等打下长安，再给您钱？

……………

什么，不能赊账？那这样吧，我也不为难将军了，将军也别再为难我了。我就是砸锅卖铁也买一千匹。

不过剩下的一千匹实在是买不起。将军可以把这些战马再赶回去。如果不方便的话，也可以把它们留下来，等老哥我打下了长安，一定给钱。

一通话下来，李渊把康鞘利这个草原汉子彻底讲蒙了。把那一千匹战马再赶回去？这不是溜猴吗。最后，他只好同意赊账了。

李渊这生意做得实在是太鸡贼了，大概他是世界上最早玩儿国际期货的人吧。所以，李渊也怕康鞘利回去之后没法交差，便又派刘文静和他一起回去，安抚一下始毕可汗郁闷的情绪，重申"子女玉帛，皆可汗有之"的诺言，之后再向突厥借一些骑兵。

临走前，李渊又耍了个心眼，吩咐刘文静："借突厥骑兵，只是为了让外界知道唐、突合作了，防止刘武周以后来打我们，再壮大声势而已。所以，千万不要借太多，多了容易出事。"

连这样的细节都能想到，李渊的精明，真的已经深入骨髓了。

刘文静和康鞘利走后没多久，六月初，李渊所期盼的李建成、李元吉终于回到了晋阳。李渊见到两个儿子后，大为高兴，但是他们却带来了两个坏消息和一个好消息。

坏消息是，李渊的另一个儿子李智云，因为只有十四岁，被李建成丢到了河东，起兵后凶多吉少。事实也的确如此，李渊起兵后，李智云就被阴世师杀了。另外，平阳公主也没有回来，回来的是她丈夫柴绍。

好消息是，平阳公主没有留在长安，而是跑到了陕西户县的李氏庄园，准备招兵买马，响应李渊。

李渊听后又惊又喜，但是已顾不得那么多了，他准备的时间实在是太长了，如果再不起兵，关中恐怕就要成为别人的了。

因为还有两个枭雄在虎视眈眈地盯着关中，一个是薛举，617年四月，他在陇西（甘肃）起兵称帝，发展速度异常迅猛，兵锋直指关中。

另一个是李密，他也在617年五月，派出了手下重臣柴孝和前往关中招降。

所以，李渊必须和他们抢时间，一刻也不能再耽误了。

八　隋末乱世，李渊成功的秘密

617年六月，李渊自称大将军，终于挂起造反的大旗，不对，应该说他是挂起了义旗。因为他立了个"贞节牌坊"，对外宣称要像周公和霍光一样，兴复隋室。

但凡是个正常人都不会相信这种鬼话，西河（今山西汾阳）郡丞高德儒显然是个正常人。

刚编的故事，就有人不信，那肯定不行。李渊立刻派了李建成和李世民二人，领了几千人去"说服"高德儒（乃命大郎、二郎率众取之）。

从中我们也能看出，李渊这是在有意帮助李建成树立权威。因为这些士兵都是李世民招募的，现在让李建成和李世民一起去打仗，明显是想增加李建成在军中的威望。

不过，现在兄弟俩之间还没有什么嫌隙，第一次合作就给后世留下了一段教科书般的用兵方略。

兄弟二人出征之后还没走多远，头就有点大了。因为这些兵大部分都是刚招募来的新兵蛋子，还有一部分是刚刚归顺的农民起义军，李世民还没来得及好好训练。

所以，这群"乌合之众"的军纪就是没有军纪，经常有一些兵痞去偷沿路村民家的东西。

如果照此发展下去，别说去打西河了，还没走到西河，大军估计就被乡亲们的唾沫星子淹死了。下一步怎么办？

摆在兄弟俩面前的有两条路：

一条是整顿军纪，杀几个带头捣蛋的兵痞，杀鸡儆猴。

另一条是实施怀柔政策，想办法感化士兵，这个比较慢，也很考验将领的水平。

兄弟俩在商议之后，最终选择了第二条更难走的路。这不是因为他俩善良，而是对人性敏锐洞察的结果。

五百多年前，带了三十六个人，便让西域几十个部落臣服的班超，对继任者任尚说过一段话：

"西域这边的官吏，都不是啥孝子贤孙，而是一群犯了罪的乱民……水清无大鱼，你太严厉，下属很容易有反心。所以，你应该宽容冷静，小过失从宽处理，只抓重要环节就行了。"

可任尚不但没听，还不屑一顾，结果没几年就把班超三十年的心血折腾没了。

现在兄弟俩就面临着与当年班超类似的情况，手下的士兵不是乱民就是流氓。他俩第一次带这些人出征，威望几乎等于零，不然也不会有那么多人去偷东西了。杀几个人的确可以立威，但是万一杀错了呢？这些人不分分钟造反才怪。

所以，这俩兄弟没有杀人，而是以身作则，与士兵们同甘共苦。士兵们吃啥，他俩就吃啥，士兵们怎么休息，他俩就怎么休息，士兵中有人偷乡亲东西了，他们就派人给乡亲送钱。

就这样，还没到西河，他们便赢得了士兵们的尊敬，以及沿途老百姓们的支持。

等到了西河城下的时候，所有百姓都沸腾了，纷纷前来投奔义军。义军瞬间士气爆棚，根本没怎么打，就攻破了西河城，斩杀了高德儒。

整个西河战役，包括来回路上的时间，只用了九天。但是这次出征却成了义军的宣言书、宣传队和播种机。

初战告捷，李渊开始大封群臣，封李建成为陇西公、左领军大都督；李世民为敦煌公、右领军大都督；裴寂、刘文静分别为大将军府长史和司马，其他人也都依次封官。

李渊起兵这事，很快就传到镇守长安的代王杨侑那里，虽然他只有十三岁，正处于"嘴上没毛，办事不牢"的年龄，但是他手下还有几个股肱大臣：京兆内史卫玄（就是杨玄感叛乱时，去平叛的那个人）、西京副留守阴世师等。

他们马上命令兽牙郎将宋老生领军两万驻守霍邑（今山西霍州），左武候大将军屈突通领军数万驻守河东（今山西永济），以抵抗李渊。

617年七月三日，李渊令李元吉为太原郡守，留守后方，亲自统领三万精兵，南下长安。

七月八日，大军抵达西河，距离霍邑大约还有一百公里，但是李渊并没有急于进军。李建成和李世民攻打西河时的策略，让他看到了民心的力量，所以他决定再来一次。

这一次他准备来个大的——大肆封官。

不管谁来投奔义军，都封为"宣惠"或"绥德"尉官。这两个词是什么意思呢？就是要人间都充满爱的意思。

如果不想当兵，想当官咋办？简单，直接给官做。至于是什么官，那需要李渊亲自面试一下。

不过不要担心面试通不过，因为面试就是走个过场，据史书记载，李渊经常一天就派发上千个做官的名额。一天工作十个小时，一个小时就得派出去一百个名额，算下来每个人面试的时间也就三十秒左右，这点儿时间能干啥？

所以，只要不是傻子，就能有官做。此后，李渊封官封上了瘾，从西河到长安，走一路封了一路，估计封了好几万人，其中还有很多是五品左右的大员。

肯定会有人问，封了这么多官，李渊当上皇帝后，该怎么兑现呢？

当时的确也有人问了，李渊是这么说的：

雁门解围和援助东都的功臣，杨广都不舍得封赏，所以导致隋军将士毫无斗志，天下分崩离析。当年刘邦不吝惜封赏，最后才得到天下。天下之利，义无独享，我现在大肆封官，最后才能得到天下，你们懂什么。

李渊的这番话，并不足为奇，早在李渊之前一千多年，姜子牙在《太公兵法》里就曾说过："天有时，地有财，能与人共之者，仁也。仁之所在，天下归之。"

但是，一千多年过去了，真正兑现姜子牙这番话的人，绝对寥寥无几。所以，李渊的大肆封官，在当时仍然是一个绝招，再加上以后李渊又放的两个大招：拉亲戚、赐李姓，这三板斧，就是李渊成功的最大秘诀。

天下熙熙皆为利来，天下攘攘皆为利往，谁活着不是贪个利字，不给别人足够的利，怎么和别人谈忠诚？天天想着吃独食的人，哪一个能成就大业？

后面，当我们看到李密、窦建德是怎样打天下时，大家就能深刻体会到李渊的高明之处了。

九百年后，西方的马基雅维利在《君主论》里也有过类似的描述："如果你正在夺取王权，那么，被人誉为慷慨是十分有利的……对于那些既不是你的东西，也不是你的老百姓的东西，你尽可以做一个很阔绰的施主……你慷他人之慨，只会为你增添名声，而不会对你的名声造成损毁。"

至于封官太多，以后怎么办的问题，史书没有记载。但是这个大家根本不用担心，这些政治家玩儿政治，聪明着呢。

首先，李渊封的官，大部分都是散官，只有俸禄没实权的那种，不必担心被封者没有执政的能力。

其次，后来唐朝还规定，只有五品以上的高级官员，才能按照规定免除一定范围内的徭役。六品以下、九品以上的官员，只免除本人的课役，其他的徭役、税赋是不免的。

再次，李渊封的有实权的官，也都在隋朝的势力范围之内。比如到扬州做个县令啊，到日南（今越南）做个太守啊，等等。等到统一天下之后，想让他们去当官了就让他们去，不想让他们去了，也有一百种方法不让去。

比如，当时封了一百个人到河北某地做县令，那么到底派谁去呢？考个试，谁第一就让谁去，剩下的人就熬吧，等把前面的熬死了，再轮流做。

总之，绝对保证每个人都心服口服，有不服的，后面不是还有百姓的铁拳来说服教育嘛。当然，也不必觉得李渊是在耍猴，对于大部分斗大的字不识几个的人来说，免了部分徭役，就已经满足了。

等到封官封过瘾了，势也造足了，李渊才开始向霍邑出发。

但是，当他们走了一百多里，进入雀鼠谷时，老天却下起了大雨，而且连续下了半个月，也没有停的意思。

出师不利让刚刚燃起来的雄心，顿时有点蔫了。更要命的是，军营里又谣言四起，盛传刘武周和突厥正在偷袭晋阳的路上。一时间，人心惶惶，危机初现。

李渊不得已，只好召集大家开会，会上将士们分成了两派，一派以各将领为代表，要求退回晋阳，以防不测。

他们的理由很简单，晋阳是义军的根本，家属都在那里，要是被一锅端了，义军将士肯定会失去战斗力，到时候别说是宋老生了，估计出来一伙土匪都能把义军给报销了。

另一派以李建成和李世民为代表，要求不管后方，等待天晴，打宋老生一个措手不及。

他们分析得非常精辟：

第一，刘武周这个人胸无大志，刚刚自称天子，正沉浸在美梦之中，肯定不会去袭击晋阳。

第二，虽然刘武周归降了突厥，但是这两个人同床异梦，都恨不得在背后捅对方一刀子，没有联手的可能。

第三，现在正是夺取关中的最好时机。一来关中还没有准备好；二来李密正在攻打洛阳，前段时间关中的重兵去援助了洛阳；三来薛举正忙着称帝，也没时间去打关中。如果现在退军回晋阳，错失良机，以后再打关中，估计就没戏了。

第四，宋老生出身寒微，有勇无谋，朝廷派他前来，肯定给了他很多奖赏，他如果出战，我们只需设一小计，肯定能把他打趴下。如果不出战，死守，我们可以散播谣言，说他畏惧不战，京城那帮昏官，肯定会督促他出战。

最后，李建成和李世民又立下了军令状，雨停之后，立刻进军，如果不能杀了宋老生，便以死谢罪。

从事后的情况看，兄弟俩提出的四点意见，竟然全部命中，这很让人怀疑他们是不是穿越回去的。

那么，他们对未来局势的分析，为什么能够精确命中呢？

九　霍邑之战真的很简单吗

史书中为什么会有那么多人，在看人和分析问题的时候总能料事如神，碾压他人？

原因就在于有一样东西，史书是不会明确告诉我们的，那就是情报。

李建成、李世民为什么能作出精准判断，把每一个对手都分析得那么透彻，他们绝对不可能瞎猜，也不可能仅靠公开信息得出结论。

当今社会，网络上有那么多的公开信息，我们都很难预测一个人的行为，更别说是在古代了。

所以可以肯定，李建成、李世民百分之百收到了并且研究过大量关于这些对手的情报，而且还可以肯定，他们买通了对方身边的人。

这些人源源不断地向他们汇报对方的一举一动，而这些情报，则是那些要求退回晋阳的将士根本没有资格看的。

所以，很多时候，并非一个人的判断能力不行，而是他得到的情报有限。

当然，同样的情报放在不同人的手里，价值也不相同。

无论做什么事情，必须相信自己，唯有此，才能成功。

既然两个儿子已经说出了"不杀宋老生，便以死谢罪"的狠话，作为父亲的李渊岂能不听从。

所以，在听完李建成和李世民的话之后，李渊大喜过望，还顺带把"撤退"派骂了一通："一群懦夫，差点儿坏了大事。"

坚持，总能看到希望。

很快，李渊便等来了天气好转。八月一日，天气放晴。八月二日，李渊下令全军曝晒盔甲。八月三日早上，全军开拔，沿着汾河向霍邑急速前进。

两天之后，义军便到达了距离霍邑城五六里的地方，霍邑之战自此拉开序幕。开打之前，李渊作了非常周密的安排，将所有兵马分为三路：

李渊带领一部分人马，到霍邑城下溜达，引诱宋老生军出城。

两个儿子各领一部分骑兵，埋伏在旁边的山坡上，以截断宋老生军的退路。

大将殷开山带领后军，伺机支援李渊。

宋老生见李渊兵少，便带领三万兵马倾巢而出。但是，他并非像很多演义中说的那么傻，从面对李渊的正门出城，而是选择了李渊看不到的偏门。

这一招非常阴险和高明，三万人偷偷溜出城去，排兵布阵完毕，再从两翼偷袭，如果面对的是一般的敌人，获胜的概率极高。

可惜，李渊技高一筹，他早在城东的山坡上设立了观察哨，以监视隋军的一举一动。宋老生刚刚出城，李渊便收到情报，他一边领军后撤，一边赶紧命令李建成、李世民率领骑兵，绕到霍邑城的东门和南门，截断隋军的退路。

打惯了农民军的宋老生，根本没有料到李渊这么鸡贼。看到李渊后撤，宋老生还以为对方怕了，带着三万多人开始追着猛打。

李渊带着军队一直跑到殷开山的后军军营。人数一占优势，李渊就开始拉着门把欺负人了，只见他勒住马头，转身就向宋老生的中军反扑了过去。

双方刚刚激战几十分钟，李建成、李世民便在隋军背后猛锤战鼓，一时间响若山崩，城楼皆震。隋军被这些大鼓锤得吓了一大跳，顿时开始军心不稳。

李渊见状，又趁机使了个阴招，派出一群人在军中大喊"已斩宋老生"。

这样一喊，隋军士兵的心态彻底崩了，他们都没有辨认一下消息真假，就撒丫子往霍邑城里跑。宋老生努力地挥舞着帅旗，想证明自己还活蹦乱跳着呢，但是乱军之中，根本没有一点儿效果。

无奈之下，宋老生只好大喝一声，双腿夹紧战马，猛抽马鞭，跟着往霍邑城跑去。但是，到了城下，他才发现后路真的被断了。

情急之下，他只好绕到一处偏僻的城墙下，急忙命令城内守军放下绳索，准备玩儿个飞天绳魔术表演。

可惜宋老生运气太背，不远处正好有几名义军在偷偷看着他的表演。还没等他往上爬两下，这几个义军便追到了跟前，宋老生就这么被戳死了。

随后，义军将士开始猛攻城池。由于行军速度较快，攻城器械并没有运送到位，所以，义军只好猛砍城墙［时无攻具，肉薄（搏）而上］，一直打到当天傍晚，霍邑城才被拿下。

这场战斗虽只持续了一天，但是，我们完全可以从中看出李渊过人的领军水平。如果没有提前在高地设置观察哨，义军就极有可能被宋老生偷袭。

还有，在阵前散播谣言的这种战法也是需要掌握诀窍的，具体来说就是六个字：先搞蒙，再搞残。

想当初高颎攻打邺城的时候，先是派出五千名士兵射杀了围观的几万名吃瓜群众，这些群众往邺城方向猛蹿，导致对方阵营大乱。这时候，高颎才让人大喊"敌军已败"。

这一次，是等到隋军被后面的战鼓震蒙了，李渊才让人大喊"已斩宋老生"的。不然，人家中军没啥动静，帅旗跟山一样稳，你喊破喉咙也不会有人相信。

霍邑被攻下之后，李渊又玩儿了一把收买人心的把戏：

跟随宋老生的隋军将领，既往不咎，仍担任原职。对宋老生，则按原官职给予厚葬。

义军士兵，有功劳的重赏，没有功劳的也赏（这一点很重要，后面讲李密为什么失败时会论到）。

投降的隋军，以及愿意参军的百姓，全部授予散官，也就是没有实权但有特权的人。

不愿意追随义军的关中人，注意，是关中人，全部授予五品散官之职并放归关中，这是为下一步入关提前做好了准备。

这一套组合拳下来，效果非常明显，周围百姓抢着参加义军，整个山西，除了屈突通坚守的河东郡以外，其他地方基本全都传檄而定。

搞定宋老生之后，李渊一路南下，到达了龙门县（今山西河津），这里距离屈突通所驻扎的河东郡仅五十多里。

在这里，李渊的造反阵营又得到了无数股势力的加入：

刘文静、康鞘利带来了五百突厥骑兵和两千匹战马，数量虽不多，但是对外释放的信号很强烈——大唐跟突厥合伙了。

当地势力最大的孙华，带着数千强兵以及多年抢夺来的财富归顺了。李渊将他立为标杆，直接封为一品大员：左光禄大夫，封武乡县公，加冯翊郡守。

关中的各路势力也开始投靠李渊，如冯翊太守萧造、华阴令李孝常（李渊的连襟）等，李孝常还献上了隋朝最大的粮仓之一——永丰仓。

永丰仓的作用特别大，一下子解决了义军的粮食问题，并彻底打消了杨广回京的念头。杨广知道这事后暴怒至极，把李孝常的弟弟们全部斩了。

总之，归降的人还有很多很多，不再一一列举。

如此多人投靠，李渊的兵力迅速从三万膨胀到十几万，拿下关中只是时间问题了。

十　大隋最后的忠臣，悲壮，亦悲凉

实力大增的李渊开始兵分两路，自己屯兵龙门牵制屈突通，刘弘基、王长谐等人则先后渡过黄河，去打前哨。

临行之前，李渊又给刘弘基、王长谐等人作了一次神预测：

"诸位领军渡河时一定要格外小心，屈突通是个老将，必然会在背后搞偷袭。如果他倾巢而出，我就去偷袭他的老巢，我们前后夹击，屈突通必被擒。"

两人领命而行，在渡河的同时，时刻预防着偷袭。果然如李渊所料，屈突通派手下大将桑显和，率领几千骑兵，前来偷袭义军。结果却被义军打得屁滚尿流。

刘弘基趁势反击，一直杀到了河东城下。李渊也急忙亲率大军前去助战。一时间，河东城被义军团团围住，危在旦夕。

李渊采用"围师必阙"的战法，令李建成、李世民和裴寂三人各领一军，从三面围攻河东城。

但是，屈突通不愧为隋末名将之一，在三位猛将连续多日的攻打之下，他驻守的河东城仍然岿然不动。

李渊这才意识到，屈突通并不像自己想的那样不堪一击。于是，他准备放弃河东，直捣龙穴。

但是裴寂却提出了反对意见："如果拿不下长安，到时两面受敌，又该如何？不如循序渐进拿下河东，长安就是瓮中之鳖。"

李世民则拿出了最新的情报，力挺老爹："关中空虚，一个月前，杨广把关中之军调到洛阳去和李密死磕。此时正是趁他病、要他命的最好时机，我军连战连胜，士气正旺，立刻入关，必然获胜。"

两个人说的都有道理，所以，李渊取了个折中的方法，令李建成和刘文静率军数万驻扎在永丰仓（今陕西渭南大荔县），防备屈突通从后面偷袭，自己则率领大军进扑长安。

事实证明裴寂的忧虑是对的，李渊刚从蒲坂津渡过黄河之后。屈突通便急忙令鹰扬郎将尧君素防守河东，自己则带领精锐向关中开了过去。

自古以来，从山西、河南往陕西进军，有两条非常重要的道路：自潼关到函谷关或它北边的蒲坂津。

潼关属于"一夫当关，万夫莫开"类型的关口，后世杜甫有首诗叫《潼关吏》，其中有几句，大家体会下：

丈人视要处，窄狭容单车。艰难奋长戟，万古用一夫。

所以，只要守卫潼关的将领坚守不出，想从这里入关中，基本就不可能。当年曹操打韩遂、马超时也没有在潼关硬扛，而是把重兵放在潼关，吸引住马超的眼球，然后偷偷跑到了北边的蒲坂津，才渡河成功的。

屈突通在河东郡，离他最近的是蒲坂津，所以，从那里入关是最好的选择。

但是，屈突通见那里有义军的重兵把守，就绕道跑到了潼关，这明显是在侮辱李渊的智商啊，这么重要的关口，李渊怎么可能忘了。

所以，当屈突通到达潼关的时候，发现原驻守潼关的隋将刘纲早已被杀，现任主将也姓刘，不过叫刘文静。

事已至此，还能说什么，打吧。刘文静在关上优哉游哉，屈突通在关下累得半死，连续攻了一个多月，但是半点儿效果也没有。

看着险峻的关卡以及累得半死的隋军，刘文静心满意足。他是学过历史的人，知道潼关几乎没有被攻破的可能。但是，他忘了一件事，凡事都有例外。

就在他最得意的一天夜里，屈突通命令大将桑显和对义军阵地发动了猛烈的偷袭。义军三座营寨中的两座瞬间崩盘，只剩下刘文静所在的大本营。

隋军一个多月来积累的怒气越烧越旺，数次攻入刘文静的大本营。刘文静退无可退，亲自披挂上阵指挥，奋战了一夜，终于在最后关头扛住了进攻。

眼看义军就要反败为胜，将隋军赶到关下，意外发生了。一支流箭将刘文静从马上射了下来。主帅受伤，义军顿时人心惶惶，隋军再次占据优势，拿下潼关，似乎只是时间问题了。

就在这关键时刻，又发生了一个意外，隋军突然不打了。原来，桑显和看到胜利就在眼前，而隋军又攻打了一夜，大家都疲惫不堪，便下令歇一会儿，填饱肚子再插红旗。

可是，桑显和忘了，战场上的情形瞬息万变。

受伤的刘文静抓住这个短暂的当口，咬紧牙关亲率主力进行反攻。其他将士看到主帅受伤不下前线，如此生猛，顿时士气大振。

更出人意料的是，义军的一支侦察部队，刚好在此时绕到了隋军的后面，看到隋军在埋锅造饭，二话不说就冲了进去，砸锅砸碗。

天上掉下来这么大一个馅饼，刘文静就是拼死也得接住。于是，他下达了总反攻的命令。

在两面夹击之下，隋军大败。桑显和饭也不吃了，水也不喝了，仅仅带着几千人逃了回去，其他隋军则全部成了俘虏。

此战过后，隋军再也没有了反击的可能，刘文静也认识到了屈突通的厉害。所以，在之后的一个多月中，双方谁也没有发动过大规模的进攻，直到长安陷落。

长安陷落之后，李渊立刻逮捕了屈突通的家人，并派出一名家童前去招降。可是当屈突通得知家人被捕之后，不但没有投降的念头，反而将家童一刀斩了，并痛哭不已："我受国家厚恩，历事二帝，怎可投降？只能以死报答！"

随即，他让桑显和断后，自己率领主力部队向东都洛阳狂奔而去。但是，人算不如天算，他前脚刚走，桑显和后脚就投降了义军。刘文静急忙派窦琮（李渊老丈人的堂侄）与桑显和率轻骑兵追赶屈突通。

两人紧赶慢赶，终于在稠桑（今河南灵宝）追上了屈突通。刚刚还是兄弟，现在却变成了敌人，屈突通勃然大怒，调转马头便要和桑显和拼个你死我活。

战争一触即发，窦琮却用了一个阴招，把屈突通的儿子屈突寿派到了阵前，让屈突寿劝他父亲投降。

屈突通远远地望着儿子，恨铁不成钢地破口大骂："从前和你是父子，今天却是仇敌！"顿了顿他接着喊道："左右……向那个畜生放箭、放箭、放箭！"

屈突通的声音响彻了整个战场，左右的士兵拉满了弓弦，屈突寿愣在两阵中间一动不动，等待着父亲射过来的利箭。

就在这危急关头，桑显和拍马向前，对着隋军大喊："京城已经陷落，各位的父母都在关西，为何要往东而行？"

隋军将士被父母两个字深深震住了，一时间两眼模糊，手脚也没有了力气，纷纷放下了兵器。

屈突通僵住了，这下他彻底绝望了。他的忠心，他的勇气终于在这一刻灰飞烟灭。许久之后，他跨下战马，向着东南方向叩头两次，一边大哭，一边大喊："老臣力尽兵败，不负陛下。"

随后，屈突通被擒获并送回了长安。李渊大为高兴，立马召见了他："爱卿，相见恨晚啊！"

没想到，屈突通没有立刻跪拜谢恩，反而泪水涟涟："屈突通不能殉人臣之节，故至此地步，已是本朝之羞辱。"

屈突通的忠心感动了在场的所有人，包括李渊本人。李渊当即便任命他为兵部尚书，封蒋国公，兼任秦王（李世民）府长史。

不过，这官也不是白给的。接着，李渊便给了他一个任务——劝说仍在河东城坚守的尧君素投降。

原来，几个月前屈突通领军去打潼关之后，李渊便派了大将吕绍宗、韦义节等人去攻打河东城，但是尧君素凭借着微弱的兵力，一直坚守着城池，等待着屈突通胜利的消息。

哪承想，几个月前的战友，回来之后竟然成了敌人。尧君素看见屈突通穿着义军军服来到城下后大哭不已。屈突通也泪流不止，哽咽着说："我军已败，义旗所指，莫不响应，时势如此，望君早降啊！"

尧君素抹掉了眼泪，看着眼前这个九死一生的老领导，既有重逢的喜悦，也有哀其不争的愤怒：

"你身为国家重臣，陛下将关中交付给你，代王把天下托付给你，你怎么能辜负了国家，投降了敌人，现在竟然还来做说客？你座下的战马还是代王赐的啊，你又有何面子再骑它？"尧君素嘶哑的声音，就像一把又一把的利剑，穿透了周围所有人的心。

屈突通满脸通红地低下了头，许久之后，一声长叹："唉……君素啊，我是力屈而来啊！"

"你力屈了，我还没有力屈，你又何必多言！"尧君素怒斥道。

铮铮铁骨，字字千斤。屈突通羞愧得无地自容，只好退下了。

随后义军对河东城发动了猛烈的进攻。不过，在尧君素的拼死抵抗下，河东城依然坚若磐石。

后来，尧君素的老相识，原隋朝官员庞玉和武卫将军皇甫无逸从洛阳跑往长安归附李渊时，路过河东城，也来劝说尧君素归降，但他始终不为所动。

最后，李渊不得不派尧君素的妻子，带着免死金券劝其投降。但是，尧君素看到妻子时，没有一点儿久别胜新婚的喜悦，反而瞋目切齿、伤心不已。

所有人都抛弃了我，领导、朋友、妻子，一个个都离我而去。走吧，你们都走吧。如果非要有人殉国，那就让我来吧。

于是，尧君素大声骂道："天下事非妇人所知。"随即，他拉弓搭箭射向了妻子。妻子中箭而亡，鲜血迅速染红了河东城下的土地。

是啊，天下事非妇人所知，难道他就不知道隋朝将亡吗？

他知道，只是他不愿意相信而已。在之后的岁月里，每次谈起隋朝，他总是接连叹息，老泪纵横。悲至深处，他还经常对将士们诉说：

"我是隋朝老臣，世受帝恩，大义当前，不能不死。如今粮食还能支撑几年，等到粮食吃完，如果隋朝倾覆，那是天命如此，我一定把头砍下来交给你们。"

气节如此，忠烈如此，天地都为之动容，更何况他身边的将士。于是，这一支孤军，就这样默默坚守着，日夜期盼东南方大隋援军的消息。

但是，几个月后，他们没有等来北返的王师，却等来了杨广的死讯。尧君素的希望破灭了，他遥望东南，三叩其首，痛哭三日，滴水未进。这位铁骨铮铮的汉子终于病倒了。

幸好，几天之后，越王杨侗在洛阳登基的消息传到了河东城。尧君素顾不得羸弱的身体，立刻写了一封奏疏。他要告诉新任皇帝，在不远的西方，在大唐的腹地，还有一座扛着大隋旗帜的孤城。

但是，唐军围城，他的奏疏根本无法送到东都洛阳。思来想去，他只好造了一只木鹅，把奏疏放在木鹅的脖颈中，让其顺流而下。一切只能靠天意了。

也许是他的忠勇真的感动了上天，不久之后，这只木鹅竟然顺利到达了东都洛阳。洛阳的君臣见到奏疏之后也都唏嘘不已、潸然泪下，杨侗立刻下旨授予尧君素金紫光禄大夫之职，并派人穿过重重阻隔，无论如何也要把圣旨交到他的手中。

洛阳还有希望，也许再坚持几年，王师就会打回关中，尧君素依然顽强地坚持着、盼望着。但是，没过多久，最后的时刻还是来了。

几个月后，洛阳兵败的消息一波又一波地传至河东城内，城中百姓的粮食已吃完了，甚至发展到易子而食的地步。尧君素身边的士兵终于崩溃了，他们已经坚持了很久，整整一年了，结束吧。

尧君素被身边人杀害，时年不知其岁！

不过，河东城的忠义故事还没有结束，驻扎在河东城附近的朝散大夫王行本，听到尧君素被杀的消息之后，痛心不已，发誓要为他报仇。于是，王行本仅仅带了七百精兵，就向河东城杀了过去。

可能是他的忠义感动了上天吧，这七百壮士，竟然真的杀进了城内，替尧君素报了血仇。然后，王行本将忠诚延续了下去，他继续登城固守，以待王师。

捐躯赴国难，视死忽如归！

后来，刘武周南下攻唐的时候，又和王行本结成了盟友，共同伐唐。一直到620年二月二十二日，也就是唐朝建立两年之后，面对唐军猛烈的反击，王行本在走投无路之后，才被迫投降，终被李渊所杀，时年也不知其岁！

一座河东城，无数忠臣骨，悲壮，亦悲凉！

明知没有希望，但为了心中的信念而坚守的人；明知大厦将倾，还要把血肉之躯化为擎天之柱的人，无愧于英雄的称号。

虽然他们要匡扶的是一个腐朽的王朝，但是挺起的却是整个国家的脊梁。

生者苟活，死者永存！

他们的忠诚，不仅感动了自己，也感动了敌人。

李世民登基之后，对此感慨颇多："隋故鹰击郎将尧君素，往在大业，受任河东，固守忠义，克终臣节。虽桀犬吠尧，有乖倒戈之志，疾风劲草，实表岁寒之心……可追赠蒲州刺史，仍访其子孙以闻。"

一个王朝的悲剧，终于用一位又一位忠臣的鲜血，画上了句号。

十一　入主关中，李渊称帝

617年九月十日，李渊在让刘文静防守屈突通的同时，又把自己从大将军升为太尉，率大军渡过黄河，进入关中。

刚刚入关，他便得到了一个极大的好消息——女儿平阳公主和堂弟李神通竟然率领七万多人前来助战。

平阳公主绝对可以称得上中国历史上第一个"超级女生"，几千年来，像她这么生猛的女性极其少见。

李渊造反后，派人让她赶紧回晋阳，以防不测。她担心自己和丈夫都回去，会引起大隋朝廷的警觉，便让丈夫柴绍先去晋阳支持老爹，自己则一个人跑到陕西户县的李氏庄园。

在那里，她女扮男装，自称李公子，变卖家产，召集几千人举起了砸隋的大锤，和隋军干了好几仗，大获全胜。

紧接着，她又连续中了两个大奖，手下只有几千人的平阳公主，也不知道动用了什么手段，竟然把拥有几万农民军的西域商人何潘仁忽悠成了自己的手下。

然后，她再接再厉，又把李密他叔李仲文也忽悠了过来。

看来，老李家忽悠人的本事，是祖传的啊。

李渊起兵之后，李渊他叔家的孩子李神通恰好也在长安，听说堂哥造反了，他第一时间撒丫子跑到了老家，招兵买马响应李渊。随后，平阳公主便带着忽悠过来的几万人，投奔了李神通。

两人合兵一处之后，又和隋军打了几个月的仗，结果队伍越来越壮大，竟然发展到了七万多人，还占领了四五个县城。

都说女儿是小棉袄，可是李渊的女儿明显是防弹衣加机关枪。这也难怪，李渊宁可自己被杀，也不愿提前造反，让儿女们处于危险之中。有女如此，做爹何求啊？

得到女儿的几万人马之后，李渊大喜过望，当即又把大军分为了两路。

一路由李世民率领，和平阳公主等人去招降渭北的郡县。

一路由他自己率领，从中路逼近长安。

因为李渊在山西大肆封官的消息早就传到了关中，这两路的进展都极其顺利。

李世民走一路，招降了一路。但是他还耍了一个小心眼，开始积极培养自己的势力。参与"玄武门之变"五大功臣之一的房玄龄，就是在这个时期加入李世民阵营的。进入长安后，李世民又把杜如晦也召入秦王府。

李渊的中路更顺，到一个地方就封一群官，还顺带把杨广在各个行宫里使唤的人全都放了。

眼看就要到达长安，李渊又令李建成留下刘文静等人驻守永丰仓，前来与自己会合。

于是，十月四日，三路大军基本没费什么力气，就抵达了长安城下。李渊合计一下手中的兵力，竟然达到了二十多万人。

和以往一样，李渊再次坚持了"能叨叨绝不动手"的原则，并没有着急攻城，而是天天派人到城下吆喝，声明自己不是要篡位，而是要当周公。

当时，隋朝守卫长安的领导班子有四个人：代王杨侑以及大臣卫文升、阴世师和骨仪。

杨侑，之前说过，杨广的孙子，只有十三岁，很明显，他只是挂个名。

卫文升，杨玄感叛乱的时候，他曾去平叛。

当时，他还祭祀了杨坚，祭词慷慨激昂："臣二世受恩，一心事主，现统率熊罴之师，志在平定叛乱。如果江山社稷还能长久，请陛下保佑乱臣贼子被顺利剿灭；如果社稷不能挽救，一定要让老臣先死。"

不过，四年之后，他已经七十七岁了。所以，当他面对来势汹汹的李渊的时候，已经力不从心，便把大权交给了阴世师等人。李渊入长安后，他闭门不出，抑郁而死。

阴世师性格忠厚，武艺高强，曾经在打吐谷浑、征高句丽、平定隋末叛乱中屡立战功。

骨仪，性格刚硬，当年是杨坚手下的御史，专门干得罪人的事，但从不向恶势力低头。杨广这位败家子当上皇帝后，"嘉其清苦"，将其提拔为京兆郡丞。

所以，当李渊在城下不断喊着当周公的时候，没有任何人相信这种鬼话。相反，阴世师和骨仪为了表达自己与京城共存亡的决心，还学习卫文升干了一件特别虎的事——把李渊家的祖坟刨了。

没想到叨叨了十几天之后，竟然出了这种事情。那还说啥，打吧，再不打，李家祖宗的尸骨都保不住了。

李世民打京城的东面和南面，李建成打京城的西面和北面，义军一拥而上，轮番砍墙。不到一个月，李建成的手下雷永吉就先进了城，617年十一月九日，长安城（大兴城）被攻破。

进城之后，李渊看到被挖开的祖坟之后，悲痛欲绝，几次三番差点儿哭晕过夫，因为那坟墓中有在他七岁时就亡故的父亲的尸骨。几十年里，他日日夜夜都在想着，有朝一日能再看到父亲一次，没想到，竟然会是以这种方式相见。

更让他伤心欲绝的是，十四岁的儿子李智云也被阴世师杀害了。

我们经常说，有些人一生都在被童年治愈，而有些人一生都在治愈童年。李渊虽然表面上很勇猛、很豪放，但其实他就属于一生都在治愈童年的人，没有父亲陪伴长大的小孩，大多如此。

由此可见，此时的李渊需要承受多大的痛苦。但是，李渊在悲痛之后，再次表现出高超的政治智慧。

他努力克制住了对隋军将士的极端愤怒，没有像其他农民军或者军阀那样，抢钱抢粮抢女人，而是下令三军不得扰民，不得毁坏隋朝宗庙，不得杀害隋朝皇室，有违此法者，夷灭三族。

最后，他只是斩杀了刨自己祖坟的阴世师、骨仪等十几个人，其他人则一律赦免。这种心胸、这种隐忍的人，不得天下，还能让谁得啊？

不过，李渊也差点儿斩了另一个"超级男生"，这人就是隋朝名将韩擒虎的外甥、唐朝名将李靖。

李渊起兵时，李靖的职位是马邑郡丞，按说有这么好的机会，加入义军，功成名就不在话下。但是，他却把自己伪装成了囚犯，要突破千难万险到江都，向隋炀帝告密。不过，当他到达京城的时候，关中已经大乱，只好留在京城当了俘虏。

当屠刀举起的时候，李靖却不想死了，不过他没有大喊饶命，而是很有志气地指责李渊："公起义兵，本是为天下除暴安良。想成大事，怎么可以因为私人恩怨斩杀义士？"

李世民听到这句话后，意识到李靖绝对是个人才，于是，赶紧上前替李靖求情。李渊便顺水推舟，让李靖做了李世民的手下，这是李世民网罗的又一位人才。

该杀的人杀完之后，李渊便立十三岁的杨侑为帝，遥尊杨广为太上皇，改大业十二年为义宁元年，大赦天下，各地免税一年。

随后，一套标准的篡位把戏就开始上演了。

从617年十一月到618年三月，杨侑不断给李渊加官晋爵，将他升为丞相、唐王，允许其剑履上殿、入朝不趋，加九锡，等等。曹操当年干过的，李渊一样也没落下。

618年四月，杨广在江都被杀的消息传到长安之后，杨侑便开始哭，李渊也开始哭，两人哭完之后，你看看我，我看看你，都明白接下来该怎么办了。

618年五月十四日，三辞三让的把戏又来了。

杨侑下诏要将皇位禅让给李渊，李渊表示绝对不行，而群臣表示不行也得行……你来我往三次之后，终于等到了一个黄道吉日。五月二十日，李渊一声叹息，便一屁股坐到了皇位上。

这群人便举办了一场需要准备几个月才能完成的盛大登基典礼。李渊改义宁二年为武德元年，立李建成为太子，封李世民为秦王兼尚书令，封李元吉为齐王，其他宗室如李神通、李孝基、李道玄等人全部封王。

封裴寂为右仆射，刘文静为纳言，窦威（李渊之妻太穆皇后的堂叔）为内史令，不过这人没几天就死了。封屈突通为兵部尚书，殷开山为吏部尚书，长孙顺德（李世民老婆族叔）为左骁卫大将军，刘弘基为右骁卫大将军……

其他文武百官和百姓全部加爵位一级，义军所经之地免除徭役三年，其他地方免徭役一年。同时，改郡为州，改太守为刺史，还有废除大业律令、颁布新律，等等。

中国历史上最辉煌的大唐王朝，无数中国人引以为傲的大唐王朝，让后世中国人被称为"唐人"的大唐王朝，富强、神奇、包容、伟大的大唐王朝，就此登上了历史的舞台。

李渊将内部的一切安排妥当之后，不得不面对当时大唐周围的形势。

从大面上看，617年十一月，李渊刚刚占据长安的时候，天下已经乱成了一锅粥，形势不容乐观。

李渊仅仅占据了山西和陕西的大部分地区，而周围有刘武周、梁师都、薛举、李密、萧铣等枭雄，远处还有窦建德、罗艺、高开道、杜伏威、林士弘、李子通等军阀。最后谁能统一天下，估计大家心里都没底。

但是从细微之处看，李渊这个时候已经有了很大的优势，拥有了统一天下的初步基础。

山西、陕西这两块地方实在太好了，当年秦始皇、刘邦都是从陕西出发，一路向东打，最后统一天下的。北周也是从这里出发统一北方的。所以，这块地方只要经营得当，就是成就帝王之业的好地方。而此时，李渊还有一群亲戚在关中以及宁夏当地方大员。

河池郡（今陕西凤县）太守萧瑀（凌烟阁功臣第九位）是后梁明帝的亲儿子，后梁灭了之后，他便到了长安，成了杨广的好朋友。后来，独孤皇后把一个本家的女儿嫁给了他，于是，他便成了杨广和李渊的表妹夫。

所以，当李世民带着李渊的亲笔信找到他的时候，吃了一顿便饭，喊了两句姑父，他就立马收拾好行李到李渊那边报到去了。

灵武的窦抗和扶风郡太守窦琎是亲兄弟，他们分别是李渊的堂大舅哥和小舅子。当初李渊辕门射鸟眼时，娶的不是定州刺史窦毅的女儿嘛，他俩都是窦毅的亲侄子。所以，当听说窦家的女婿拿下长安之后，他俩便立刻领着军队过来帮忙了。

这样，在李渊和甘肃的薛举之间就多了一道屏障。事实上，当薛举带兵进击长安的时候，萧瑀和窦琎都起到了举足轻重的屏障作用。

更大的好消息来自汉中。汉族咋来的？因为汉朝。为什么叫汉朝？因为刘邦称帝之前是汉王。为什么刘邦是汉王？就是因为他被封到了汉中这地方，韩信就是从这里"明修栈道，暗度陈仓"的。

汉中有多重要呢？简单来说，它是四川北边的门户，从陕西往南打，只要拿下汉中，整个四川基本就唾手可得了。如果谁控制了四川加汉中，那他基本上就可以建国称帝了。

李渊刚进长安的时候，在挨着汉中的安康，一个大豪族中有个人叫李袭誉。李袭誉原来也是守卫长安的，但他和阴世师聊不到一块儿去，就找了个理由往老家跑。

幸好李袭誉刚到汉中，李渊就打进了长安。不然再过几个月，李袭誉在汉中坐大，估计就该成张鲁了。

李渊刚入长安就给李袭誉开出了一个非常优厚的条件：虽然咱俩没有血缘关系，但是咱们都姓李，五百年前是一家。这样吧，把你们全家编入我们家的家谱怎么样？

李袭誉看了看自己的实力，又看了看这种超高规格的待遇，二话没说就带着家人去了长安，他被封为安康公。

整个汉中，就这样被李渊轻轻松松地纳入了势力范围。

除了前面所说的两件大事之外，四川还出了个奇迹。"天下未乱蜀先乱"是四川特有的气质，每个王朝末年，四川都会有人带着大家"武装上访"，例如两汉之交的公孙述、三国的蜀汉、晋末的成汉、五代十国的前蜀、元末的明玉珍、明末的张献忠等。

但是在隋末的时候，这个地方竟然很奇怪地没有出现割据势力。所以，李渊把李袭誉收编之后，同年十二月，就派堂侄李孝恭从金州（今陕西安康）入川招抚巴蜀。

在李袭誉的全力配合下，李孝恭在安康轻松打败了"吃人魔王"朱粲，之后整个巴蜀三十多个州全部传檄而定，四川就这样被轻松地纳入了李渊的势力范围。

再来看看其他地区的形势：

荆州的萧铣是个糊涂蛋

萧铣是617年十月起兵的，很快将手下发展到了十万人，但是他一方面忙于内斗，另一方面眼光也有问题。内斗结束后，他竟然没有去打四川，而是打江西的林士弘去了。

打四川多好啊，正好应了诸葛亮的《隆中对》："天下有变，则命一上将将荆州（今湖北）之军以向宛、洛，将军身率益州（今四川）之众出于秦川，百姓孰敢不箪食壶浆以迎将军者乎？诚如是，则霸业可成，汉室可兴矣。"

你去打江西，那以后不就坐等着被收拾吗？

宁夏的梁师都没有一点志气

梁师都617年二月就起兵了，三月打下了延安，距离长安也就六百里，此时距离李渊起兵还有三个月呢。

但是这位老兄也不知道想干吗，他并没有继续南下打长安。等到618年七月，他又去打更靠西北的灵州，好像压根儿就没有南下争霸天下的打算。

山西北边的刘武周急于享受

刘武周也是617年二月起兵的，这人也是胸无大志，在马邑（今山西朔州）自封天子，打下了周围的几座城池之后，便开始享受生活，他无心南下，天天待在后宫。

一直等到两年之后的619年三月，宋金刚前来投奔之后，在宋金刚的建议下，刘武周才想起来应该南下打山西，再打关中，争霸天下。

李密和王世充正在洛阳死磕

李密倒是想进入关中，但是一方面，他和王世充正打得难舍难分，不可开交；另一方面，他手下的士兵都是关东人，他又害怕入关之后军心会散，队伍难带。所以，李密也没时间和精力打关中。

其他军阀各有各的事

窦建德、罗艺、高开道、杜伏威、李子通等人距离太远，而且还在互殴。林士弘从616年起就开始起兵造反，但点儿比较背，先和隋军打，好不容易打败了隋军，萧铣又来了。

总之，别看军阀那么多，除了甘肃的薛举之外，根本就没有人关心关中的事。而这个薛举也有很大的问题，我们以后再讲。

当然，以上只是李渊拥有的统一天下基础的外部因素，而最关键的因素是人。人才，永远是世界上最尖端的武器；人心，永远是世界上最坚固的城墙。

李渊拥有着无可匹敌的裙带关系，表兄弟、堂兄弟、亲家，他们几乎垄断了整个山西、陕西的官场，写封信就能搞定一个省，这关系谁能比？

当然，更重要的是，他还拥有一个"颇知用兵之要"的儿子李世民。从李渊入主长安开始，他的主角光环便注定要被李世民取代了。

十二　李世民平定陇西薛举（一）

在中华民族的历史长河中，每过几百年，就会出现这样一个人。

他年纪轻轻，天赋异禀，一出场便所向披靡、天下无敌。

他风华正茂，文武双全，一亮相便让天下豪杰黯淡无光。

他凭一己之力，便能一次又一次扭转乾坤，改写历史进程。

他凭血肉之躯，便能创造一件又一件奇迹，照耀中外古今。

他被当代人称为少年奇才，被后世人称为不世出之人杰。

自公元前117年冠军侯霍去病驾鹤西去，公元前87年汉武帝乘龙归天，七百年后，中华大地上竟然出现了一位将他们的优点合二为一的天选之子。

他就是从这一回开始，便要正式成为主角的大唐秦王李世民。

从这一刻开始，历史的车轮，将由这位少年奇才决定转向。破碎的中华大地，将在他的经天纬地之才下重新归一。

很不幸，位于祖国西陲的薛举，将成为第一个被历史车轮碾碎的枭雄。

薛举，出生日期不详，金城（今甘肃兰州）里的"富二代"，他不仅身材魁梧，还善于骑马射箭。

617年四月，金城周围出现了大批乱民盗贼。金城县令郝瑗随即招募了几千士兵，任命薛举为将，让他带兵平乱。为了预祝薛举出征取胜，郝瑗还专门为他举办了一场盛大的送行宴。

但是，人心隔肚皮啊。薛举刚刚接过兵权，饭还没吃两口，就把碗给摔了，他带了几个人，把郝瑗等一群领导捆了起来，夺了县令的"大权"，竖起了西秦霸王的大旗。

不过，薛举并没有像大家想的那样，一上台就滥杀立威。相反，他还有温柔的一面。

当上领导之后，他立刻把老领导郝瑗放了，让其作为自己的心腹。这种"大度"的做法，竟然迅速赢得了当地官僚们的支持。随后，他便开仓放粮，救济百姓，又赢得了广大群众的支持。

在两股势力的支持下，不过十天的工夫，薛举便让起义事业上升了一个新高度：拿下整个陇西，拥兵十三万，成为西部地区拳头最硬的"古惑仔"。

可是，在烧了三把火之后，薛举便迷失了方向。接下来的几步，则显得"鼠目寸光"，和李渊根本不在一个档次上。

薛举拿下整个陇西的时候，大概是617年四月底或五月初，此时距离李渊起兵至少还有一个多月的时间。面对如此好的形势，他却没有乘胜直入关中，夺取长安，而是先享受了起来。

617年七月，薛举便猴急地在兰州称了帝，搞了一些花里胡哨的仪式，开始大赏群臣。

打下一个小地方就称帝的人，中国历史上下几千年，就没有一个能成功的，原因很简单：谁都知道急功近利的人做不成大事，精英们更懂得这个道理。所以，薛举这么快就称帝，等于向全世界宣布，自己是个目光短浅的人。精英们遇到这种人，躲避都来不及，哪里还愿意再为他所用。

旧王朝虽然不受待见，但毕竟还是正统的，瘦死的骆驼比马大。它不一定能干掉称帝的人，但忠于它的人肯定会和这些称帝的人死磕。

所以，薛举称帝之后，立刻就遇到了发展的阻力，扩张的速度迅速回落。

第一个阻力，来自他儿子薛仁杲杀的一个县令。

在那个群雄并起的年代，杀一个县令按说不足为奇，但是，这个县令却非常特殊，他的名字叫庾立。

庾立的名气不大，但是他爹庾信在历代文人眼中，那可是非常有名的。

庾信是南北朝时期的大文学家，传世作品有《庾子山集》等。他死的时候，隋文帝杨坚悲痛不已，追赠他为荆淮刺史，准许他儿子庾立世袭爵位。

后世对庾信的评价特别高，诗圣杜甫写过好几首夸他的诗，如："庾信文章老更成，凌云健笔意纵横。"

可见当时他的名气有多大。所以，他的儿子庾立虽然只是个县令，但在当时却绝对算大名士。

乱世之中，这些大名士极其重要。因为人家掌握着天下的喉舌，代表着天下的民意。谁对这些大名士尊崇，天下的读书人就会往谁那里跑，谁就掌握了智囊团。相反，谁得罪了大名士们，就等于得罪了天下的读书人，基本就只能坐着等死了。

薛举称帝后，庾立作为大名士的代表就非常不爽，天天骂薛举无君无父。所以，当薛仁杲攻下逸乐县后，庾立坚决不降。

薛仁杲不像他爹那样懂礼仪，一怒之下，竟然将庾立放到火上烤，再把肉一块块地割下来分给将士们吃。

这事一出，受儒家思想熏陶的士大夫和各地豪杰把薛仁杲痛骂一通。

但是，薛举却没有处罚薛仁杲，只是骂了他几句："你打仗是有两把刷子，但是怎么那么残暴呢，老子的家迟早被你给败完了。"

这种政权，能长久也就怪了。

再之后，薛举又犯了一个大错，他兵分三路，准备来个全面开花。一路由手下大将常仲兴带领往西打武威，一路由大儿子薛仁杲带领向东打秦州（今甘肃天水），第三路则由二儿子薛仁越带领向东打河池郡（今陕西凤县）。

两线作战就已经是兵家大忌了，更何况三线作战，而且这三路大军还都出师不顺。

常仲兴向西打武威郡时，遇到了硬骨头李轨，导致全军覆没，被杀了两千多人，其他全部被俘。

薛仁越攻打河池郡时，也遇到了硬茬——萧瑀。前面我们说过，萧瑀是李渊的表妹夫，其实他还是杨广的表妹夫兼内弟，他姐就是萧皇后。

反正，萧瑀既是隋朝的皇亲，也是唐朝的皇亲。有这层关系在，薛举称帝，萧瑀肯定不服。于是，薛仁越来打河池郡时，他就把薛仁越痛扁了一顿。

三路大军，只有薛仁杲经过艰苦的战斗，攻克了秦州（今甘肃天水），薛举便将都城从兰州迁到了秦州。

但是，薛仁杲在攻克秦州时又干了一件非常残暴的事。为了搜刮钱财，他把当地的富人玩了一个遍——倒吊起来往鼻子里灌醋。此举引起了当地豪族们的强烈不满，也为薛仁杲后来的结局埋下了伏笔。

617年十一月，当薛举听说李渊进入关中时，才意识到大事不妙，他急忙学习李渊，用计招降了一支拥众十几万的农民起义军。于是，薛家的势力迅速膨胀到了二十几万人。

薛举立刻命令薛仁杲带领胜利之师进逼长安。

但是，当薛仁杲抵达扶风郡的时候，又遇到李渊的另一个亲戚——扶风郡太守窦琎，此人便是李渊老婆的堂弟。

当薛仁杲率军前来时，窦琎立刻就投降了李渊，让李渊赶紧派人前去助战。李渊也不含糊，第一时间就派出了撒手锏李世民。

关于唐军和秦军第一次交战的过程，史书上没有详细记载，总结一下只有短短两句：唐军斩杀秦军一万多人，一直追击到陇右才返回。

但是从效果上看，李世民打的这一仗应该是非常霸气的。因为此战过后，薛举竟然问手下："以前有没有投降的天子？"

他的手下黄门侍郎褚亮（大书法家褚遂良他爹，未来的秦王府十八学士之一）急忙回了句："从前赵佗以南粤归降汉朝，蜀汉刘禅也出仕晋朝，转祸为福，自古皆有。"

两人就这么热热乎乎地聊了一阵子。郝瑗实在听不下去了：

"褚亮该杀。刘邦屡败屡战终有天下，刘备抛妻弃子成就霸业。打仗本来就互有胜负，怎么能一战不胜就投降？咱一个人打不过李渊，群殴还是可以的嘛，叫上宁夏的梁师都和草原上的突厥一起揍他。"

刚刚还想着投降的薛举被震住了，一个弱不禁风的书生，一个被自己辜负的人，竟然有如此大的勇气，更何况自己还是一名军人，一位天子！于是，他立刻派人按郝瑗的计策行事。

不过，郝瑗这计谋看着挺有说服力的，但是他明显没有调查过李渊和突厥的关系。李渊一入长安，就给突厥送了很多礼，这么重要的事他竟然不知道。

薛举的使臣抵达突厥之后，刚好碰到了李渊派去送礼的人，两人一比画，啥都明白了。

一计不成，薛举便放弃了攻打李渊的念头，准备好好休养生息一下，毕竟岁数也大了，没多少天可活了。但是，李渊这边却先动了手。

618年六月，李渊称帝十天之后，丰州总管张长逊为了给新皇帝庆祝，就向薛举的地盘发动了一次小规模进攻。

薛举很生气，后果很严重，抱着"打得一拳开，免得百拳来"的念头，薛举带着十几万人就向张长逊杀了过去。

这是唐朝立国之后的第一场大战，必须打出威风、打出水平。于是，李渊紧接着也派出了重兵，令李世民带领刘文静、刘弘基等八个总管的兵力，去和薛举死磕。

李世民一路急行军，十几天后，便率军进驻高墌城（今陕西长武），两军相遇，一场大战在所难免。

但是，人算不如天算，就在这个关键时刻，年纪轻轻的李世民竟然得了疟疾。当时，得了这病，死亡的概率极大。

趁着还有几口气在，李世民赶紧把刘文静、殷开山等心腹叫到跟前，千叮咛万嘱咐："薛举孤军深入，粮食不足，士卒疲惫，假如他来挑战，千万不要应战，等我病好之后，再去灭了他。"

两人拼命地点了点头，但是，一出门就把李世民的话抛到了脑后。从起兵以来，他俩就没有打过一次败仗，所以他们觉得，没有李世民的指挥，一样能赢。

于是，当薛举领兵前来挑衅的时候，他俩便领着八路人马出了城，要和薛举在野外拼命。

看见唐军出战，薛举立刻心生一计，兵分两路，一路守着正面做好防御准备，等待唐军的冲击；自己则率领精锐骑兵，向唐军的背后绕了过去。

而刘文静和殷开山却只顾着排兵布阵，根本没有注意薛举的小动作。

大战就这么稀里糊涂地开打了，七月九日一大早，随着一声令下，唐军便朝着前方的秦军冲了过去。两军刚刚交战，薛举就从后面突袭唐军，一路砍杀，一路放火。

正在前线作战的唐军看到后方大火，顿时军心大乱，将不顾兵、兵不顾将，集体落荒而逃，导致八路大军全部大败。刚刚还意气风发的刘文静见大事不妙，立刻逃回城里，带着生病的李世民往长安狂奔。

这一仗，唐军损失极为惨重，八路大军伤亡过半，大将刘弘基、李安远等人被俘。唐军的尸体又被薛举"垒为京观"，以作侮辱。

高墌城就这样被薛举轻而易举地拿下了，此时的长安城就像一个身无铠甲的士兵，暴露在了薛举的剑下。只要拿下长安，再一路向东，便能一统天下，胜利近在咫尺。

收拾完战场，安抚好百姓，薛举在郝瑗的建议下，立刻亲率十几万大军向长安杀了过去。

惊闻败绩，李渊大发雷霆，将刘文静、殷开山削职为民，下令全国总动员，御敌于国门之外。

但是，就在双方磨刀霍霍，准备决一死战的时候，意外却发生了。

十三　李世民平定陇西薛举（二）

就在薛举率胜利之师，准备直捣长安的时候，却发生了意外——在打败唐军一个月后，薛举就莫名其妙地找阎王报道去了。另外，他的首席谋士郝瑗，也因为悲伤过度躺倒在床上。

见薛仁杲死了爹，谋士又不中用了，李渊可高兴坏了。他立刻让大病初愈的李世民带着刚刚被削职为民的刘文静、殷开山，以及秦王府的房玄龄、杜如晦等人去欺负一下薛仁杲。

八月九日，薛仁杲在折墌城（今泾川县东）继位。八月十七日，李世民便开始准备行李出发了。

薛仁杲刚给他爹刨了一个坑，唐军的另一路部队窦轨（李渊妻子窦氏的堂弟）就杀到了。秦军二话不说就朝唐军抡起了铁铲，没想到效果还挺好，没抡几下就把窦轨揍跑了。

薛仁杲眼前一亮，觉得唐军的战斗力不过如此。于是，他爹也不埋了，骑上战马、披上铠甲，带上凉州兵，就朝唐朝的边境重镇泾州杀了过去。

当时驻守泾州的是唐朝骠骑将军刘感，这个名字有些不吉利，听上去像"流感"，但是他为人却很有骨气。薛仁杲砍了快一个月的墙，打进城内好几次，都被刘感硬生生地推了回去。

最后战争进行得异常残酷，泾州城内的粮食全部耗尽，连耗子都被吃光了。无奈之下，刘感不得不把自己的战马杀了，把马肉分给全体将士，自己只吃了一碗肉汤熬木屑。

兵法云："上下同心者胜。"刘感的坚持终于等来了唐朝的援军——长平王李叔良（李渊的堂弟），这人大家估计没听说过，但是他的曾孙大家肯定知道，他就是奸相李林甫。

薛仁杲见援军已到，知道硬攻已不现实，于是就设下一计。他一面宣称粮草耗尽领军向南退去；一面又派出一个奸细，向李叔良诈降，声称要当内应，帮助唐军夺回高墌城。

李叔良初来乍到，压根儿就不知道薛仁杲有几把刷子。所以，他想也没想，就派刘感到高墌城受降去了。

作为一名老将，敏锐的直觉告诉刘感，这里可能有诈。于是，他急行军三天到达高墌城下之后，并没有直接入城，而是派了几个人先去打探一下。

这几个人到达城下之后，按照约定好的暗号，轻轻地敲了几下城门：

"我是刘将军派来的，快开门啊。"

…………

"什么？开门声音太大，让我们爬上去？"

…………

"那你赶紧把绳子顺下来，我们去给刘将军汇报一下。"

刘感听完汇报，意识到大事不妙。爬城墙？开什么玩笑。于是，他急忙令人放火烧城门，试图趁秦军不备，攻入城中。但是，门还没烧掉一层皮，一盆盆冷水就从城墙上浇了下来。

见攻城无望，刘感急忙下令大军后撤，自己亲自断后。但是，唐军没撤多远，薛仁杲就亲率大军从南边杀了过来。一番激战之后唐军大败，刘感被活捉，秦军又顺势包围了泾州城。

这一次，薛仁杲没有莽撞，他竟然开始给刘感做起了思想工作，说："将军的勇敢和能力让人钦佩。英雄在世，就应该干一番轰轰烈烈的大事，而不应该逆势而为，丢了性命。如果将军愿意到泾州城下大喊'援军已经被打败，你们还是尽早投降吧'，我就对您委以重任。"

没想到，这位自己吃木屑，让士兵吃肉的汉子竟然不假思索地同意了。

刘感走到城下，抬起头，清了清嗓子，大喊："反贼已经没有粮食了，很快就要灭亡了，秦王率领几十万军队正在从四面八方赶来，城里的人不要担心。"

薛仁杲愤怒了，怎么可以这么不讲信誉呢，不是答应得好好的吗？他不明白庾立、刘感这些人为什么宁死不屈，烧烤大活人、往鼻子里灌醋这些招法难道还不够狠吗？

也许不够狠吧，那就继续狠下去。

他当即下令挖了一个坑，像埋箭靶一样，用土埋到刘感的膝盖，然后开始一边骑马一边向刘感射箭。一箭、两箭、三箭，箭越来越多，刘感的声音越来越小。

薛仁杲满意地笑了，他想让所有的人都知道，这就是背叛他的下场。但是，他没注意到的是城内唐军怒火中烧的眼神，以及奋战到底的决心。

618年九月，李世民终于率领主力，到达了几个月前唐军丢盔弃甲的高墌城下。只是由上一次的守城变成了这一次的攻城。

薛仁杲不得不放弃对泾州城的包围，第一时间派了手下虎将宗罗睺前去抵挡。

在这场战争开始之前，我们有必要先介绍一下，李世民打仗的三个特点，因为在此后的历次战争中，李世民用的基本都是这三招：

第一招，布局阶段——超强的忍耐力。

李世民从来不做上去就和对方硬碰硬的蠢事。两军刚对垒时，他一定先耗着，有李渊这个后勤大队长做保障，经常一耗就是几个月。哪怕对方骂他祖宗几千遍，他也会装作听不见。

总之，一定要耗掉对方的斗志，耗尽对方的粮草，他才会开打。而在消耗的过程中，他还会积极地寻找对方的弱点，如不断派出小股骑兵试探对方的虚实，摸清楚对方人数以及部队的战斗力，并寻找机会切断对方的粮道。

总之，在没找到对方弱点之前，李世民绝不会贸然出击。

第二招，出击阶段——超强的爆发力。

一旦发现了对方的弱点，李世民一般会使用"正合奇胜"的打法。什么叫"正合奇胜"呢？用曹操的话说，就是先投入战斗的叫正，后投入战斗的叫奇。

李世民一般都是先派人从正面进攻，自己再身先士卒，带着"玄甲军"从敌人的侧翼、背后或其他弱点处进攻。玄甲军有多猛，我们在后边讲刘武周和宋金刚的时候会描述，这里先不叙述。

不要觉得这种战法很简单，其实里面隐藏了很多玄机。

首先是什么时候分兵。如果分兵太早，容易被敌人集中优势兵力打趴下；如果分兵太晚，又起不到正奇的效果。

其次是怎么分兵。奇兵太多，容易引起对方的注意；奇兵太少，又没有效果。

再次是奇兵怎么行军才能不被敌人发现，攻击敌人哪里才有效果等问题。

总之，主帅要考虑的问题非常非常多，并不是只要一搞正奇就会赢，也不是谁都能玩转这套战法。所以，李靖才会说："奇正者，天人相变之阴阳，若执而不变，则阴阳俱疲。"

第三招，追击阶段——超强的意志力。

取得一场胜利之后，李世民必定乘胜追击，对敌人紧追不舍，经常追得敌人怀疑人生。因为自己最疲惫的时候，也是敌人最疲惫的时候；自己快要坚持不住的时候，也是敌人快要坚持不住的时候。

战争的最后，拼的就是勇气和耐力了，谁能坚持的时间更长一点，谁就能获得最后的胜利。总之，只要打不死，就往死里打，一定要赶尽杀绝、斩草除根。

这一招非常狠，有些像孙猴子逃不出如来佛祖手掌心的感觉，无论孙猴子跑到哪里，如来佛的手必然伸到哪里，非把孙猴子按住不可。这种干法，经常能取得意想不到的效果。

这一次打仗也是如此，两军气势汹汹地来了，本以为会大打一场，让人热血沸腾。

没想到，李世民一到战场上，便下令坚壁清野、固守疲敌："有敢请战者，斩！"双方在战场上，互相指着鼻子骂了两个月。

两个多月后，终于有一部分秦军受不了了，如梁胡郎等部分将领直接领军投降了唐军。李世民从他们的口中得知，秦军的粮草已经快没了，很多人都没力气再喊了，所以准备投降。

于是，李世民乐了，急忙让行军总管梁实到浅水原安营扎寨，接应那些准备投降的敌军。

看到唐军动了，宗罗睺高兴坏了，终于不用再像泼妇骂街那样对骂了。于是，他伸了伸懒腰，带着全部精锐，向梁实冲了过去。

秦军的战斗力相当强，几天之后，梁实便被打得七零八落，快要崩盘了。于是，李世民又急忙派出了右武候大将军庞玉前去支援。

宗罗睺见状便把部队分为两部分，一部分继续围攻梁实，另一部分由自己亲白率领，准备打庞玉一个措手不及。

面对庞玉的生力军，双方从早上打到了中午，秦军竟然还能一直压着唐军打。庞玉快被逼疯了，心想，这时候谁要能在敌人背后踹一脚……

还没等庞玉想完，奇迹还真的出现了。原来，庞玉前脚刚走，李世民便带着主力部队绕到了秦军的后面。

看到庞玉不支，李世民一马当先，带着几十号人便从后面冲进了敌营，横冲直撞、肆意砍杀，秦军竟然不能抵挡。

不要怀疑李世民的武力值，事实上，在以后的战争中他经常这么干。看到主帅这么勇猛，唐军顿时士气大振，挥舞着手中的长枪、陌刀，向着秦军一轮又一轮地杀了过去。

几十分钟后，数万名秦军竟然像被撕碎的破纸一样，丢盔弃甲，纷纷而逃。宗罗睺仅带了几百名亲兵逃离了战场。

李世民见状，亲率两千多名骑兵追了上去。但是，他舅舅窦轨一把拉住了他的马缰："薛仁杲战斗力非凡，占据坚城，绝不可轻敌冒进。"

但是，我们在前面讲过，李世民打仗的一个特点，就是必须追得敌人怀疑人生，只要没打死，就往死里打。

所以，他根本没有听窦轨的劝告，不仅要追宗罗睺，还追出上百里，一直到了西秦首都折墌城。

薛仁杲见状，急忙亲自领军出城抵抗。但是，其他人早就吓破了胆，谁也没有想到唐军一天之内就打到了都城，秦将浑寊（tián）带着队伍刚一出城，立马就投降了。

薛仁杲急忙退回城内，准备顽强抵抗。傍晚时分，唐军后续部队相继赶到，将折墌城围了个严严实实。

一场恶战即将爆发。

但是，半夜时分，守城的秦军看到唐军军容整肃、锐不可当，竟然越想越害怕，最后，便争先恐后地逃出城向唐军投降了。

天刚刚亮，薛仁杲爬起床一看，手下的人竟然快跑光了。于是，他的世界观、人生观、价值观受到了严重的爆锤。

在危难之时，竟然没有任何大臣、任何士兵愿意为自己拼死战斗。这皇帝当得，悲哀啊。

可是，这一切又能怪谁呢？只能怪他残忍暴虐，以为凭武力就能征服一切，但事实证明，武力消灭的只能是人的身体，而从来不能征服人心。

最后，薛仁杲不得不一声哀叹，狼狈地出城投降了。随即，他便被押回长安，被李渊一刀砍了。这种人，活在世上就算浪费粮食。

对其他人，李世民则运用了极其高超的"杀人诛心"的政治手腕。

他将薛仁杲的手下全部赦免，仍由其统治旧部，其中甚至还包括薛仁杲的弟弟们，以及那个和唐军打了几个月的宗罗睺。至于褚亮和大书法家褚遂良则被李世民纳入了秦王府。

但是，为了防止这群刚刚投降的西北老爷反叛，李世民在安顿好城内的军民之后，便大手一挥，毫无防备地带着他们打猎去了。

他要让这群人看看，什么是百发百中，什么是武力超群，什么是少年奇才，什么是天选之子。谁想反叛，先掂量掂量自己的斤两再说吧。

事情果如李世民所料，这群人在猎场上，被李世民的气度、箭法彻底折服了。从此之后，他们服服帖帖，再也没有一点儿非分之想。

西秦就这样从实体上到精神上，被彻底消灭了，从建立到灭亡，不过一年多的时间。而此时，薛举的尸体还没有被埋进土里。

大军凯旋之后，李渊大为满意，立刻将李世民升为太尉（三军总司令），殷开山、刘文静也全部恢复了爵位。

那个被薛仁杲虐杀的刘感，被追赠为平原郡公，谥号忠壮。另外，李渊又特别叮嘱，一定要将他载入史册。

当晚，李渊大摆宴席，为李世民等人接风洗尘。

庆功宴上，众将在祝贺李世民的同时，提出了一个藏在他们心中已久的疑惑："浅水原之战胜利之后，大王不带步兵和攻城用具，只带了几千骑兵就冲到了折墌城下，为什么还能那么快取得胜利？"

李世民大笑之后，点破了其中的玄机：

"宗罗睺的部队都是凉州兵，作战勇猛，浅水原之战，我们只是出其不意获得了胜利，但是斩杀的敌军并不多。如果不乘胜追击，他们跑回折墌城后，薛仁杲加以安抚，就不容易取胜了。如果急速追击，不让这些逃兵进入折墌城，薛仁杲必被吓破胆，如此才能快速获胜。"

如此高论，如此精彩。这一年，李世民年仅十八岁。

不过，为什么那些败军没有进入折墌城，薛仁杲就会被吓破胆，李世民没有解释，我们稍微解释一下。

一个国家在前线和敌军厮杀的，一般都是作战经验丰富的野战军。而在后方守城的部队往往都是老弱病残，以及基本没有上过战场的二、三流安保部队。

一旦野战军被打垮了，仅靠二、三流的军队去守城，基本是没戏的，除非出现于谦那种不世出的人杰。这就是土木堡之战后，明朝的文武大臣都喊着要迁都南方的原因。

李世民一通猛追，就把西秦的野战军全追散了，没有让他们进城。所以，折墌城的那一大帮二、三流军队，才会被吓破胆，当晚便溜出城投降了。

听完李世民的一番高论，李渊对儿子的睿智大为赞叹，群臣的喝彩声也接连不断，这场宴会的气氛顿时达到了高潮。

但是，就在此时，一个人站了出来，他的一番话，引起了群臣的阵阵哄笑。

十四　收地千里，一个安息人在大唐的奋斗史（一）

在李世民的庆功宴上站出来说话的人叫安兴贵，粟特族（一个很会做生意的民族），祖先居于安息（今伊朗）。

趁着酒劲，他高声说道："陛下威服四海，臣愿意为陛下献上千里疆土。"

千里疆土？李渊不敢相信自己的耳朵，但又忍不住好奇地问："哪里？"

"河西！"

"怎么献？"

"说服！"

群臣哈哈大笑，都以为这个"洋小子"喝高了。安兴贵却不以为然，静静地站在那里。如此"不靠谱"，李渊如果是个明君，肯定会怒斥他的。

果然，还没等群臣笑完，李渊立刻正襟危坐，收起了笑容，严肃地问道："李轨据有河西，连结吐谷浑、突厥，如今起兵讨伐都不一定能征服，爱卿要如何说服？"

"臣世代为凉州望族，了解其将士民心，而且臣弟安修仁是李轨的心腹，职掌枢密。如果李轨逆天而行，臣一定将他的脑袋献与陛下。"

面对如此生猛的回答，李渊惊呆了，刚刚嘲笑他的群臣也惊呆了。一个外国人，不远千里来到大唐，把他的一生无私奉献给大唐的统一事业，这是多么高尚的精神啊。

还需要再说什么呢？四个字——干就是了。

但是，在干之前，我们有必要先了解一下当时河西走廊的情况。

617年，薛举称帝之后，便派手下大将常仲兴去攻打武威。

一时间，武威城内一片恐慌。于是，李轨、曹珍、梁硕、安修仁这几个凉州豪族子弟，便聚在一起商量了一下，觉得武威郡的老大谢统师是个"软柿子"，肯定抵抗不了薛举的进攻。他们必须自己拿起剑、拿起刀，保卫自己的家乡。

但是谁来当老大，他们争了半天，也没有结果。不是大家抢着当，而是没人愿意当。这听着虽很奇葩，但是，理解起来并不复杂。

河西走廊那种地方，位置偏远，土地贫瘠，没有多少人口，也就不具备成就霸王之业的经济条件。

而且那里还处于四战之地，形势很不乐观。北边的突厥，南边的吐谷浑、吐蕃，西边的骆驼民族（印度、萨拉逊），都不是什么易与之辈。东边的中原王朝更不用说，比前几个都生猛。

总之，周围不管谁强大了，都要把河西走廊按在地上摩擦一番。自古以来，就没有能从那里出发统一中原的。说白了，这里只适合割据自保一阵子，然后坐等北边的草原，或者东边的中原来统一。

所以，在这里当老大的结局大概率比较惨。相反，当老二、老三则比较好，有权，又安全。

当然，东汉的窦融是个例外，人家把整个河西献给刘秀之后，还当上了三公。他的后世子孙也过得很不错，比如窦宪一不小心，还把北匈奴灭了，搞了一个和封狼居胥齐名的勒石燕然。

但是，又有几个皇帝能像刘秀那样仁慈，不滥杀功臣呢？

就在几个人心里的小算盘打得噼里啪啦响的时候，曹珍灵光乍现，表示有偈语言"李氏当为天子"，如今我们这几个人里就有一个姓李的，这不就是天意？

那几个人立刻心领神会，也没管李轨同意不同意，向后退了一步就下拜叩头。李轨就这样稀里糊涂地当上了老大。

第二天夜里，这群人便发动了兵变，由安修仁率领一群胡人攻入了内城，李轨则率人把原老大谢统师逮捕了。

随后，李轨便举行了隆重的庆祝仪式，自称河西大凉王。庆祝仪式还没结束，曹珍就给李轨出了个馊主意：杀了谢统师以及全部隋朝官员，一来可以祭旗，二来可以分了他们的家产。

杀人分财，这跟土匪有啥区别？幸好，李轨还有点儿脑子，看透了其中的玄机。所以，他不但没杀隋朝官员，还让原老大谢统师当了太仆卿。

此举很有效，迅速赢得了当地豪族和官员的支持。于是，李轨把常仲兴打得大败，除斩首两千人外，其余全部成了俘虏。

旗开得胜之后，李轨又做出一个惊人的举动，他把那些俘虏全放了回去，以示仁慈。

没杀原老大、没杀战俘，这两把火一烧，李轨的美名没几天就传遍了整个河西。其他几个郡，如张掖、敦煌等，竟然全部归降了。

大凉这家小公司，就这样，一下子成了垄断河西的上市企业，发展速度比坐火箭还快。

但是，大凉公司上市以后，李轨就开始昏招频出了。

大家有没有发现，李轨和邻居薛举很像，都是前期英明两三下，刚一翻身农奴把歌唱，就变糊涂了？

这是什么原因呢？这就是人性中的通病。

当金钱来得太容易的时候，人们就很容易变成金钱的奴隶，最后往往会得到连本带利的惩罚。

例如一个人炒股赚了不少钱后，就会天天想着炒股赚钱，而不把挣工资放在眼里。如果不把原来挣的钱连本带息赔进去，他大概率是不会善罢甘休的。

当权力来得太容易的时候，人们就会变得"心怀利器，杀心自起"，滥用手中的权力，最后被权力反噬，从此身败名裂。

例如，东汉末年的何进，从杀猪屠狗之辈一下子变成大将军，他根本不会运用自己手中的权力，最后落得身首异处的下场。

总之，就是一个人所拥有的金钱和权力，需要和自身的能力、德行相匹配。否则，你不仅驾驭不了这两样东西，还会反受其累。

用孔子的话说，这叫"德不配位，必有灾殃"。用现在比较流行的一句话说，这叫"凭运气赚到的钱，最后都会凭实力亏掉"。

所以啊，饭还是得一口一口地吃，路还是要一步一步地走。总想着一步登天的人，大概率会掉下来摔死。

618年，在李世民和薛举开打之前，李渊为了减轻李世民的压力，便采用了远交近攻的策略，派出使者前往凉州与李轨结好。在给李轨的信中，李渊再次使出了拉亲戚的把戏，把李轨当成异父异母的亲兄弟。

因为617年李世民曾把薛举痛扁过一顿，所以此时李轨心里也很发怵，便接受了李渊的招降，还派出了弟弟李懋（mào）到长安当人质。

看到李轨这么会做人，李渊便把李懋封为大将军，又送他回到了凉州。

按照这个趋势走下去，李渊肯定会开一张把李轨写进族谱里的支票，两人从此幸福地生活在同一个国度。

但是，唐军在高墌城下的那一场大败仗，却给这个美好的希望画上了句号。

李轨看到唐军被薛举打得屁滚尿流时，那颗刚刚归顺的心，又起了波澜。

618年十一月四日，就在李世民和薛仁杲大战的时候，李轨竟然偷偷在河西称帝，建国大凉，年号安乐，封其子李伯玉为太子，长史曹珍为尚书左仆射，梁硕为吏部尚书，安仁修为户部尚书。

不知道李轨这么着急忙慌地称帝干吗，难道不应该等到唐军和秦军打完仗，看看情况再决定称不称帝吗？万一秦军败了咋办，不给自己留条后路？就这水平，怎么当皇帝？

不幸的事很快就发生了。李轨称帝四天之后，也就是十一月八日，李世民就把薛仁杲活捉了。

不过，由于事发突然，李世民压根不知道李轨反叛了。于是，就没有再往西打，便班师回去了。

李渊也不知道李轨突然称帝了，所以，李世民和薛仁杲的大战刚一结束，李渊就派了鸿胪少卿张俟德去河西，传达自己的旨意，封李轨为凉王、凉州总管。

这下实在是尴尬到了极点，李轨一边骂自己太性急，称帝早了四天；一边骂自己运气不好，李世民晚赢了四天。

李轨思来想去也不知道怎么办，最后只好把手下都召集起来，问了句："偈语说，李氏据有天下，现在李渊已经占据了京城。我们是同一个姓，不能竞争，要不我除去帝号，向东接受册封？"

还没等别人答话，曹珍站了出来："隋亡天下，英雄竞起，称王称帝，瓜分鼎峙。唐国自保关中，大凉自处河右，何况已为天子，怎能接受别人的官爵？如果非要以小事大，可依照萧察旧例，自称梁帝而称臣于周。"

萧察就是梁宣帝，大家还记得李世民的姑父、河池郡太守萧瑀吧？萧察就是萧瑀的爷爷，也是杨广的老婆萧皇后的爷爷。

萧察称臣于周（北周）是咋回事呢？

一代枭雄梁武帝老年的时候，不是喜欢瞎胡搞嘛，结果搞出了一个侯景之乱，把自己活活饿死了。虽然侯景之乱最后被平定了，但是，南方大乱，南梁最后被大将陈霸先篡夺，建立了南陈。

但是，南梁其实并没有灭亡，萧察在江陵（荆州）那个巴掌大的地方还保留着梁的火种，史称西梁，存在了三十二年。

虽然萧察对内自称皇帝，但是为了自保，就当了北周的藩属国，等到隋文帝的时候，这个小朝廷才最终消失在了历史的长河之中。

所以，曹珍的意思就是让李轨对内还当皇帝，但是对唐朝称臣，当个藩属国得了。

李轨觉得这是一个好主意，便派尚书左丞邓晓去长安复命了。

可是，李渊却认为这是一个馊主意，他听完汇报后勃然大怒，你李轨原来已经归降了，现在又当皇帝，这是反叛啊，这种事怎么能忍？再说了，你李轨配当皇帝？于是，他立刻就把邓晓囚禁了起来。

就在李渊想着怎么收拾李轨的时候，安兴贵就在宴会上把牛吹上了天。

十五　收地千里，一个安息人在大唐的奋斗史（二）

安兴贵毛遂自荐之后，便一个人回到了凉州。他第一时间赶到了家中，利用他的特长——吹牛，从天下大势讲到民族大义，很快就说服了弟弟安修仁投降唐朝。

但是，怎么去说服李轨呢？两人却犯了难。直接劝说老大投降吧，显然是找死。啥也不说，直接把老大杀了，显然不是读书人干的正经事儿。

思来想去，两人决定把阴谋分为三步走：

一、壮大自己——赢得李轨的信任，联系更多的盟友。

二、削弱敌人——设计除掉李轨的左膀右臂。

三、先礼后兵——劝告李轨投降，如果不降，再发动兵变。

他们很快就完成了第一步。安兴贵隐瞒了自己为大唐做事的身份，到李轨那里应聘去了。

李轨也没有作背景调查，竟然让安兴贵当了禁军的高级将领左卫大将军，这等于给这兄弟俩的手里递了一把杀死自己的尖刀。

很快，他俩又找到了两个盟友，一个是谢统师，一个是奚道宜。

原来谢统师被李轨夺权之后，一直耿耿于怀。从老大变成了老小，心里能舒服才怪。

而这个奚道宜呢，原来是薛仁杲的手下。薛仁杲兵败之后，他没有投降唐军，而是领着羌兵投奔了李轨，李轨原本答应让他当刺史，但是后来食言了。于是，他也起了反心。

赢得了李轨的信任，又找到了两个帮手，兄弟俩便开始对李轨的左膀右臂下手了。

当时，李轨的帮手主要有三个：左仆射（宰相）曹珍，吏部尚书梁硕，还有安修仁。曹珍虽然是宰相，但他能力一般，所以对安兴贵他们的威胁不大。

而梁硕虽然是吏部尚书，却是李轨的第一谋士，大凉能够那么快做大做强，有他的一半功劳。

正好，这个梁硕还和安修仁有仇。他曾经好几次劝说李轨，要提防胡人，说"非我族类、其心必异"。

不巧的是，这话刚好就被安修仁给听到了。安修仁是什么人？当然和他哥一样，安息人啊。竟然说提防胡人？不如我先把你弄死，正好公仇私仇一起报。

经过一番调查，这哥俩很快就发现了梁硕的一个死穴——他得罪了李轨的儿子李仲琰。

事情是这样的：有一次，李仲琰去梁硕府上办事，但是，梁硕没有起身迎接。李仲琰年轻气盛，刚刚当上王爷，膨胀得很，心里特别不爽。刚出梁府，他就骂了一路，人尽皆知。

于是，一个简单却有效的歹毒计划，迅速浮上了安兴贵的心头——污蔑梁硕造反。

安兴贵立刻给李渊写了一封密信，表示自己要使用反间计除掉梁硕，还望老大配合一下，给梁硕写封"密信"，让李轨怀疑他要造反。

说骗人的鬼话是李渊的特长，所以，没过多久，李渊给梁硕的"密信"就送达凉州。这封信"一不小心"就被李仲琰截获了。

李仲琰拿到信之后，就像得到了宝贝一样，根本不管真假，立刻上报给了李轨，并添油加醋说了梁硕一大堆坏话。

李轨竟然中计，把梁硕毒杀了。哎，真的是"身怀利器，杀心自起"啊！

但是，仅凭一封信就把大功臣杀了，这事干得相当缺德，让人不服啊。再说了，人家梁硕也是凉州望族啊，在当地的关系盘根错节，这种人怎么能说杀就杀？所以，从此之后，原来跟着李轨起家的大臣们，慢慢都有了二心。

李轨似乎也感知到了大臣们心态的变化，不久之后竟然得了心病，天天害怕大唐派兵来揍他。

人一旦开始怕死，就特别容易迷信。所以，李轨的迷信病就越来越重，整天盘算着怎么自保。

一个胡人巫师很快就看出了李轨的心思。他告诉李轨，只要修筑一个玉女台，天帝就会派玉女从天而降，帮助大凉灭了大唐。

历史故事瞬间变成了神话小说，这种鬼都不信的人话，李轨竟然信了，而且信得很诚挚。于是，他立马征集了大批民工，开始修筑玉女台。

不过，修了几个月，玉女没等来，旱灾却先来了。整个河西地区的粮食大面积绝收，一时间饿殍遍野，甚至还发展到了人吃人的地步。

这个时候，只要是脑子正常的皇帝，肯定要开仓放粮赈灾，以免饥民变成乱民来个"武装上访"。

可是，李轨现在已经彻底迷信上了。他虽然也想到了赈灾，但又不想花太多的钱，因为修筑玉女台还要花钱呢。

在思索良久之后，李轨终于想到了一个自认为一举两得的妙招：不开放国家粮仓，而是把内府的钱粮全部拿出来赈济灾民。

他认为，如此一来，一方面可以笼络民心，让灾民看看皇帝多么大公无私，竟然把自己的钱粮都拿了出来。

另一方面可以给文武百官做个表率，皇帝都把家底拿出来了，你们还不得拿出来一些？

可是结果却事与愿违，内府的钱粮都分完了，大臣们的一根毛也没有见到。

于是，李轨怒了，朝会之上大发雷霆。但是，朝臣们却都默不作声，谁不知道内府、外府的钱，都是你皇帝说了算？只拿内府的钱出来充数，装什么大尾巴狼？

等皇帝发泄完了，曹珍站了出来，他终于当了一次明白人："灾民太多，文武百官就算把粮食全都拿出来也不够，不如开仓放粮，赈济百姓。"

其他大臣也赶紧跟着附和，气得李轨火冒三丈，气氛相当尴尬。眼看着一箭双雕的计策，就要变成"赔了夫人又折兵"。就在这时候，谢统师站了出来，"救"了李轨一把，他"义正词严"地怒斥曹珍：

"饿死的都是一些弱不禁风的乱民，身强体壮的壮汉怎么会饿死？粮仓里的粮食还要打仗用呢，你救那些乱民能干啥？宰相想收买人心，也得为国家考虑一下吧。"

李轨看见老领导为自己说话，感动得眼泪汪汪，赶紧顺着台阶往下蹦，拒绝了曹珍的请求。李轨终于保住了国库里的粮食，只是可怜了那些饥饿的百姓。他的这个行为，为自己的末日挖好了一个大坑。

从此之后，官员们对李轨彻底寒了心，百姓们也对他厌恶至极。安兴贵兄弟俩建功立业的机会终于成熟了。

619年五月，李轨可能也察觉到人心散了，队伍不好带。于是，有一天，他找到安兴贵，两人发生了一段可笑的对话。

"大凉如何自保啊？"

"凉州僻远，财力不足，虽有雄兵十万，而土地不过千里，又无险固可守。还与戎狄接壤，戎狄心如豺狼，不与我同族同类。如今唐家天子据有京师，略定中原，每攻必下，每战必胜，有天命护佑。若举河西版图东归朝廷，虽是汉代窦融，也不足与我们相比。"

李轨勃然大怒："从前吴王刘濞统率江左之兵，还自称东帝，朕今据有河右，不能称为西帝？唐虽强大，又能奈何？"

为什么说这段对话可笑？

安兴贵竟然说"戎狄心如豺狼，不与我同族同类"，实在太有意思了。安兴贵，你是安息人啊，当年你支持李轨起兵的时候，带的可是胡兵啊。所以，到底谁和你同族同类，谁又是戎狄？

而李轨也太没文化了，拿吴王刘濞举例子，这可是割据不成、兵败身亡的人啊。你这不是在暗示自己死路一条吗？

所以，两人这话一说完，都觉得太尴尬，李轨拍拍屁股到后宫去了，安兴贵则擦了擦额头上的汗，赶紧退出了皇宫。当夜他便和弟弟安修仁跑到了城外，率领着早已召集好的几千胡兵，以及奚道宜所带的羌兵，对武威城发动了猛烈的进攻。

李轨见状，火急火燎地带了一千多精兵，亲自出城平叛，但是刚一接触，就被打得大败。于是，他又急忙下诏让各城派兵过来勤王。

安兴贵见状，立刻向各地派出了使者，同时放话出去：大唐天子派我来取李轨性命，与其他人无关，有不服从者罪及三族。

两边派出的使者几乎同时到达各城，各城老大只要不傻，就知道谁的拳头更硬。所以，大家都作壁上观。

李轨在城中左等右等，望穿了沙漠，啥也没有等来。他这才意识到："人心已失，天亡我啊！"

不过，在最后的时刻，他也没有放弃希望。臣子们不来是吧，那我就去求玉女下凡。于是，他竟然带着妻子、儿女登上玉女台，摆上了好酒好肉，烧起了高香，求玉女去了。

这一通操作把文武百官都惊呆了，皇帝已经成了神经病，不打开城门投降，还等什么呢？

很快，安兴贵就带兵冲到玉女台，将李轨和他的老婆孩子都摁进囚车，送到了长安。619年五月，李轨和他的兄弟、儿子被斩首于长安，到天上见玉女去了。

那个当初被李渊扣留的使者邓晓，听说李轨被杀之后，当场对李渊行了个大礼，表示祝贺。

李渊对此却极为反感："你身为人臣，得知国家灭亡，不悲反喜，这是什么玩意儿啊。一次不忠，终生不用，赶紧滚。"

忠臣，无论何时都值得人敬重，哪怕他效忠的是一位昏君。落井下石者，无论何时都让人不齿，哪怕他弃暗投明。人都是有感情的动物，为人臣、食人禄，当你的主君落难时，你可以投降，但不能庆贺，这是一个人最起码的道德准则。

河西就这样被平定了，李渊也没有亏待这兄弟俩：安兴贵被封为右武候大将军、上柱国、凉国公，安修仁被封为左武候大将军、申国公。

后来，安兴贵的曾孙还被赐名为李抱玉，在安史之乱中和戍守边疆时，都立下了不小的战功。他老安家，从此彻底融入了中原的怀抱。

十六　大逃亡，大唐被揍成落水狗

消灭李轨之后，李渊坐拥了山西、陕西、四川和甘肃等广大地区，成为当时实力最强的一派势力。

接下来，李渊本想东出函谷关，痛揍一下王世充。因为几个月前（618年九月）王世充和李密在洛阳来了一场大决战，李密发挥失常，被痛扁了一顿，在有路可退的情况下，也不知道出于什么原因，他竟然带人投降了李渊（后面我们会详细讲）。

而李密以前所统治的河南、山东大片区域，被王世充占了一部分。但是，还有一部分在李密手下大将徐世勣（就是后来灭了高句丽的超级名将李世勣）的掌控之中，他带领手下，连着这些领地，归顺了大唐。

李渊赐给徐世勣李姓，又立刻任命淮安王李神通（李渊堂弟）为山东安抚大使，去安抚这些地方。当然，说是安抚，实际上是监视。

所以，李渊想趁机扩大战果，巩固一下这些得来全不费功夫的新地盘。

但是，理想很丰满，现实却变成了骨头架子。在未来近一年的时间里，大唐这只猛虎，却被揍成了落水狗，不仅山东之地被窦建德给薅没了，连发家的老窝晋阳也被人连锅端了。

而造成这一切的原因，就出在差点被李渊老婆扔了的儿子李元吉身上。

李渊起兵之后，就把李元吉留在了晋阳守着老巢。大唐建立之后，李渊又把李元吉封为齐王、并州总管，也就是山西十五个郡的事都由他说了算。

但是，李元吉当时只有十五六岁，正处于嘴上没毛、办事不牢的青春叛逆期。所以，李元吉相当不靠谱，身体还没发育完呢，就收了几百名侍妾。

李元吉喜欢让这些侍妾穿上战袍，拿起战刀互砍。有一次，他本人也亲自下场，结果不小心受了伤。小时候救了他的那个奶妈陈善意，看他这样胡闹，非常心焦，劝他收敛一点。但是万万没想到，这个"畜生"竟然一怒之下，让人把陈善意活活打死了。

除了在家里打仗之外，李元吉还喜欢外出打猎。不过，他打猎和别人还不一样，别人偶尔打一次，他是三天两头打一次，还老是跑到百姓地里打，把人家的庄稼全毁了。

别人打完猎，基本都是回家找老婆，上交猎物。他却是打完猎，回城后胡作非为。总之，啥刺激，他玩啥。啥缺德，他干啥。

李渊封了万把官收买的人心，被他这么一弄，全完蛋了。老百姓对他恨之入骨。

其实李渊也知道这个儿子太不像话，所以，还专门派了两个人去辅佐他。一个是李渊的侄子兼驸马窦诞，另一个是右卫大将军宇文歆。

但是，窦诞也是个花花公子，正经事不会干，就知道天天怂恿李元吉干缺德事。

唯一的明白人只有宇文歆，不明白不行啊，他不是皇亲国戚，出了事，别人有七大姑八大姨说情帮忙，他只是个"打工仔"，不被拿来开刀才怪。于是，宇文歆天天劝李元吉放下屠刀、做个好人。

可是"人穷莫入众，言轻莫劝人"。宇文歆虽是右卫大将军，但在李元吉面前什么都不算。所以，无论他怎么说，李元吉根本就不当回事。

无奈之下，宇文歆只好给李渊写了个奏疏，把李元吉干的荒唐事全给捅了出来。

李渊很生气，这位从小没爹的皇帝对儿子们总是特别宽容。所以，他只是下诏免了李元吉并州总管的职务，然后就没有然后了。

李渊这么纵容，李元吉被免官之后一切照旧，压根就没有痛改前非的意思。很快，他又想到了一个能让自己官复原职的办法。

李元吉找了一群人，从山西快马加鞭，一个月跑到了京城，跪在皇宫门口就大声喊："齐王是个青天大老爷，不能免了他的官。"

李渊本来就没有处罚儿子的打算，一看有台阶下了，根本就不管是真是假，便下诏恢复了李元吉的官职。

从此，父慈子孝，天下太平。当然，这只是李渊的一厢情愿，对敌人来说，这可是"趁你病、要你命"的最好时机。

619年年初，宋金刚在被窦建德打跑之后，（从河北）跑到山西投奔了刘武周。

刘武周这位趴窝了两年的"定杨天子"终于歇够了，听说宋金刚善于砍人，他非常高兴，立刻给宋金刚送了四份大礼：

送官——封宋金刚做了宋王；

送权——将军事大权分给宋金刚一半；

送钱——把自己家的钱分给宋金刚一半；

送妹子——不是普通的妹子，是刘武周的亲妹子。

这种大舅哥天下哪里找啊，所以，宋金刚一把鼻涕一把泪地连声道谢，转身就把"黄脸婆"原配休了。作为回报，这位妹夫立刻怂恿大舅哥，一定要把家族事业做大做强——入图晋阳（太原），南向争霸天下。

刘武周这次很上心，三月二十二日，也就是李元吉官复原职一周之后，他便亲自率领了两万步骑兵，带着宋金刚、尉迟敬德等大将，联合突厥杀向晋阳（太原）。

李元吉虽然平时爱"打仗"，但遇上真打仗了，立刻就尿了。面对兵锋正盛的刘武周，他自己不敢出城迎战，让车骑将军张达率两千人去"骚扰"敌军。

哪知道，张达却是个少根筋的，出城之后他也没想着偷袭，而是一股脑地向刘武周冲了过去。结果毋庸置疑，全军覆没，张达自己也被俘了。

成了俘虏之后，张达越想越生气，便想狠狠报复一下李元吉。他向刘武周建议，不要打晋阳城，城高墙厚、易守难攻。可以来个农村包围城市，先清除晋阳周围的障碍，等李元吉成为瓮中之鳖后，自然会不战而降的。

这一招真狠，和李渊当年打长安时一模一样。于是，在张达的带领下，刘武周绕过晋南，一路南下，势如破竹。

四月二日，晋阳南边的榆次陷落。五月，更南边的平遥陷落。六月，宋金刚又率三万大军，攻陷了更南方的介州（今山西介休）。

李渊立刻任命太常少卿李仲文（李密堂叔）为行营总管，与左卫大将军姜宝谊（据说是姜维的后人）率兵前去救援。

六月中旬，李仲文、姜宝谊带领唐军到达鼠雀谷，宋金刚立刻派出多支小股骑兵不断对唐军进行骚扰。李仲文异常恼火，对这些骑兵边追边打，一连赢了好几场。

在又一次追击之后，李仲文、姜宝谊率军到达了一个峡谷之中，两岸山势险峻、树木繁茂。李仲文大惊，心想此刻若有伏兵……还没等他想完，两边真的是伏兵四起、箭如雨下。唐军像受惊了的兔子一样四散逃亡，李仲文、姜宝谊全部被俘。

不过，出人意料的是，这两个高级俘虏竟然在半路上成功逃跑了，从此越狱的技能开始在唐军高级将领间广泛流行。

六月二十六日，李仲文兵败的消息传回了长安，李渊与诸臣大惊失色。可是从来没有单独领过兵、打过仗的右仆射（宰相）裴寂，却异常淡定地站了出来，他拍着胸脯表示自己能够轻松搞定宋金刚。

李渊大喜，随即命令裴寂为晋州道行军总管，带着五万大军以及刚逃回来的李仲文、姜宝谊回去和宋金刚继续对打。

九月初，裴寂在磨叽了两个多月之后，终于率军到达了介休南边的度索原（地名）。

面对声势浩大的唐军，宋金刚并没有急于正面进攻。他在观察完唐军的营地之后，很快就发现了弱点——距离水源地有点远。于是，当晚他便派出了几千名精锐骑兵，切断了唐军的水源。

唐军立刻组织反扑，但是宋金刚却岿然不动。无奈之下，裴寂只好命令全军拔营，另找水源地。

像这种大规模的拔营，必须一批一批来，让一部分人先撤，一部分精锐负责殿后。但是，裴寂一个命令，全都拔了。

宋金刚远远地看着唐军阵营有了变化，立刻和尉迟敬德率领全部精锐对唐军发起了猛烈的总攻。正在扛着帐篷、锅碗瓢盆往后撤的唐军，根本就没有一点儿准备，敌人刚冲到眼前，就崩溃了。

裴寂打仗的本事没有，逃跑倒有两把刷子，他把大军往后一丢，啥也不管了，撒丫子就跑，一天一夜狂奔三百里，逃到了南边的晋州（今山西临汾）。

可是，前线的唐军就惨了，几乎全军覆没，姜宝谊再次被俘。他再次准备越狱，但是没有成功，被处死了。

裴寂这么一跑，晋阳（太原）就彻彻底底成了孤城。刘武周兵分两路，一路自己率领向北，攻打晋阳；另一路由宋金刚、尉迟敬德率领追击裴寂。

晋阳城在历史上一直是一座极其"抗造"的城市，春秋时期，智伯带着韩、魏两家去打晋阳。面对猛攻和水淹，赵襄子硬生生地扛了三年，最后还实现了反杀，把智伯灭了，为以后的韩、赵、魏三家分晋奠定了基础。

现在晋阳城作为大唐的龙兴地，李渊在那里驻扎了数万精兵，存放了可用十年的粮食，刘武周再厉害，也完全能够扛一扛。尧君素就那么点儿人，那么点儿粮食，不是还在河东城抵抗了唐军一年嘛。

但是，李元吉不是尧君素，刚听说刘武周来了，马上就吓破了胆。当晚，他就带着那群侍妾狂奔回了长安。

如此重镇，竟然不战而降。看着逃回来的儿子，李渊暴跳如雷。但是，更让他生气的事还在后面。

裴寂逃到晋州之后，命令坚壁清野，把百姓迁入城内，将城外的村庄和粮食全部烧掉，准备和宋金刚打持久战。

可是，这场持久战只打了不到十天，九月下旬，晋州就被宋金刚攻破了。裴寂扔下所有人继续往南跑，右骁卫大将军刘弘基再一次成了俘虏（上一次是攻打薛举时）。不过，没多久，他竟然也成功逃脱了。

九月末，宋金刚又攻克了龙门、绛州。还记得龙门这地方吧，从这里再进一步就可以渡黄河入关中了。

更糟糕的是，看到唐军兵败如山倒，当年十月，山西夏县人吕崇茂也起兵造反，杀了县令，自称魏王。

裴寂虽然武力值不行，但是听说有人造反时，他却非常恼火，打不过宋金刚，还打不过你吕崇茂？于是，他终于从城里探出了头，带着人要去揍吕崇茂。哪承想，这位宰相又被刚起义的农民军打得大败亏输！

连续三次吃瘪的宰相裴寂从此彻底蔫了，再也不敢出城了。

这时候，那个要替尧君素报仇的王行本，还坚守着河东城呢，他也开始联络宋金刚，一起夹击唐军。

至此，唐朝在山西的十五个郡，只剩下了半个河东郡。山西的唐军人心惶惶，整个关中也震荡不安。

唐朝到了自开国以来最危急的时刻。无奈之下，一向英明的李渊竟然亲笔下了一个诏令：贼军实在太猛，大家退回关中吧。

但是，就在此时，李世民再一次站了出来："太原是龙兴之地，国家根本，给我三万精兵，一定灭了刘武周。"

李渊会心一笑，等的就是这个时刻。于是，他立刻令李世民带领关中所有精锐，增援河东。十月二十二日，李渊又亲临华阴县为李世民送行。一场史无前例的阻击战即将来临。

但是，看到这里，想必大家都会有些疑问：

从来没有单独领军打过仗的裴寂，面对刘武周、宋金刚的强势攻击，为何要主动请缨？

一向英明的李渊，为什么不在六月的时候就直接派李世民去打刘武周，而是派了一个啥也不懂的裴寂？

山西岌岌可危，按正常的逻辑讲，这时候李渊肯定要召集大臣们开个会，商量一下退兵还是固守。但是，李渊为什么直接下了退兵的诏令，而不事先和李世民商量一下？

这到底是李渊错判了局势、用人不当，还是另有隐情？

十七　刘文静被杀之谜

从李渊出场到现在，我们可以看出，李渊绝对不是胆小怕事、鼠目寸光之辈。

相反，他是一个谋略过人、文武双全的政治家、军事家。无论是对时局的判断，还是对人的判断，都有极高的认知水平。所以，他不可能不知道裴寂的军事能力，更不可能不知道什么时候该用李世民。

所以，从619年三月到十月底，在唐军一败再败的情况下，李渊宁可让一个军事"小白"上前线，也不让李世民去，肯定另有原因。而这个原因，最大的可能就是刘文静案。

我们前面讲过，刘文静和裴寂关系匪浅。可是，出人意料的是，这两人只是一对"塑料"兄弟。

618年五月，李渊登基之后，大封群臣，裴寂被封为右仆射，刘文静被封为纳言。虽然纳言的权力比右仆射小一些，但好歹也是宰相，这时候两人的关系还挺融洽。

但是，后来刘文静在和薛举的互殴中吃了瘪，接着就被李渊贬为平民了。再后来，刘文静跟着李世民平了薛仁杲，又被恢复了爵位。但是，李渊没有让他官复原职，只让他当了个户部尚书，领陕东道行台左仆射（陕东道行台是战时机构，但是权力极大，李世民是老大，总领河北、河东军马）。

这一来，刘文静与裴寂的官位相差就有点大了。

而裴寂呢，又特别受李渊的宠爱，简直就是大唐的第一"红人"。李渊每次上朝，都会让裴寂和他坐在一起（宋以前，皇帝和大臣"坐而论道"），而且一直称呼裴寂为"裴监"。下了朝，李渊还经常把裴寂留在后宫，两人一起喝酒、聊天、看美女。

有一次，刘文静实在看不下去了，就劝李渊："王导曾经说过，如果太阳俯下身来和万物一样，万物就不能仰仗太阳了。老大，您天天让大臣和您坐在一起，就没了贵贱，没了贵贱就没了秩序，没了秩序国家就不会长久。"

这里所说的王导是谁呢？就是"王与马，共天下"中的那个老王家带头人，王羲之的堂叔。东晋开国皇帝司马睿，基本就是被王导给捧上去的。所以，司马睿登基的时候，几次三番要拉着王导和他一起坐在龙椅上。

王导知道这是司马睿在考验他，但又不能直接拒绝，就说了"太阳不能和万物平起平坐"的话。

刘文静说这故事时，其实还暗藏了一招。因为王导还是个"墙头草"，后来他堂哥王敦造反时，把司马睿困在了京城，没过多久，司马睿就抑郁死了。虽然王导没反，但他暗地里也没少掺和。

现在刘文静把裴寂比作了王导，显然有点儿居心不良。

幸好李渊对裴寂比较信任，他不但没猜忌裴寂，还怼了刘文静一通："你可拉倒吧，以前汉光武帝还和严子陵一起睡呢，严子陵把脚放在汉光武帝的肚子上，汉光武帝都没说啥。裴寂是我的老朋友，一起坐坐又怎么了？"

都说不患寡而患不均，尤其是好朋友、好兄弟、好邻居之间，一个要是比另一个过得好太多，另一个一般会感到嫉妒。

刘文静从这时候开始，就越来越嫉妒裴寂了。而裴寂呢，经过刘文静劝李渊这件事后，也看刘文静十分不顺眼。所以，在以后的工作中，裴寂经常公报私仇，无论刘文静提出什么意见，裴寂总要驳回。官大一级压死人，搞得刘文静天天憋着一肚子气。

有一次，刘文静愤怒到了极点，就和弟弟刘文起在家里借酒消愁。结果越喝越高，他竟然抽出了刀，对着家里的柱子一顿乱砍，一边砍一边骂："早晚有一天要斩了裴寂！"

过了几天，刘文静家里也不知道闹了啥鬼，反正就是出现了灵异事件。刘文起又找来几个巫师，披发衔刀在家里跳了一通大神。

结果这两件事，刚好都被刘文静的一个小妾看见了，按说都是一家人，那也不要紧。但是这个小妾刚好就是被刘文静冷落的那个，她对刘文静爱之深、恨之切。一怒之下，这个小妾就把刘文静告了，说刘文静要杀死裴寂，还搞了一群人在家里施法，要把裴寂咒死。

古代人是相当迷信的，"巫蛊之乱"时，汉武帝怒起来，可是连儿子都杀的。杨坚不也是因为迷信，把儿子杨秀终身监禁了嘛。所以，裴寂知道这事后，"怒从心头起，恶向胆边生"，非要置刘文静于死地不可。

李渊也大发雷霆，国之重臣，怎么能搞这种下三烂的手段诅咒同僚？于是，他立刻下令把刘文静押到了狱中。然后，又派了裴寂和萧瑀（李世民的姑父）一起审讯。

明知裴寂正想把刘文静搞死呢，还派裴寂当主审官，李渊的意思很明显，刘文静是死是活，就全凭你裴寂一句话了。

这时候，如果刘文静能够认个错，说自己酒后失言什么的，估计也会大事化小，小事化了。但是在审讯的时候，他竟然把心里话说了出来：

"以前在大将军府，我是司马，裴寂是长史，位置还差不多。现在裴寂是宰相，住在一等住所，还和皇帝同坐。而皇帝对待我呢，和一般的大臣没两样，确实不能不抱怨。"

这话说的，敢情还是李渊做得不对了。所以，李渊很生气，立刻就要把刘文静斩了。但是，礼部尚书李纲、户部尚书萧瑀，还有李世民全都跑出来给刘文静求情。

李渊顿时又犹豫了，但是，裴寂无论如何也要置刘文静于死地，又临门踹了一脚："刘文静擅长权谋、性情狡诈、心中不忿、口出妄言，已经暴露无遗。如今天下未定，他指不定以后会整出什么幺蛾子。"

这两句话可是真狠啊。

"擅长权谋"是在说，陛下你现在不杀刘文静，以后小心被他的"权谋"给搞死。

"天下未定"是在说，万一刘文静以后投奔了敌人，那就是一个大祸害啊。

至此，刘文静想不死都难了。但是，他还存有一丝活着的希望。因为这时候刚好是六月，刘武周、宋金刚攻打山西，一路势如破竹，李渊大为震惊。

毫无疑问，这时候派李世民去前线是最佳选择。但是，如果派李世民去前线，他肯定会请求让刘文静随军戴罪立功，因为刘文静是秦王府的第一谋士，是李世民的左膀右臂。

所以，这才有了裴寂抢着到前线当"炮灰"的事情。裴寂知道，只要自己抢着出征，李渊肯定同意，因为河东裴氏在山西的势力实在太大了，他作为裴家的代表，还是有可能成功的。而自己一旦出征，李渊就一定会听从自己的意见杀了刘文静。

事实也是如此，九月六日，裴寂刚刚到达前线，李渊为了表示对裴寂的信任，不顾李世民的再三请求，硬是把刘文静和他的弟弟刘文起全斩了，还顺便抄了他们的家。

临死之前，刘文静大呼："高鸟尽，良弓藏。此言不虚啊！"

刘文静就这么死了，时年五十二岁。

只是很可惜，裴寂忒不争气了，几仗打下来，毫无战绩。

所以，当整个山西已经岌岌可危的时候，李渊直接下诏令大军退回关中，不是他没有认清大局，而是他从心底里觉得有愧于李世民，不好意思主动让李世民带军出征。李世民为刘文静求了多少次情，但是李渊还是把他杀了，这等于在李世民的心里硬生生地剜了一刀啊。

从后来李世民登基之后，给刘文静平反，并痛骂裴寂这件事上，我们就能看出李世民对他们杀了刘文静有多么不满。

另外，李渊直接下诏令大军退回关中，这其实是一个激将法，他想让李世民自己站出来。如果李世民到最后也没站出来，以李渊的能力和眼光，哪怕是御驾亲征，都不会丢掉山西。当年打突厥、平叛乱、打宋老生的时候，李渊可是从来没怵过的。

当然，李世民也不可能不站出来，因为凭他的聪明才智，完全能够摸透老爹的心思，也完全知道这是一场他必须站出来的政治游戏；否则，以后他极有可能会失去李渊的信任。

后世有很多人说，李渊之所以杀刘文静，是因为这时候李建成和李世民的斗争已经开始，李渊就是想给李世民一个警告：乖一点，别翘尾巴。

但其实并没有这么复杂，原因主要有四个：

第一，刘文静办的这事，的确是过分了，换作哪个大臣，基本都得死。

刘文静不光砍柱子、想杀当朝宰相，还搞什么跳大神，对外说是家里闹了鬼，但是谁信啊？

后来的忠臣刘世让，被俘后宁死不屈，还救过李渊一命，明显是个大忠臣。但就因为被突厥诬告谋反，就被李渊杀了。

李孝恭是李渊的堂侄，又平定了四川，灭了萧铣、辅公祏，这么大的功劳，这么亲近的人，被诬告谋反，李渊照样狠狠地折腾了他一番，最后没找到证据才放了他。

更何况，刘文静还是李密的连襟，李密在619年一月刚因造反被杀，刘文静在两个月后就要杀裴寂、跳大神。怨气这么明显，李渊能不起疑心？

要知道，皇帝最怕的就是大臣谋反。即使大臣是被诬陷的，皇帝都会起杀心，何况刘文静有这么多造反的嫌疑。

第二，在当时，李世民还威胁不到李建成的地位。

从617年晋阳起兵到现在，李世民的功劳并不比李建成多多少。打山西的时候，是两人一起打的。打长安的时候，是李建成的手下先进城的。

李世民唯一的大功是灭了薛仁杲，但是，他也被薛举打败了一次，虽然不能怪他，但毕竟是他领导的。一败一胜，就这点儿战功，李世民怎么可能威胁到李建成的地位？

第三，李渊这个人虽然很英明，但是有个弱点，就是他对自己喜欢的人和亲戚都特别好，对自己不喜欢或者不是自己亲戚的人，就比较寡恩。

例如李元吉丢了晋阳之后，李渊真的很生气，还是暴跳如雷的那种生气。但是，后果却一点儿也不严重。

他只是骂了李元吉一顿，然后把所有的气都撒到了大忠臣宇文歆的身上。

幸好礼部尚书李纲极力相劝："齐王年少轻狂，窦诞从来不劝，还替他掩饰，导致民怨四起，所以，这次失败应该是窦诞的责任。宇文歆屡次规劝，还屡次上奏，这样一个忠臣，怎么能杀掉？"

李渊被怼得很没面子，但是，杀自己的侄子兼女婿窦诞显然不现实。所以，他不仅赦免了宇文歆，还赦免了窦诞。

宇文歆这样活脱脱的一个忠臣，就因为不是自家亲戚，李渊就想杀了人家出气。而窦诞呢，什么责任也没担，还助纣为虐，李渊对他却没有丝毫责备。

还有，裴寂在山西输得一败涂地，几乎是狼狈地逃回了长安。李渊也只是骂了他一顿，免了他几天官，然后就又让他当了宰相，待遇和之前相比，没有一点儿变化。

相反，刘文静打败仗后，李渊是怎么做的？很明显，李渊就没把刘文静当自己人，对他寡恩也就很正常了。

第四，天下大定之后，李建成和李世民斗得最厉害的时候，李渊打压了李世民，但是并没有杀李世民的心腹，只是将房玄龄、杜如晦这些"大佬"调离了秦王府而已。所以，若因李建成而现在就杀李世民的谋士，未免也太操之过急了吧。

所以，刘文静案和李建成、李世民之争其实并没有多大关系，纯粹是他自找的，也可说是运气太背。刘文静这种作死行为，别说李渊会杀了他，换成哪个皇帝都不会对他手软的。

不管怎样，619年十月底，唐军还是拿出了全部家底，兵分三路向山西冲了过去。一场大唐开国以来最狠的恶战，由此拉开了序幕。

十八　闪电战，李世民绝地反击灭金刚（一）

619年十月底，唐军兵分三路奔赴山西。

第一路，由十九岁的李世民率三万唐军精锐，以及"凌烟阁二十四功臣"中的八位，前去征讨刘武周。

谋士：长孙无忌、房玄龄、杜如晦。

武将：秦叔宝、程咬金（他俩刚归顺唐朝，以后会讲原因）、刘弘基、屈突通、殷开山等人，去揍宋金刚和即将加入"凌烟阁二十四功臣"的尉迟敬德。

第二路，由永安王李孝基（李渊堂弟）、工部尚书独孤怀恩（李渊表弟）、内史侍（相当于副宰相）唐俭等人率领两万大军，去围攻夏县的吕崇茂。

第三路，由秦武通率领，继续围攻河东郡的王行本。

第一路大军进展很顺利。十一月初，李世民率军抵达了黄河岸边，正准备渡河的时候，气温骤降，黄河河面硬生生地结了几尺厚冰。

三万大军直接溜着冰就从龙门渡过黄河，进驻柏壁（今山西新绛西南），与原本固守绛州的山西唐军呈掎角之势，与宋金刚大眼瞪小眼对峙着。

毫无疑问，这一次李世民使用的还是他的一贯策略——坚守不出，等待战机。但是，在等待战机的过程中，又出现了两次"神话"般的情节。

第一个"神话"是把人当神了。

史书上说，唐军刚开始时征集不到粮草，因为周围的州县都被宋金刚抢了，老百姓都躲在城里不敢出来。但是，老百姓听说李世民来解救大家之后，就一批接着一批地端着粮食、拿着鸡蛋去迎接他们。

为什么说这个是"神话"？因为老百姓可能给唐军"捐"一些粮草，但怎么可能给三万大军"捐"几个月粮草？况且这些老百姓还刚刚被宋金刚抢过一轮。

所以，唐军的粮草，要么大部分是从关中运来的，只有极小一部分是山西老百姓给的，要么就是直接抢的。

第二个"神话"是把两个动物当神了。

有一次，李世民带着一群人去侦察敌情，刚到某个小山丘，他便让随行的骑兵散开勘探地形去了，只在旁边留了一个小兵。两人溜达了好一会儿，累了，不知不觉就躺在草堆里睡着了。

巧的是宋金刚的一支侦察部队也在这一块儿溜达，一扭头就发现了李世民他们两人！他们立刻向李世民靠拢过去。

就在千钧一发之际，李世民身边的地洞里突然钻出一只老鼠，后面紧随着一条毒蛇。老鼠吓得乱窜，一下子跳到了小兵的脸上，小兵吓了一跳，赶紧叫醒了李世民。

两人发现敌军只有百步远，吓出一身冷汗，立刻翻身上马，一路向大本营狂奔。宋金刚军也猛拍马腿，紧追不舍，眼看就要追上，只见李世民双腿夹紧马肚子，弯弓搭箭回身就是几箭，将追在前面的敌军射于马下。主仆二人终于侥幸逃得一命。

这就是大名鼎鼎的"蛇鼠救秦王"的故事，记载在《资治通鉴》中。

为什么说这是个"神话"呢？

不是说蛇鼠这两种动物不可能救秦王，而是以李世民的身份，在周围设置警卫是常识。怎么可能他睡着了，警卫也躺在草堆里睡觉？如果真的如此，这个小兵回去不被斩了才怪。

就在李世民那边"神话"频出的时候，其他两路大军却遭到了现实的爆锤。

第二路的李孝基带着几万人到达夏县之后，甩开膀子就要和吕崇茂互殴。但是独孤怀恩却觉得"工欲善其事，必先利其器"，必须等到攻城的器械造好后，再去攻城。这种做法也对，但是他忽略了一点，你准备好了，意味着敌人也准备好了。

就在李孝基一伙吭哧吭哧造梯子的时候，吕崇茂派人秘密向宋金刚求救去了。宋金刚正和李世民干瞪眼没事干呢，听说有仗打了很激动，就派出了撒手锏尉迟敬德前去救吕崇茂。

尉迟敬德不愧为名将，他知道这次唐军来势汹汹，不能硬拼，便选择了偷袭。

而李孝基这边，还以为李世民和宋金刚正打得不可开交呢，所以根本就没想到后面会出现这么一支生力军。

尉迟敬德两天狂奔了上百里，看见夏县城下的唐军，二话不说就冲了过去。城中的吕崇茂看到援军已到，也打开城门亲率所有精锐冲向了唐军。

在两面夹击之下，唐军大乱，尉迟敬德犹入无人之境，来回肆意砍杀。一战下来，唐军竟然又一次创造了历史——全军覆没。李孝基、独孤怀恩、唐俭、刘世让等人全部被俘。

王爷、工部尚书、副宰相、行军总管，这么多位高权重的人竟然全成了俘虏，李渊震怒不已。

不出手，你还真不知道我文武双全了，于是，李渊又一次亮出了他的撒手铜——封官。他派人暗中给吕崇茂送了些珠宝，还有一枚夏州刺史的大印，表示以前的罪过既往不咎，只要你杀了尉迟敬德，那就是我大唐的功臣。

没想到，这个自称魏王的家伙，被李渊这么一忽悠，竟然真的同意了，脑回路实在是让人感动。不过，吕崇茂的动手能力显然和脑子一样，不太正常。这边刚收到大唐的印信，那边就泄了密。尉迟敬德吓出一身冷汗，顺手就把这条中山狼给杀了。

杀了人家的老大，夏县是肯定待不下去了。于是，尉迟敬德带着本部人马和一大帮唐军俘虏就开始了凯旋之旅。

但让他没有想到的是，就在他凯旋的路上，早已有一支唐军为他布置好了陷阱。

原来，在得知夏县的唐军大败之后，李世民就已经料到尉迟敬德会沾沾自喜，进而轻敌。所以，他一边派人到夏县打探消息，一边又派殷开山（《西游记》里唐僧的外公）和秦叔宝率领一支部队，埋伏在了尉迟敬德回程的路上。

当尉迟敬德雄赳赳气昂昂地到达美良川的时候，殷开山和秦叔宝各率一支部队从两面蜂拥而出，准备让尉迟敬德也尝尝全军覆没的滋味。但是，尉迟敬德又一次展现出了名将风范，在这种情况下，竟然还能组织起有建制的撤退。

一战下来，定杨军只死伤了两千多人，独孤怀恩趁乱逃跑了，而其他战俘则统统被带回了大本营。后来，李孝基也准备逃跑，但是失败后被杀了。

独孤怀恩跑回长安后，李渊也没怎么责怪这位表弟，而是让他带着上万人马协助第三路的秦武通去围殴王行本。

620年一月十五日，这座位于大唐腹地的隋朝孤城，在坚持了近三年之后，终于扛不住了。王行本在弹尽粮绝之后，不得不开城投降。

独孤怀恩立马将这个大好消息上报给了李渊，并请求李渊到前线受降，以鼓舞唐军士气。李渊大喜不已，立刻动身开赴前线。但是，一场针对李渊的刺杀行动已经悄然展开。

出人意料的是，准备刺杀李渊的人竟然是他的表弟——独孤怀恩。不过，这事也怪李渊自己。

独孤怀恩是三朝外戚，他爷爷就是大名鼎鼎的独孤信，我们之前说过，独孤信的三个女儿分别是北周明帝宇文毓的老婆、隋文帝杨坚的老婆和唐高祖李渊的妈。

李渊当上皇帝之后，心态有点儿飘。五十多岁的人了，还老是贱兮兮地向独孤怀恩炫耀："你三个姑妈的儿子都当了皇帝，你说，以后会不会轮到我舅舅（独孤怀恩他爸）的儿子？"

说者无心，听者有意，独孤怀恩细细一想，觉得表哥李渊说得很有道理。他七姑父篡了他大姑父家的天下，他四姑父家的人篡了他七姑父家的天下。那么，不用说了，他应该篡了他四姑父的天下。所以，他就真的起了野心，准备杀了表哥李渊。

后来，独孤怀恩和尧君素、王行本在河东互殴了一年也没赢，李渊下诏批评了他几次，独孤怀恩就更想杀表哥了。于是，他就找来了下属元君宝密谋。

但是，叛变还没有发动，他们就在夏县战役中被尉迟敬德逮住了。

刚好，元君宝又和唐俭、刘世让关在了一起。时间长了，三个人竟然成了无话不谈的好狱友。于是，元君宝就动了邪念，想把他俩也拉下水，就把他们准备造反的事"委婉"地透露了一些："独孤尚书逃走，果真是王者不死啊！"

唐俭、刘世让一听，吓了一跳，但是作为在官场上摸爬滚打的"老油条"，他们知道，现在唯一能做的就是先稳住元君宝，然后再想办法救李渊。

经过几天的思考，他们终于想到了一条计策。唐俭找准机会向尉迟敬德表示，经过几十天的劳动再教育，他们这些高级战俘全都认识到了唐军和定杨军的差距，仗再这样打下去，肯定是唐军必败，定杨军必胜。所以，他们想派个人回去劝一劝李渊，早识时务，放弃河东，与定杨天子刘武周握手言和。

尉迟敬德有点儿飘飘然，手里那么多战俘，放一个也无妨。所以，他就把刘世让放了回去。刘世让立刻拍马扬鞭，向长安狂奔而去。

620年一月十八日，李渊兴高采烈地坐着船、唱着歌，到了黄河中间，距离独孤怀恩只剩下几百米的距离。在这千钧一发之际，刘世让终于赶到了。他立马找到李渊，把独孤怀恩要造反的阴谋全盘托出。

李渊大惊失色，赶紧调头逃回了黄河西岸，命人把独孤怀恩捉了起来，在华阴县斩首示众。连那个投降的王行本也杀了，这才是"王者不死"。

至此，夏县的吕崇茂在火并时被杀，王行本也被斩了，原来的三股势力，只剩下还在与李世民对峙的宋金刚。唐军在山西终于站稳了脚跟，战略反击终于展开了。

十九　闪电战，李世民绝地反击灭金刚（二）

620年四月三日，李世民和宋金刚在大眼瞪小眼瞪了半年之后，宋金刚的粮草终于撑不住了，开始率军向后撤去。

我们之前讲过，打仗最难的不是几万人一股脑地扑上去，而是如何让这几万人平平安安地退下来。因为撤退时人心惶惶，如果断后的部队不给力，撤退就很容易变成大溃败。

很不幸的是，宋金刚这次撤退没有让最强的尉迟敬德断后，而是让一个叫寻相的人断后。更不幸的是，他又遇到了一个冲击力超强的对手。

看到宋金刚开始撤退，李世民终于放出了他的必杀技——赶尽杀绝、斩草除根，用实际行动诠释了什么才是《孙子兵法》里所说的："并敌一向，千里杀将。"

四月十四日，宋金刚带兵撤退，李世民立刻带着秦叔宝、程咬金、徐世勣（刚从窦建德那里逃到大唐）、刘弘基等人，发起了闪电战，一鼓作气，将寻相打得大败而逃。

之后，李世民再接再厉，亲率精锐骑兵，狂追敌军一天一夜，跑了两百多里。到达高壁岭（今山西灵石县南）之后，刘弘基一把拉住了李世民的马缰，表示不能孤军深入作战，应该等到后续粮草全都备齐再进攻。

这是一条很好的建议，因为骑兵奔袭的极限就是一天一夜两百里左右，三国时期曹操手下的名将夏侯渊，被称为疾速将军，号称三日五百（里）。所以，李世民再跑下去追击敌人的代价只有一个：把马跑死跑废，让大量骑兵掉队，遇到敌人时，战马无力作战。

但是，李世民却认为在自己坚持不住的时候，也正是敌人坚持不住的时候；在自己疲惫不堪的时候，也正是敌人疲惫不堪的时候。双方拼的就是最后一口气，你只要坚持住，对方就会崩溃。

所以，李世民根本没有听刘弘基的劝告，扬起马鞭就又向宋金刚追了过去，一直追到雀鼠谷才追上宋金刚。

事实果真如李世民所料，宋金刚根本没有料到李世民会追过来，所以没有什么准备，只好撒丫子往北跑。一天之内，双方激战八次，唐军再一次完胜，斩了宋金刚手下几万人。

当天夜里，已经两天两夜没有吃东西的李世民终于跑不动了。他只好停在雀鼠谷的西原宿营一夜。但是，当他准备吃饭的时候，才发现全军上下的口粮竟然只剩下了一只羊。

李世民再次表现出了天才名将的风范，他命人把羊杀了，全军将士每人只喝了一碗羊肉汤。

第二天一大早，李世民立刻带领所有骑兵狂奔五十里，杀到了介休城下。宋金刚看到唐军人数不多，而且疲惫不堪，顿时又恢复了勇气。于是，宋金刚命尉迟敬德守城，亲率两万大军冲向唐军。

李世民看到敌军来势汹汹，知道硬扛下去必定会输，便再次采用了"正合奇胜"的战术，命令徐世勣、秦叔宝、程咬金等人正面抵抗，自己则亲率一部分骑兵绕到敌后。

但是这一仗，唐军打得仍然异常艰辛，徐世勣、秦叔宝、程咬金虽然个个冲锋在前、拼死抵抗，但是仍然没能抵挡住宋金刚的疯狂进攻，只好不断后撤。

唯一值得庆幸的是，这些名将有极强的组织能力，没有让后撤演变成大溃败。眼看唐军在生死边缘挣扎，李世民所率的骑兵终于迂回到了宋金刚身后，对着宋金刚的后方就是一通猛打。

宋金刚大惊失色，这才意识到大势已去，急忙拍马而起，直接向北逃往了晋阳（今山西太原）。李世民又狂追了几十里后，才撤兵回到介休城下。

此时，尉迟敬德如果能够率领生力军，出城再揍一次唐军，很大概率能够取胜。但很可惜的是，定杨军被连续追击了几天之后，已经彻彻底底丧失了斗志。

李世民让人去劝降之后，尉迟敬德便心服口服地率领八千部众，出城投降了。

李世民大为高兴，再一次极为豁达地跟尉迟敬德倾心相交，让尉迟敬德依然统领八千旧部，与其他将领一视同仁。

晋阳城里的刘武周听说宋金刚三天之内，经历了大小几十战，溃逃四百多里之后，胆都吓裂了。还没等宋金刚跑回晋阳，他竟然带着人往北跑到了突厥，连原来的大本营马邑都没敢回。

宋金刚见老大是这么个尿货，便想收拾残兵再战，但是他已威信扫地，没人再愿意跟随了。于是，他只好带着几百名亲信跑到了突厥。

没过多久，刘武周和宋金刚觉得在大草原上天天喝风、喝奶的生活实在不如中原舒服，便想偷偷跑回马邑，重操旧业。但是，马邑的当家已经换成了刘武周原来的手下苑君璋，而且这人已经得到了突厥人的认可。所以，突厥发现刘武周、宋金刚逃跑之后，就派人追上去，把他俩杀了。

自此，刘武周原来所占领的州县，又全部回到了大唐的怀抱。平定山西之后，李世民让李仲文（李密的堂叔）做了并州总管，全权负责山西的防御事务。620年五月二十七日，李世民便率军返回了长安。

但是，他并没有休息几天，因为山东（尧山以东）出了大事。620年七月一日，也就是李世民凯旋后的一个多月，他再次率军出征，向王世充杀了过去。

在这里，我们必须解释一下，李世民为什么如此勇猛，能够在三天之内狂追宋金刚四百多里，并且屡战屡胜。如果你不知道其中的原因，而一味瞎学，极大概率会死得很惨。

例如李世民的堂弟李道玄，就是只学到了他的皮毛，而没有学到精髓，十九岁就死在了战场上。李世民对他的评语是："道玄常随我征伐，见我深入敌阵，心中羡慕想要模仿，以至于此。"

我们在前文中说过，骑兵奔袭的极限就是一天一夜两百里左右（在中途不打仗的情况下），再跑下去，马就被废了。

但是，李世民带的这支骑兵为何跑了两百多里，打了几十仗之后，还能继续追击宋金刚一天，再干八仗？而且在歇了一晚上之后，第二天竟然就能赶到介休，再次投入战斗？

这种剽悍战斗力的背后，其实得益于李世民的猛劲儿和巧劲儿。

在猛劲儿上，他精心打造了一支人肉坦克军团——"玄甲军"，也就是披着黑色具装的骑兵。将领全部由最猛、最能打的人担任，如秦叔宝、程咬金、尉迟敬德、翟长孙等人。

骑兵每人配备两匹战马，一匹马驮人，一匹马驮重具装。追击的时候，战马脱掉具装变成轻骑兵，开打的时候，战马披上具装，变成重骑兵。骑兵在路上换着骑两匹马，这样就实现了具装重骑兵的长途奔袭。

不过，李世民打宋金刚这次，让人严重怀疑他给每名骑兵配备了三匹战马。

不然这种一边打仗，一边追击，两天多追了四百多里的惊人战绩，实在太匪夷所思了。再厉害的战马也架不住这样折腾啊！

当然，最重要的还是李世民不要命的精神，每次作战时，他都敢以身作则、冲锋在前，像一把利剑一样，直插敌人心脏。在这方面，除了项羽，恐怕无人能与之匹敌。

李世民的巧劲儿是，即便有这么强大的骑兵，他也很少直接和敌人硬碰硬。

打仗时，李世民一般采用"正合奇胜"的战术，让一部分骑兵从正面冲锋，打乱敌人的阵脚。自己则迂回包抄，攻击敌人的薄弱环节，而且这种攻击尤比凶狠。哪怕自己走一趟鬼门关，他也要把敌人斩草除根，否则绝不罢休。

不过，除此之外，运气也是很重要的一个因素。因为接下来我们要讲的李密，其实和李世民一样，作战时也极其勇猛，喜欢带头冲锋，而且也战功赫赫，干掉了几十万隋军。

只是很可惜，他的运气比较差，在关键的时候，他两次被流箭射中，最终功亏一篑。说白了，没有"王者不死"的运气，一般人还真干不了带头冲锋的活。

隋末最传奇、最可惜、最悲壮，也是最倒霉的英雄李密，终于上场了。

二十　英雄多难，李密三千里逃亡路

从617年李渊起兵到620年，短短三年的时间，大唐便消灭了薛举、李轨、刘武周三个枭雄，整个西部只剩下一直都没有什么出息的军阀梁师都。

但是太行山以东地区，除了位于幽州的罗艺归降了大唐以外，其他地方仍然是群雄割据。

于是，李渊在消灭刘武周一个多月之后，便让李世民率十万大军杀向了洛阳的王世充。但是，在讲李世民大战王世充之前，我们还需要将时间回拨到七年前，讲一下隋末最悲情的超级英雄李密。

因为在过去的几年里，整个天下的局势都和他有莫大的关系。李渊之所以顺利入关，窦建德之所以称霸河北，萧铣、杜伏威等人之所以雄踞江南，都有李密的一份功劳。

613年，杨玄感叛乱被平定之后，曾经在长安城里叱咤风云的李密就开启了长达三年的五次大逃亡。

他从邯郸越狱之后，先是往东跑了五百里，投奔了山东平原县的贼头郝孝德。但是，郝孝德有眼无珠，根本没有把李密放在眼里。

于是，李密很郁闷，又向东跑了三百里，投奔了长白山（今会仙山）的王薄。

王薄虽然有点儿文化，会写歌词能唱歌，但也是个鼠目寸光的家伙，不知道李密是个人才。他被隋末名将张须陀追着满山东抱头鼠窜的时候，也不知道向李密问问计策。如果当时王薄能让李密当军师，哪里还会有张须陀、秦叔宝、罗士信疯狂刷战绩的事情。

后来，王薄被张须陀打得在山东待不下去之后，就率军往南逃到了江苏盱眙。但是，李密觉得王薄是个庸才，就没有跟着他一起逃，而是一个人往南，逃到了周口淮阳。

不承想，这次出逃让离开队伍的李密尝尽了人间疾苦，基本上是走了一千里的路，要了一千里的饭，最可怜的时候，竟然到了"削树皮而食之"的地步。

从公卿世家子弟，沦落为与别人争抢食物的难民；从牛角挂书的才子，沦落为腰挂麻袋的丐帮小兵。连续几次的逃跑和几次的不堪，终于让这位心高气傲的富家子弟，像一头被锤的公牛一样，彻底丧失了斗志。

于是，到达淮阳之后，他没有再去当土匪，而是改名为刘智远，当起了教书先生。他只想这么安安稳稳地度过一生，饿了有口饭吃，渴了有口水喝，冷了有件衣裳穿。如果幸运的话，兴许他还能讨到一个老婆，生下几个孩子。至于什么帝王将相，什么功名利禄，一切都和他再无关系。

就这样，李密在那个小村庄里，两耳不闻天下事，一心只教圣贤书，一待就是几个月。直到有一天，发生了一件意外。

那天中午，百无聊赖的李密，无意间走进了镇上的一家小酒馆。好久没有喝酒的他，便一时兴起点了两瓶酒，弄了盘花生米，独自消遣时间。但是，不知不觉间，他竟然喝得酩酊大醉。

男人一喝醉，就爱吹牛，李密自然也不例外。不过，李密作为牛角上挂过书的文化人，不像一般的俗人，他借着酒劲，血液里的王霸之气再一次沸腾了起来。于是，他向店小二要来了纸和笔，洋洋洒洒地写下了一首霸气十足的五言诗：

秦俗犹未平，汉道将何冀？樊哙市井徒，萧何刀笔吏。一朝时运会，千古传名谥。寄言世上雄，虚生真可愧。

诗成之后，李密又想起了过往的荣耀与如今的没落，他的雄心与抱负，便像核爆一样在心中彻底爆发了。于是，他一边吟诵这首诗，一边不自觉地泪水涟涟，将最近一年多所受的委屈全都倾泻了出来。

李密的行为迅速引起了周围人的注意。百姓们很快就把这位教书先生的行为上报给了太守赵佗。赵佗立刻命人去捉拿李密。

幸运的是，李密的酒量还可以，没有像宋江那样，酒醒之后就忘记自己干了啥。所以，没过多久，他就意识到大事不妙，教书的工资也不要了，撒丫子就往北跑了两百里，去雍丘（今河南开封杞县）投奔他当县令的妹夫丘君明。

丘君明看到这位狼狈不堪的大舅哥，吓了一跳。作为朝廷命官，他实在不敢让李密这种朝廷重犯留在府中。于是，当夜他就把李密送到了好朋友王秀才家。

王秀才这人听起来像个书生，但是在得知眼前的人正是朝廷重犯李密时，他竟然没有丝毫害怕，反而欣喜若狂。在和李密交谈了几次之后，他对李密的才华佩服得五体投地，顿时觉得眼前这个人就是活脱脱的汉高祖刘邦转世。

所以，王秀才决定做一回吕父，毅然决然地把闺女嫁给了李密。

人生就是充满各种各样的意外，谁能想到，刚刚还在流亡的朝廷重犯，一夜之间竟然抱得美人归。

不过，李密让王秀才失望了。他没有像刘邦那样举起造反的大旗。此时的他，仍然只想做一个普普通通的老百姓，平平安安度过下半生。所以，在未来的几个月里，李密就像一个普通的农民一样，白天下地干活，晚上和新婚妻子卿卿我我，对天下大事不闻不问。

但是，历史这个"编剧"绝不会允许李密这样的枭雄，安安稳稳地度过一生。就在李密想当一个好人的时候，意外又发生了。

不知道丘君明的堂侄丘怀义和李密有什么仇，他竟然大义灭亲，直接跑到江都（扬州）把这事禀报给了杨广。

杨广急忙下令让梁郡通守杨汪（杨玉环的高祖父）去逮捕李密，就地正法。但是，意外又一次救了李密。

当杨汪火急火燎地奔赴李密家中之时，李密刚好不在家中，幸运地躲过了一劫。只是可惜了他的妹妹、妹夫、老婆和老丈人，一个也没有逃脱，全部被杨汪杀了。

李密彻底愤怒了，不是说好的"放下屠刀，立地成佛"吗，为什么到他这里就变得困难重重？他早已放弃了几年前的雄心壮志，只想做一个普普通通、与世无争的老百姓，为什么就这么难？

他不明白，杨广为什么要像死神一样，非要对他赶尽杀绝。他是造反了，可是他已经为此付出了惨痛的代价，他的家人已经全部被杀，难道这些还不够吗？

李密仰天长啸，奔跑着、疾呼着，可是除了自己的回声以外，周围一片空荡。已经没人能帮得了他了，除了他自己。

好吧，杨广，既然你不让我过安稳日子，那么，我就再当一次枭雄给你看。试问天下，谁能与我争锋？

于是，这一次逃跑之后，李密没有继续隐姓埋名，躲到别人的身后，而是向北三百里，进入了东郡（今河南滑县）。他相信，在这里，自己一定能够东山再起。

当时的东郡是个标准的贼窝，有无数股势力盘踞于此。李密到达之后，吸取了前几次被人看不起的教训，没有直接入伙哪一家，而是向当年的苏秦学习，先制订了一个详细的计划。

之后，他便开始四处周游，到处推销自己的治世理论：

杀一人为贼，杀十人为寇，杀万人为侯。聚百人为盗，聚千人为匪，聚百万人为国。唯有联起手来，才能为侯为国。

可惜的是，压根就没人相信他说的话。

其实这也不能怪这些兄弟，人家就是在家门口摆地摊卖菜，你一上来就给人家讲侯啊国啊的，你觉得他们能懂？

所以，李密的计划，看起来很宏伟，但放在这里，却是没人愿意理睬的骨头架子。鹤立鸡群，不是鸡的问题，是你鹤没找对群啊。

但是，李密并没有郁闷太久。616年，他的机会终于来了。

当年杨广重视平叛之后，便不断派人去剿灭东郡的这些武装势力。小菜摊遇上了超级连锁店，不用说，这群小毊贼被打得落花流水。

这时候，他们终于想起了李密说过的话——唯有联起手来，才能为侯为国。

更巧的是，那些土匪头子中间，有一位是李密的旧友王伯当。王伯当认为，江湖传言，杨氏将灭、李氏将兴。李密是公卿子弟，有如此志气、抱负，又有几次大难不死的经历，绝对就是传言中的那个"王者不死"的"王者"。于是，他终于愿意出手帮助李密了。

在王伯当的引荐下，李密终于见到了他一生中的大贵人——瓦岗寨翟让。

翟让，本是隋朝的高级官员，却因为犯了罪，要被秋后问斩。幸运的是，看守他的狱吏黄君汉是他的超级粉丝，便偷偷地把他放了。

大难不死的翟让便一溜烟儿跑到了瓦岗这个地方。大概翟让是他们村唯一的希望，所以，翟让造反之后，影响力比较大。他的老乡单雄信和徐世勣（当时才十七岁）招呼了一群人马，全都投奔了他。

有了名气和实力，瓦岗寨迅速成为当地势力最大的据点。

因为翟让做过官，所以，得知李密的计划之后，他兴奋不已。本着谁出主意谁干活的原则，他把收拾那些小股势力的重任交给了李密。

前有隋军不断进攻，后有瓦岗寨兼并。所以，在李密的威逼利诱加忽悠之下，那些小股势力基本没做什么反抗，便纷纷抱紧了瓦岗寨这条大腿。

就这样，经过三年的磨炼和捶打，经过巅峰与低谷的起起伏伏，李密终于从一个流浪汉、一个打工仔，变成了合伙人。

虽然此时公司的规模还很小，但是，李密的心中却已经燃起了争霸天下的熊熊烈火。

二十一　连战连胜，李密终成枭雄

成功招降了周围的几股势力之后，翟让为表彰李密的功劳，把他提拔为瓦岗寨的二把手。李密当即便盘点了一下瓦岗寨的所有人马——三万。

多吗？看起来还凑合。

但是在隋末那个乱世，这点儿人，只能叫少得可怜。像王薄、张金称、格谦等人，那拥有的可都是十万人马上下。即便如此，他们还总是被隋朝的各个将领打得满地找牙。瓦岗寨只有三万人马，又能干点儿什么呢？

而且，这三万人里，还有一大部分是随军家属，这些人平日打酱油还可以，打仗时除了当炮灰，就是成为累赘。

但是，就是这么点儿人马，就是这群乌合之众，却一点儿也没有对李密的雄心产生负面影响。

他思索再三，很兴奋地向翟让提出了一个天大的计划——攻打洛阳和长安。"刘邦、项羽都出身平民，以您的雄才大略、兵马精良，完全能够席卷东西二京，诛灭暴君，灭掉隋朝。"

这通马屁拍得相当不错，但是，翟让明显知道自己有几斤几两。三万人打洛阳和长安？仅仅洛阳就有二十万隋军精锐，这不是开玩笑嘛。于是，翟让毫不顾及李密兴奋的眼神，只是乜斜了他两眼，就否定了这个狂妄的计划。

被否决了的李密没有再说什么，只是默默退出了翟让的大营。但是，在他的心中，不甘、鄙视的怒火早已喷薄而出。

他流浪了三年，等待了三年，死里逃生了三年，要的不是做一辈子的流浪者。他风雨无阻、费尽口舌去招降那些地方势力，要的不是做瓦岗寨的二当家。

他讨厌瓦岗寨这个名字，他是世代公卿的贵族，他是牛角挂书轰动京城的才子。他要的是整个天下，臣服于自己脚下的天下。

他仰望着天空，想起了三年前和杨玄感一起，被隋军打得满地找牙的日子。当时，就是因为杨玄感没有听取自己的意见，才让自己像狗一样，被人追着打了三年。而三年后的今天，竟然和三年前如此相似，仍然没有人愿意听取自己的意见。

不，这种情况绝对不能再一次发生，自己绝不能再像一条流浪狗一样，被别人肆意地追打。于是，一个不得已的想法浮上了李密心头——夺权。

几天之后，东郡的农民起义军中来了一位叫李玄英的人，他逢人便称自己从洛阳而来，要在此寻找一个叫李密的人。

那些大字不识几个的起义军战士见李玄英神神秘秘的，便纷纷围了上来问其原因。李玄英没有着急回答，而是哼唱了一首儿歌："桃李子，皇后绕扬州，宛转花园里，勿浪语，谁道许。"（李渊造反时的那首《桃李子歌》唱的是"桃李子，莫浪语，黄鹄绕山飞，宛转花园里"。）

唱完之后，那些起义军战士还是不懂什么意思。李玄英这才解释道："桃李子，代表李。勿浪语，就是秘密的密。两句合起来，就是在暗示，天命是李密。"

那些被隋军打得无处可逃的起义军，被李玄英这么一忽悠，还真有不少人跑到瓦岗寨投奔了李密。在李玄英的不懈努力下，投奔李密的人竟然越来越多。

而原来瓦岗寨的人，听了这首歌之后，也有不少人觉得老大翟让太过窝囊。带领兄弟们那么久了，也没把做出什么成绩来，反而李密一来，就招降了那么多人。

于是，翟让的人开始倒向李密这一边。而李密又十分会做人，一点儿也不吝惜钱财，经常把自己所得的战利品分给那些拥护自己的人，和翟让见钱眼开的样子形成了鲜明的对比。

几个月后，李密看到时机成熟，又迅速买通了翟让最信任的军师贾雄。这人非常擅长眯着眼睛算卦，所以，他对那首儿歌也很感兴趣。

眼看着李密的人气越来越旺，大有取代自己之势，翟让突然开始慌了。于是，他把贾雄叫了过去，让他算一下瓦岗寨的未来。贾老道眯着眼睛，掐指一算，过了半晌，惊讶地道：“吉不可言，不过……”

“不过什么？快说！”

“不过，您自立为王恐怕不能成功，如果拥立李密，必能成功。”

“胡说！果真如此，蒲山公（李密的爵位）为何不自立，还要投奔我？”见到自己最信任的军师也替李密说话，翟让十分生气。

但是，万万没有想到，贾雄这人说话水平实在是高，竟然把话又圆了回来：“李密投奔老大您，是因为您姓翟啊，翟是泽的意思，蒲草没有泽不能生，所以，他必须投奔您啊。”

翟让彻底地失望了，他就算是个傻子，也能看得出来，人心已经不在自己这边了。

但是，怎么办呢，杀了李密？李密羽翼已丰，为时已晚。于是，这位隋末“晁盖”不得不转变思路，开始对李密主动示好，言听计从。

李密看到机会成熟，便又一次向翟让提出进一步发展的计划，不过这一次他没有那么夸张，只是把目标定在了洛阳东边两百里处的荥阳郡，也就是中国象棋棋盘上那个"楚河汉界"所在地。

不用说，翟让没有敢再拒绝。于是，他们迅速率军南下，很快就攻克了荥阳郡的大部分地方。而荥阳太守杨庆却只会龟缩在城里，不敢出战。

于是，616年年底，杨广便把战功赫赫的张须陀、秦叔宝、罗士信从山东调了过来，硬怼瓦岗寨。

张须陀曾率一万隋军和翟让打了大大小小三十余仗，结果翟让被打得屁滚尿流、一败涂地。

所以，这次张须陀再来时，翟让大为惊恐，立马准备收拾好铺盖逃跑。但是，李密却一把将翟让拦住了：

"不能跑，此时正是消灭张须陀的最好时机。以前他连胜无数，正不把我们放在眼里。所以，此战只要设个圈套，他就一定会轻敌冒进。"

其他将领也都佩服李密的才能，所以全部支持李密。于是，翟让不得不再一次听从了李密的"劝告"。

遇到张须陀所率的隋军后，李密将瓦岗寨的部队分为了三路：

第一路由翟让、单雄信率领去诱敌，反正翟让以前也输习惯了，张须陀肯定不会起疑心。

第二路一千多人，由李密自己率领，埋伏在翟让退败必经之路边的小树林里。

第三路由徐世勣、王伯当率领，如果张须陀被打败，就上来群殴。

结果和李密设想的完全一样，张须陀果然轻敌冒进，钻进了李密设计的圈套。只不过中间出了一个小插曲。张须陀被群殴之后，带领着一万隋军拼死抵抗，竟然逃出去五千多人。

不过，张须陀逃出去之后，仍然有点儿自大，以为这些农民军和他过去几年打过的一样，再打几次就要崩溃了。于是，他竟然又带着人冲进了包围圈，要救回那些被困的兄弟。

就这样，他连续进出三次，竟然毫发无伤。猛人就是猛人啊，在被打得措手不及的情况下，竟然还稳如泰山。

第三次冲出包围圈之后，他的部下拉着他，让他赶紧逃命，说这伙乱民和以前遇到的不太一样，大帅留得青山在，不怕没柴烧。但是张须陀仰天长叹："兵败如此，还有何面目再见天子？"说罢，他一把甩开了部下的双手，又一次杀进了重围。

这一次，幸运之神没有再次降临。最终，一通砍杀之后，张须陀精疲力尽，终于被李密斩杀，时年五十二岁。史书记载："所部官兵尽夜号哭，数日不止。"

逃出去的那五千多隋军在张须陀的副手贾务本的带领下，逃到了梁郡（今河南商丘）。不久之后，贾务本病重身亡，杨广便让裴仁基做了统帅，带着秦叔宝、罗士信等人到虎牢关镇守，继续围剿瓦岗寨。

张须陀的勇气和忠心让人不得不感叹一声，惜哉、痛哉！但是，感叹之余，我们又不得不佩服老子的先见之明："强梁者不得其死，吾将以为教父。"

你一路砍杀，一路横冲直撞，当年五个人就敢打数千叛军，动不动来个捷足先登，的确创造了一个又一个奇迹。

但是，君子不立危墙之下，作为三军统帅，每次都这样莽撞、粗暴，又怎么可能得到一个好的结果？你手下人也许会敬你是条汉子，但是在李密这种有勇有谋的人眼里，你只能是待宰的莽夫啊。

此战，李密声威大振。张须陀这个在过去三年内战无不胜、攻无不克的猛将，竟然被李密一战而杀，这让所有人都看到了李密的才能。

翟让也彻底地意识到，自己不再适合当一把手了。但是，他思索再三之后，又十分不甘心做二把手。于是，他提出分家，自己要一路向东回瓦岗寨。李密另建蒲山公营，单独统率自己的部队，一路向西。

家很快就分好了，两个人也很快分道扬镳。如果历史按此发展下去，翟让的性命可能不会丢得那么快，而李密恐怕也不会突然失败。

因为，不久之后，翟让竟然又屁颠屁颠地回来找李密了。

不是他舍不得李密，而是分家之后，李密表现出了极高的治军水平。

他严于律己、宽以待人，为人节俭朴素，每次作战都会把获得的所有珠宝赏赐给部下。所以，他手下的农民军既有动力，又有激情，在他的治理下，很快就达到了正规军的水平。

向西之后，李密又发挥自己的特长，兵不血刃，劝降了好几座城池，获得了大量军资，一时风头无两。而翟让一路向东溜达，却毫无收获，导致军心涣散。

看着李密已经过上了小康生活，而自己还是贫下中农，翟让终于认命了，只好觍着脸回到了李密的身边。

按道理讲，现在是翟让投奔李密，李密完全可以重新定义一下他们之间的关系。但是，李密却让翟让继续做了老大，凡事仍然向翟让请示。

李密的这个举动，又一次俘获了所有人的心，包括很早就跟着翟让起兵的徐世勣。可见，人世间最强大的武器，从来不是拳头，而是人心啊。

随后，李密再次向翟让提出了争雄天下的建议：

第一步，拿下洛阳周围的两个大粮仓——兴洛仓（又叫洛口仓，在今巩义东）和回洛仓（在洛阳东北角）。

第二步，拿下东都洛阳。

第三步，檄召四方，平定天下。

为什么要先拿下兴洛仓和回洛仓呢？

因为这两座粮仓是东都洛阳守军的饭碗，里面囤积了大量的粮食，完全够几十万人食用一年半载。拿下它们，不仅可以据守洛阳，还可以一呼百应，征召四方难民。当然，这也同样会刺激到四方的隋军，他们必将拼死抵抗。

听到这么宏大的计划，翟让这一次特别识趣，当即表示自己能力有限，不堪争雄天下，一切唯李密是从。

于是，在李密的带领下，他们三下五除二便拿下了兴洛仓，然后开仓放粮，征召难民。

留守洛阳的越王杨侗大为惊讶，急忙派虎贲郎将刘长恭率领两万五千人、河南讨捕大使裴仁基率领五千人前去围剿。但是，李密再次以少胜多、以弱胜强，将隋军打得大败而逃，死伤大半。

一个接一个的大胜，让李密迅速成为中原这片土地上的一股强势力量。于是，一大批原隋朝官员将领不战而降，如河南巩县县尉柴孝和、尉氏县朝散大夫时德睿，甚至连河南讨捕大使裴仁基也带着儿子裴行俨和大将秦叔宝、罗士信等人投降了李密。

周围归降的农民军更是不计其数，这其中还包括山东的程咬金（后改名程知节）和孟让等人。

总之，不到一年的时间，李密便从瓦岗寨的一个起义军头目，成为坐拥河南大部及山东、河北、山西、安徽部分地区的枭雄。

鸟枪换大炮之后，这群人提起"瓦岗寨"三个字就觉得别扭，越想越觉得像是在骂人。于是，一场在历史上上演过无数遍的把戏又开始了。

翟让、王伯当、徐世勣等人非要推举李密做老大，上尊号魏公。但是，李密表示自己能力不行，需要另找他人。然后群臣不依不饶，表示你不当魏公，下面的人都活不下去。于是，李密为了让大家都活下去，就"勉为其难"地自封为魏公。

这边三辞三让地刚把戏演完，那边李密就立刻行使了魏公的权力，对内部进行了一次初步整合，把魏国的势力分为了三个部分：魏公府、行军元帅府和百营。

魏公府

魏公府听起来很高大上，像是李密的嫡系班子，但实际上，其主要成员却是翟让和他的瓦岗寨旧部。

翟让被拜为上柱国、东郡公、魏公府司徒，徐世勣和单雄信则做了六卫中的左右武候大将军，而其他四卫则形同虚设。

这个安排实在巧妙，表面上看起来，李密非常尊敬翟让，但实际上却是将他孤立起来。但是，这个安排也有极其不好的一面——李密没有趁机把徐世勣和单雄信拉到自己的阵营中，还让他们跟着翟让，这为他后来的失败埋下了伏笔。

行军元帅府

这才是李密真正的嫡系，李密所发号令全部署名"行军元帅府"，主要成员全是原隋朝投降过来的官员，如裴仁基（礼部尚书）、裴行俨父子，柴孝和（巩县县尉），房彦藻（宋城县尉），郑颋（荥阳郑氏，当地豪族），祖君彦（父亲曾任北齐宰相）等人。

另外，李密又从所有士兵中精心挑选了八千名特战队员，作为自己的"内军"，分别隶属于四骠骑，由程咬金、秦叔宝等人统领。这批特战队员的战斗力极强，李密称他们"可抵百万之众"。

百营

这里面基本上是归顺过来的人，实行的是羁縻政策，也就是大家仍领着原班人马，名义上归顺就行了。愿意听话的就听，不愿意听的，他也懒得理，等到秋后再算账。

整合完内部各个势力之后，时间便来到了617年四月。此时，窦建德刚刚恢复了元气，在河北自封为长乐王，但是实力严重不如李密。李渊还在晋阳蛰伏，距离起兵还有整整两个月的时间。

　　无疑，在这段时间里，李密已经成为隋末势力最大的枭雄。如果利用这段时间攻下洛阳或者西进关中，成就帝业，绝对不在话下，而李密恰好也是这么想的。

二十二　枭雄对决，李密大战王世充（一）

自称魏公之后，李密便以洛口（兴洛仓附近一城）为大本营，继续实施既定方针，先拿下回洛仓，以及附近的两座坚城金墉城、偃师，再围困洛阳城。

此时驻守洛阳的，是杨广十四岁的孙子越王杨侗。虽然他年龄很小，但是，杨广却给他配备了两个忠心耿耿的助手，即太府卿元文都、右司郎卢楚，以及二十万装备精良的隋军。

洛阳附近有两个大粮仓，一个是兴洛仓（也叫洛口仓），一个是回洛仓。当时李密已经拿下了一个，还想再拿下另一个，这相当于要了洛阳二十万隋军将士的命啊。

所以，李密知道，这注定是一场恶战。但出乎李密意料的是，这并不只是一场恶战，而是无数场。

617年四月十三日，李密命令刚刚归附自己的孟让和裴仁基率领三万精兵，向回洛仓发动了第一轮进攻。出人意料的是，此战异常顺利，两人不费吹灰之力就攻下了回洛仓。

更出人意料的是，孟让成事不足，败事有余，从他出道到现在，就没赢过一次。这次好不容易赢了，他仍然恶习不改，完全不把洛阳的二十万隋军放在眼里，竟然在人家眼皮底下纵兵大肆抢劫。

于是，隋军趁着魏军大乱，出城就是一顿痛扁，一战下来，孟让和裴仁基率领的三万人马死伤过半，两人带着一群残兵败将狼狈地逃回了洛口。

李密大怒，只好亲自带着秦叔宝、程咬金，以及手下最精锐的内军又杀了回来。经过一番恶战，再次夺取了回洛仓。

接着，李密又派人去攻打金墉城和偃师。但是，隋军进行了强烈的抵抗。一通恶战之后，这两座城池依然岿然不动，四月十五日，李密只好率军返回了兴洛仓，洛阳隋军趁机将回洛仓中的大量粮食运到了城中。

第一次回洛仓之战，就这么草草地结束了。仅仅用时三天。双方互有胜负，但显然魏军的损失较大。

四月十九日，在休整了三天之后，李密又一次亲率三万大军，向回洛仓杀了过来。和前两次一样，他再一次轻轻松松地攻占了回洛仓。

这一次，他吸取了上次失败的教训，并没有着急攻打金墉城和偃师，而是大规模地修筑工事，准备慢慢蚕食东都。

越王杨侗急忙派大将段达率七万多隋军，去抢夺回洛仓。李密率三万之众再次以弱胜强，将隋军打得大败而逃，不敢再出洛阳城。

顺利占领两仓并打退隋军之后，魏军的士气达到了顶点。李密便想当然地认为，拿下洛阳城已经指日可待。

于是，他向各地发布檄文，要求各地归降，并历数了隋炀帝的十大罪状，顺带还发明了一个成语：罄竹难书——"罄南山之竹，书罪未穷；决东海之波，流恶难尽。"

此时的杨广虽然正躲在扬州当鸵鸟，不愿听闻天下事，但是看到李密的檄文之后，瞬间又激起了勃勃雄心。

杨广随即下诏，令监门将军庞玉、虎贲郎将霍世举，率领关中精锐隋军，驰援东都洛阳。

得到援军之后，洛阳城内的隋军达到了史无前例的二十多万人。

李密的护军柴孝和看到隋军势大，洛阳一时难以拿下，便劝告李密可以"围魏救赵"，让翟让守洛口仓，裴仁基守回洛仓，趁着关中空虚，李密亲率大军入关。先安定关中，再挥师向东，平定河洛。

当初杨玄感叛乱时，李密给杨玄感出的上策就是这个。如今风水轮流转，终于又轮到李密作出选择了。

很可惜的是，此时的李密和当初的杨玄感一样，并没有采取最好的战略，而是选择了最不堪的下策。他的理由也很充分：

"你所说的实为上策，我也考虑过很久。但是，昏主尚在，效忠隋朝的人依然很多，我的手下全是山东人，如今没有攻下洛阳，他们怎么会愿意入关？除此之外，我手下那帮人，又是群盗出身，留他们在山东，肯定会出现内乱，到时候必将失败。"

李密这话并非没有道理。他所说的"群盗"主要指的就是翟让，一旦他离开，翟让极有可能发动叛乱。后来的事实也证明，翟让一伙人并不老实。

但是，李密这话里，显然有很大的漏洞。

"昏主尚在，效忠隋朝的人依然很多。"此话不假，但是打关中难，打洛阳难道就不难了？

洛阳处于四战之地，位于天下之中，打洛阳时，那些忠于隋朝的力量，必然会从四面八方源源不断地涌来，到时候你怎么防？

相反，打长安虽然也很艰难，但是一旦拿下，只要守住萧关、散关、武关、函谷关这四个关卡，便可以拥有一块足以称雄称霸的根据地。而想援助关中的隋军，只能望"关"兴叹。

既然早晚都要拿下关中，那么，为什么不趁早下手，以免其落入他人之手？

"我的手下都是山东人，如今没有攻下洛阳，他们怎么会愿意入关？"这句话明显很扯。刘邦当年怎么带着一群江苏人，跑到了关中？西汉末年的赤眉军，怎么带着一帮山东人跑到了关中？别人都能带外地人往关中跑，到你这里怎么就不行了？

乱世之中，百姓从军，要的可不是安土重迁的故乡情，而是到哪都有口饭吃。你只要给他们一口饭吃，给他们一件衣裳穿，他们怎么可能不愿跟随？

"我手下那帮人，又是群盗出身，留他们在山东，肯定会出现内乱。"出内乱又何妨呢？你只要把八千内军精锐，以及愿意跟着你打天下的人带走即可，剩下不愿意跟着你的人，要他们干吗？

很可惜，柴孝和并没有抓住李密话中的漏洞逐条分析、一一反驳，只是在最后让李密给了自己十几个人，一路向西，替李密先行入关。

值得庆幸的是，虽然柴孝和只带着十几个人，一路上却走得异常顺利，所到之处的农民军，只要听到李密的旗号，便纷纷归降。当这十几个人走了两百多里，到达三门峡的时候，他们的队伍已经像滚雪球一样，变成了一万多人。

就在这时，李密这边却遇到了第一个倒霉的意外。

作为三军主帅，李密每次作战都身先士卒，这样非常能鼓舞士气。但是，这种行为也给他带来了巨大的风险。当他率军打到洛阳皇家园林西苑的时候，一个不小心，李密竟然被流箭射中，差点儿一命呜呼。

于是，他只好从西苑撤军，退到回洛仓养伤。

五月二十八日，越王杨侗急忙命庞玉等人率领重兵，趁机对李密发动了猛烈的进攻。

正在养伤的李密顾不得箭伤，竟然咬紧牙关和裴仁基一起指挥军队，与隋军大战了几个时辰。可惜李密终究是人不是神，不久之后，魏军士卒死伤大半，李密元帅府的左右司马也全部战死。

无奈之下，李密只好再次放弃回洛仓，退回洛口。而柴孝和那边的一万多人，听说李密大败之后，也全部作鸟兽散，柴孝和只好退了回来。

第二次回洛仓争夺战，唯一入关的机会，就这样出人意料地丧失了。

六月十七日，李密在休息了将近二十天之后，第三次率领全部精锐，向回洛仓杀了过去。和前几次一样，他再次顺利得手。

更让人激动的是，这次占领回洛仓之后，武阳郡丞元宝藏，让门客魏徵给李密写了封投降信，表示自己可以帮助李密向西夺取魏郡，再向南攻打黎阳仓。

魏徵，就是历史上那个大名鼎鼎的"杠精"，河北人，从小死了爹，长大后为生活所迫，去做了道长。后来阴差阳错，就被元宝藏相中了，于是，魏道长就变成了魏先生。

李密看到信后直拍大腿，立刻把魏徵调到了身边。又派徐世勣和元宝藏南北夹击，一举拿下了黎阳仓。

一时之间，洛阳附近的三个大粮仓，全部归李密所有。他的声望，又一次达到高峰。

十几天之内，来归降的部众竟然达到了二十多万（很多人只是相中了李密手中的粮食）。甚至河北的窦建德和"吃人魔王"朱粲也纷纷遣使，向李密表示了归附之意。李密的势力，变得空前强大。

但是，此时也传来了两个不幸的消息：

李渊已经起兵，正一路向南，奔向关中。

杨广彻底怒了，非把李密弄死不可。于是，他又派出了六路大军，前去支援东都。

第一路，河北大使韦霁。

第二路，河南大使王辩。

第三路，河内通守孟善谊。

第四路，河阳郡尉独孤武都。

第五路，涿郡留守薛世雄，就是那个穿越几百里茫茫沙漠灭了伊吾的名将。

第六路，江都通守王世充。

前四路共有多少隋军，数量不详。但是后两路史书记载却很详细。

薛世雄带领的是征讨高句丽时为数不多的打败高句丽追军的三万精锐，王世充率领的是在南方平叛多年的五万江淮劲旅。即使前四路每路只按一万人算，这次援助东都的兵力也达到了十二万，再加上原来洛阳的兵力二十多万，也就是说，杨广一共动用了将近四十万隋军，要和李密死磕到底。

刚刚打败名将张须陀，又打败了洛阳二十万隋军以及关中来的精锐重兵的李密，再次陷入隋军的群殴之中。

但幸运的是，危急关头，上天终于帮了李密一次忙。

杨广本来是让薛世雄这位老将节制诸军，讨伐李密的。但是，当薛世雄带领大军经过窦建德的地盘时，窦建德还以为他们是来打自己的，就设下伏兵偷袭了薛世雄。由于天降大雾，薛世雄没有准备，所以大败而逃，回去之后竟然羞愧而死。一代名将就这样殒没了。

不过，剩下的人也并不好对付。几路大军汇集到洛阳城下，依然达到了十几万之众，全部受王世充节制。

十月二十五日，隋军集结完毕，驻扎在洛水南岸的黑石。第二天一大早，王世充带着精锐部队，渡过洛水，在北岸布阵，准备和李密死磕。

李密以为王世充和之前的隋军一样不堪一击，于是，便主动率军迎战。

但是，出乎李密意料的是，这帮江淮精锐异常能打，竟然将魏军打得大败亏输。猛将罗士信身中数箭，被王世充所俘，护军柴孝和被淹死在洛水之中。

于是，李密只好向东部的月城退去，准备固守，王世充率军在后面一通猛打。李密虽被打得头昏脑涨，但是逃至半路，又想到了一条妙计：围魏救赵。

李密让一支军队往月城撤，自己则亲率秦叔宝、程咬金等内军渡过黄河去偷袭王世充的老巢黑石。

王世充在洛水北岸拼命攻打李密的老巢月城（下一步就是兴洛仓），李密在洛水南岸拼命攻打王世充的老巢黑石。两个人你打你的，我打我的，一直从白天打到了晚上。

这时候，拼的就是最后一口气，看谁先撑不住。

终于，还是李密更胜一筹，王世充的黑石大营率先撑不住了。于是，黑石的隋军点起了一支穿云箭。但是，王世充并没有回军救援，他不想前功尽弃，仍旧拼命攻打月城。

不久之后，黑石大营再次点燃了求助的信号，王世充依然不管不问。

就这样，直到黑石大营发射第六支穿云箭时，王世充才不得不放弃月城，回军救援（如果薛世雄在，说不定先撑不住的将变成李密）。

李密见计谋得逞，便立刻带领一部军队埋伏在了王世充回军的路上，对着王世充一顿痛扁，王世充丢下了三千多具尸体，大败而逃。

李密和王世充的第一次较量，就这样结束了。应该说，这一仗，他们打了一个平手，双方互有胜负。李密那边死了护军柴孝和，损失了一员大将，前期被打得大败而逃，估计也死了不少人。王世充这边的十几万人，死伤了三千多人，情况并不比李密好多少。

所以，经此一战，两个人都清楚地认识到，自己终于碰到了一根特硬的骨头。

二十三 枭雄对决，李密大战王世充（二）

黑石大战，把王世充和李密这两位猛将，搞得都有点儿元气大伤。以前打仗都如砍瓜切菜，这次却差点儿咬碎了钢牙。所以，两人回到各自营寨之后，都开始坚守不出，准备休整后再打。

但是，位于洛阳城的越王杨侗却看热闹不嫌事大，他不停派使者"催促"王世充和李密再打一次。迫于无奈，王世充只好向李密下了战书，双方约定，十一月九日，在石子河（今河南巩义）再来一架。

当日，李密率几十万大军从兴洛仓出发，一路上旌旗招展，绵延数十里，声势异常浩大。不过，王世充这边也不虚，十几万隋军从黑石出发，一路上也是鼓角齐鸣，浩浩荡荡。

双方按照约定时间，来到了石子河两岸。刚刚列阵完毕，李密不等王世充作出反应，便以翟让为前锋，率领徐世勣、单雄信等数千人马，对隋军发起了猛烈的冲锋。毫无意外地，翟让的水平发挥得异常"稳定"，刚一和隋军接触，便调转马头，抱头后窜。

王世充见状大喜，以为和上次一样，只要进攻就能把魏军打得屁滚尿流。所以，他立刻发出了总攻的命令，对着翟让后方就是一通猛打。

但是，当王世充打得正高兴的时候，突然发现两边的情况好像有些不妙，原来不知道什么时候，魏军的王伯当和裴仁基已经率领骑兵，绕到了自己的侧翼。

王世充啊，你把李密想得太简单了，上次李密和你硬杠，前期被痛揍了一顿，最后用计才胜了你，这一次他怎么可能还和你硬杠？

于是，王世充急忙大喊中计，立刻调转马头就往回撤。但是为时已晚，王伯当和裴仁基早已南北穿插，硬生生地将隋军截为了两段。而李密见王世充已经落入圈套，便亲率四千内军，向王世充的中军杀了过去。

隋军顿时陷入四面埋伏之中，个个惊恐万分，大乱不已，他们完全没有了秩序，无论王世充怎么指挥，大家都像无头苍蝇一样，开始四散奔逃。无奈之下，王世充只好带着亲兵拼死突围，在留下了七八万具尸体后，逃回了大本营黑石，龟缩不出。

李密又一次取得了重大的胜利，什么江淮精锐，什么五路大军，什么枭雄王世充，看来也不过如此。

短短一年的时间，他便从一无所有，变成了隋末势力最强的枭雄，一路披荆斩棘，把那位连胜五年的猛将张须陀斩于马下，把洛阳城里的二十多万隋军打得不敢出战，把关中来的所有精锐打得屁滚尿流，把四面八方来的五路大军，打得损失惨重。

这样的成绩实在是太耀眼了，放眼古今，实在少有。于是，自信甚至自大，开始在李密的胸中蔓延开来，他觉得自己肯定能一统天下，坐上那个梦寐以求的皇帝宝座。放眼整个天下，无人是他的对手。

但是，几天之后，他便收到了一则来自长安方面的消息——就在他大败王世充的当天，李渊已经拿下了长安。时间就是这么凑巧，历史就是这么诡异。

　　李渊？李密听到这个名字之后，大吃一惊。他万万没有想到，李渊的行军速度竟然如此之快。因为四个月前，李渊才刚刚起兵，而三个月前，李渊还给自己写过一封书信，表示愿意推举自己为盟主（天生蒸民，必有司牧，当今为牧，非子而谁？老夫年逾知命，愿不及此）。

　　李密没想到李渊竟然阳奉阴违，趁他牵制隋军之机，下山摘桃，实在可恶至极。不过，李密转念一想，这又有什么要紧的呢，等拿下洛阳，在他的强大实力面前，李渊不过跳梁小丑而已。

　　就在李密一边愤怒一边暗骂李渊的时候，他又得到了一条让他更加痛苦的密报——翟让要反。

　　翟让这个人，是个标准的小人，虽胸无大志，却看不得别人过得好。自从推举李密当老大之后，他的内心始终不甘。虽然理智一直在告诉他，自己的水平不如李密，就应该让李密做老大。

　　但是，原来的下属变成了领导，原来说一不二的自己，以后要看人家脸色办事，他无论如何，都难以咽下这口气。

　　但是，他又不能对李密表现出不满。于是，他就把发泄的对象，换成了李密身边的所有人，有事没事就整一下他们。

　　有一个叫崔世枢的人，从鄢陵（今河南许昌鄢陵）起兵之后，跑来归附李密。但是，没等崔世枢见到李密，翟让竟然当起了绑匪，派人把崔世枢关了起来，跟崔世枢的属下要赎金。最后，他们东凑西凑好不容易凑够了赎金，翟让却在放人之前，又把崔世枢狠狠地揍了一顿。

　　这不是砸李密的招牌嘛，哪个领导都不会允许下属干这种"吃自己的饭，砸自己的锅"的事情。但是，李密知道后，念及翟让的旧情，竟然忍下了，硬生生地一句话也没说。

　　看到李密没什么反应，翟让便更加肆无忌惮起来，他完全把李密的忍让当成了软弱的表现。有一次，翟让叫李密的元帅府记室刑义期去赌博，刑义期因为有事，就去晚了一会儿，结果翟让大怒不已，认为刑义期是看不起自己，便让人把刑义期拉了下去，打了八十大板，差点把人活活打死。

打狗还得看主人啊，翟让竟然敢打李密的人，人家并不归你管好不好？这不是相当于打李密的脸吗？所以，这一次，李密非常生气。但是，他再次念及旧情，硬生生地忍了下去。

可是，翟让继续变本加厉，最后竟然敲诈起了李密的左长史房彦藻："你攻破汝南可得到了不少金银珠宝，怎么只给了魏公，没有给我？别忘了，魏公还是我拥立的。"

如果李密是皇帝的话，那这个房彦藻就相当于宰相。翟让竟然对他说这话，这不是典型的老寿星吃砒霜——活得不耐烦了嘛。

房彦藻也没有当面反抗，只是一转身就把这话告诉了李密。李密和前几次一样，勃然大怒，但是，没过一会儿就又冷静了下来。最危难的时候，是翟让收留了自己。受人之恩，报之以怨，以后还怎么在江湖上立足？况且，大业未成便自相残杀，岂不被世人笑话？

于是，李密决定再忍一次，由他去吧。只要不出大事，又何必与他斤斤计较呢。

但是，翟让做人实在是太失败了，平时得罪的人太多了。李密刚刚准备忍让，左司马郑颋站了出来：

"有密报，翟让的司马和弟弟，正在劝说翟让自立。"

"真的有这种事？"李密大惊，"翟让什么反应？"

"笑而不语！"（让但大笑，不以为意）

不语？李密突然起了杀心。你当绑匪，我可以忍；你打我的人，我可以忍；你敲诈我亲信，我也可以忍。唯独这件事，任谁也不能忍。可是，李密还是有些犹豫。

郑颋见李密的脸开始抽搐，迅速意识到，杀掉翟让，只在此时了。于是，他又说了句："毒蛇螫手，壮士断腕，还可保全自身。如果等他们先动手，后悔就晚了。"

好吧，既然翟让已经不仁，那就休怪我不义了。杀！

十一月十一日，也就是打败王世充的第三天晚上，李密便以庆功为由，在府上摆下了瓦岗宴。

老实说，翟让虽然各种不服，各种不智，但是，他暂时还真的没有造反的想法。因为归根结底，他还是知道自己有几斤几两的。杀了李密，自己根本就不是隋军的对手。

所以，他对李密也没有丝毫的防备，带着自己的亲信，便兴高采烈地奔赴这场瓦岗宴。

大家刚刚坐下，李密便以领导们吃饭，保镖不便留下为由，把翟让的侍卫全都支到了外厢房，内厢只留下了一群高官，以及自己的保镖蔡建德。

趁着饭菜还没有上桌，李密对翟让在和王世充的大战中一触即溃、抱头鼠窜的诱敌表现，给出了高度的评价。说罢，他又拿出了一张新做的宝弓，表示要赐给翟让。翟让接过宝弓，一边打量，一边不住地赞叹。说罢，他拉弓搭箭，准备试一下威力如何。

就在此时，蔡建德已经悄悄地溜到了翟让的身后，突然拔出砍刀，朝着翟让的后背就是一通猛砍。翟让瞬间倒地，发出了一阵阵牛吼一般的叫声。接着，蔡建德又对着已经吓傻了的翟让亲信，一通乱砍。顿时，室内一片血腥，乱作一团。

室外，翟让的侍卫听到动静以后，开始四散奔逃。徐世勣不愧为名将出身，跑得最快，一转眼就跑到了门口。但是很不幸，门卫小哥朝着他的脖子就是一刀，准备再砍第二刀时，幸好王伯当及时出现，制止了。

另一名将单雄信，也不愧是百战出身，知道这种时候，保命要紧。于是，他双腿一软，扑通一声就跪了下去，连连求饶。

眼看形势一片混乱，李密跳上了桌子，一声大喊："翟让专横残暴，凌辱群僚，今天杀他一人，与各位无关。"喊罢，李密又让人将徐世勣扶到床前，亲自给他敷药，众人这才慢慢平复下来。

安抚完高官之后，李密又快马加鞭地赶往翟让的军营，与这些人进行了一番真诚的沟通，让徐世勣、单雄信、王伯当三个人，做了他们的新一任领导。本来这群人就对翟让的刻薄寡恩有意见，所以，他们也甘愿就坡下驴，立刻表示愿意服从命令。

得知李密快刀斩乱麻处置了翟让之后，王世充大为失望。上次战败之后，他深深感受到了李密可怕的战斗力。所以，他思虑再三，终于想出一计——按兵不动。先想方设法离间翟让和李密，到时候再给李密致命一击。但是万万没有想到，三天之内，李密自己就解决掉了这个后患。

于是，王世充长叹一声："李密天资明决，为龙为蛇，固不可测也！"

一计不成，仗还得打。鉴于前两次的失败，都是中了李密的计策，王世充准备以其人之道，还治其人之身，也给李密来一计。于是，在接下来的一个多月里，他开始大肆招兵买马，不断犒劳将士，准备偷袭李密。

但是，王世充的运气实在是太背了。十二月二十四日白天，一群小兵过来投降李密。如果放在平时，李密对这些小兵根本不会过问。因为隋军那边每天都有过来投降的士兵，而自己作为三军统帅，也根本没时间去见这些小兵。

但是，李密这天却突然觉得，隋军长时候趴窝不动，有些怪异。于是，他就主动找到这些小兵，询问隋军的情况。小兵们就把王世充招兵买马、犒劳战士的情况说了出来。李密听后长吸一口冷气，立刻告诉裴仁基、王伯当等人，王世充这是要偷袭洛口城（兴洛仓）。原因有二：

其一，每月下旬，都是月黑风高夜，正适合搞偷袭。

其二，两军对战，粮草尤重，王世充无缘无故犒劳将士，必定是要做最后一搏。

于是，李密当即下令三军戒严，裴仁基、王伯当率军埋伏在兴洛仓外，来个瓮中捉鳖。

不出所料，当晚三更时分，王世充果然亲自率军前来偷袭。

王伯当看到王世充之后，对李密的料敌如神很是佩服。他一马当先，率先对王世充发动了进攻。

出人意料的是，中了埋伏的隋军竟然没有自乱阵脚。因为他们知道，这是最后一战，要么胜，要么死。所以，他们表现得异常勇猛，竟然将王伯当打得大败而逃。王世充急忙乘胜追击，直逼洛口城下，并开始登城。

但是，城上早有准备，隋军一阵猛攻之后，发现竟然和自己预想的完全不一样，魏军不但没有弃城逃跑，反尔越来越多。更糟糕的是，王伯当、裴仁基又趁机从背后杀了过来，竟然将王世充手下大将费青奴斩了。

隋军这才意识到，他们好像是中计了，顿时军心涣散，开始四散而逃，被斩杀几千人，王世充第三次大败而归。

不过，王世充仍然没有气馁。毕竟偷袭只死了几千人，他还有好几万人马，还可一战。所以，在接下来的日子里，王世充又主动出击，和李密互殴了好几次。但是，他手下的隋军，估计是得了李密恐惧症，听到李密两个字就双腿发软，几次大战下来，竟然没有一次获胜。

王世充终于被打得彻底没了脾气，被人碾压却无能为力的感觉，实在是让人感到绝望。所以，他完全龟缩起来，无论越王杨侗怎么催促，他都是以兵力太少为由，不愿出战。

怎么办呢？杨侗犯了难。放眼手下所有大将，虽然王世充屡战屡败，但是，也只有他能和李密打上几个回合，其他人根本就不堪一击。所以，杨侗最后不得不给这个常败将军补充了七万生力军。

就这样，王世充手下的兵力，又一次达到了十几万。

王世充看着手下源源不断增加的兵马，信心逐渐涨了起来。他不相信李密不可战胜，再干一次，一定有方法获胜，一定！

于是，几天之后，王世充又率领着十几万大军，再一次杀向李密。由于前几次李密不断获胜，这一次，他对王世充的实力估计不足，王世充终于趁机在洛河以北打了一次大胜仗。

看来李密也有失败的一天，王世充就像一个赌红了眼但又翻了一次身的赌徒一样，瞬间恢复了所有的信心。他决定再接再厉，和李密来个大决战。

618年一月十五日，王世充命人在洛水上架起浮桥，全线进攻李密驻守的洛口城。一般情况下，这种进攻，肯定是要等到所有大军都渡过河之后再进行的，李密也是这么想的。

哪知道王世充这一次竟然玩了个阴的，他命令谁先搭好浮桥，谁就直接进攻，不必等后面的军队。

隋军大将王辩率先架起了浮桥，军队刚一过河，就向洛口城冲了过去。站在城墙上的魏军一时之间竟然蒙了，他们从来没有见过还有这种打法。所谓“乱拳打死老师傅”，转眼之间，洛口城的外城就被攻破了，隋军的形势一片大好。

后方的隋军见前方得手，也加快了渡河的步伐，准备一鼓作气，把李密的老巢给端了。

但是，在河对岸的王世充却不这样认为。他看到前军这么快就冲进了城内，还以为和前几次一样，又中了李密的奸计，于是，急忙命令鸣金收兵。

这下可害苦了正在奋力砍杀的王辩。李密也惊呆了，还有这种操作？于是，他立刻率领内军向王辩杀了过去，王辩的脑袋瞬间落地。前锋大将被杀，隋军顿时大乱，撒丫子开始往回跑。李密自然不会放弃这个绝好的机会，在后面一通猛追，痛打落水狗。

正在搭浮桥的隋军，看到前方大乱，也都争先恐后地往后撤。一时间，被杀者无数，落水者无数。王世充见大势已去，急忙率领残兵败将往西逃窜。如此大败，他根本没脸回东都，只好往黄河北边的河阳（今河南洛阳孟津县）逃去。

可惜天公不作美，就在他准备渡过黄河之时，突然狂风大作，天降暴雨（冬天下暴雨极少见），气温骤降，隋军又被冻死一万多人。到达河阳之后，王世充盘点了一下人马，十几万大军，竟然只剩下了区区几千人。

还能再说些什么呢？在江南时，他以区区几千人马，逐渐消灭了数十万的起义军。但是，见到李密之后，却一而再再而三地大败，几十万大军竟然在自己的手中化为了灰烬。

失败了，彻底地失败了，除了以死谢罪，还能怎么办呢？于是，王世充捶胸顿足之后，便把自己关进了监狱，向越王杨侗请罪。

杨侗很生气，但是，他左思右想，还是舍不得杀了王世充。不杀他，起码还有一点点希望，杀了他，恐怕自己死得更快。所以，杨侗只能一声苦笑，不但没有责怪王世充，还赐给他无数金银、美女，并让他领着一万多残兵败将驻守洛阳城内的含嘉仓城。

李密这边大胜之后，乘胜追击，一鼓作气，连续攻克了偃师、金墉两座城池，并把魏军总部搬到了金墉城。自此，洛阳已经彻底成了一座孤城，随时都有被攻克的可能。

随后，李密率师三十余万在北邙布阵，进逼洛阳城。一月十九日，杨侗急忙派金紫光禄大夫段达、民部尚书韦津等人出城御敌。但是，这两位爷比王世充更屄，段达看到魏军强盛，都没敢出城；韦津虽然很勇敢地出了城，但是很快就被李密斩了。

于是，洛阳城内的不少高级官员开始纷纷出城投降，山东各地的隋军也开始纷纷向李密称臣。就连当初杀了李密全家的东郡太守杨汪，李密也不计前嫌地纳入麾下，封他为上柱国、宋州总管。

窦建德、朱粲等人，也开始纷纷上表称臣，怂恿李密称帝。

李密的威望与实力一下子达到了空前的巅峰。

胜利，已近在咫尺。

天下，已触手可及。

如果是一般人，在这种群情激昂的火热关头，绝对抵挡不住称帝的诱惑。

但是，李密和李渊一样，又一次冷静了下来，面对热情高涨的文武百官，他只悠悠地说了八个字："东都未克，不可议此。"

二十四　左冲右突，李密再灭十万骁果军

拒绝称帝之后，李密随即亲率三十万大军，将洛阳城团团围住，从四面八方，发起了猛烈的进攻。

在李密看来，他已经连续消灭了三十多万隋军，此刻的洛阳城里，肯定是人心惶惶，毫无斗志，他只需要最后努力一把，整个山东就将匍匐于自己的脚下。

是的，洛阳城内的确早已人心惶惶，全是残兵败将与饱受摧残的百姓，而且城内还物资短缺、粮价飞涨，每天都有饿死人的情况发生，还有很多人翻过城墙，跑到城外向李密投降。

但是，李密依旧得意得过早了。洛阳城是杨广登基时才修建的东都，是当时世界上最宏伟的城市，不仅城高墙厚，城墙上还有无数精良的守城器械。当年，杨广为了保证洛阳的安全，征调了五十万民夫，在洛阳周围挖了一条长达九百公里的壕沟，可想而知，洛阳城有多坚固。

除此之外，更重要的是，洛阳城里至少还有两位决心战斗到底的斗士。

一位就是屡败屡战的不死老兵王世充，他虽然被李密暴击过无数次，碾压得

体无完肤，但是，他的内心却极为强大，始终不愿意认输。他坚信，一定可以打败李密，一定。

另一位则是越王杨侗的首席大臣太府卿元文都，此人个性耿直，忠心耿耿，发誓与洛阳城共存亡。

为了鼓舞士气和节省粮草，元文都下令所有守城将士，只要不拿俸禄，一律授予二品散官的职位。二品散官就是享受部长级别的待遇，但实际上没有实权的官员。不过，这已经是特别大的官职了，和平时期，多少人奋斗几辈子也不可能得到。

此举一出，那些逃入城中的残兵败将，顿时恢复不少士气，只要打败了李密，他们就能飞黄腾达，所以拼死一战，值了。

接着，元文都又和王世充等一群将领，每天身先士卒，登上城墙战斗在第一线，永不退缩。他们勇猛的举动，终于赢得了士兵们的心。于是，所有人士气大振，打退了李密一次又一次的进攻。

就这样，双方从618年一月一直打到了四月，整整一百天的时间里，李密使尽了所有的攻城手段，竟然没有一丝一毫的进展。相反，李密还连续迎来了三个噩耗。

第一个噩耗是，李密派往东边招抚各地的左长史（相当于李密的宰相）房彦藻，竟然在回来的路上被叛将王德仁杀了。更可气的是，王德仁转身还投降了关中的李渊。

王德仁的出身和履历，已不可考。但他极有可能是翟让的旧部，理由有二：

其一，房彦藻是李密得力的助手，又是撺掇李密杀害翟让的主谋之一。王德仁是个小人物，在李密势力如此强大的时候，突然叛变，并将李密的主要谋士房彦藻杀害，除了报仇之外，实在难以找出其他理由。

其二，王德仁叛变之后，李密派徐世勣去攻打他。徐世勣作为一代名将，对付这样的小人物，竟然未能手到擒来，甚至还让他跑到关中投降了李渊。如果没有放水，实在让人觉得有些不可思议。所以，两人都是翟让的旧部，徐世勣放他一马的可能性很大。

第二个噩耗是，618年一月二十二日，刚刚进入关中三个月的李渊听说洛阳城危在旦夕，便派了李建成、李世民同率十万大军，驰援洛阳。

经过一路砍杀，这群人终于在三月底到达洛阳城下，准备虎口夺食。李密大怒不已，叛变自己的人刚刚投降了李渊，现在李渊又来抢锅里的鸭子，实在欺人太甚。于是，他不得不带着疲惫不堪的战士，转身又和李建成、李世民打了几个回合，结果互有胜负。

四月四日，李建成、李世民发现李密实在太过生猛，便拍拍屁股溜了。但是，他们又在洛阳西边四十公里处设置了新安、宜阳二郡，并派隋朝猛将史万岁的弟弟史万宝驻守，准备随时捡漏。

虽然这一次唐军没有对李密造成实质性的伤害，但是，他们却为造成李密的第三个大噩耗赢得了宝贵的时间。

618年三月，宇文化及和宇文智及发动兵变杀了隋炀帝之后，立了杨广的侄子杨浩为帝，宇文化及自封为大丞相。接着，他们便带着隋朝最精锐的部队——十万骁果军，顺着大运河，往关中进发了。当年四月，这十万人便溜达到了东郡。

而李密任命的东郡通守王轨却是一个无能之辈，还没有打一仗，就直接开城投降了。紧接着，宇文化及便把矛头对准黎阳仓。李密顿时陷入两线作战的境地。

东都洛阳的君臣看到李密陷入两线作战之后，终于长长地舒了一口大气，立刻上演了一出坟头蹦迪的大戏。越王杨侗第一天哭完爷，第二天就办起了隆重的登基大典，还封了元文都为内史令，段达、王世充为纳言。

紧接着，一个叫盖琮的大臣，又献上了一条"驱狼吞虎"的妙计。

他劝说皇帝杨侗，可以招安李密，封李密为太尉、尚书令、魏国公，让李密去和宇文化及死磕。一来，可以报杀爷之仇；二来，可以削弱李密的实力；三来，李密手下将士受到朝廷封赏后，也可以趁机离间他们。

杨侗、元文都等人大喜过望，便立刻派人向李密发出了招安令。

此时的李密又一次站在了人生的"丁"字路口。摆在他面前的至少有三条路：

第一条路，是接受招安，带着自己的百战之师，同样也是疲惫之师，再去和十万养精蓄锐的骁果军一决雌雄。但是，这骁果军可是隋军精锐中的精锐，基本都由身强力壮、骁勇善战的关中人组成，装备也极其精良。想要打赢他们，必定要付出惨重的代价。

第二条路，是不接受招安，跟宇文化及讲和，一起攻打洛阳。但是，这样做在政治上付出的代价比较大，因为宇文化及名声太臭，跟他合作，不得人心。

第三条路，是和杜伏威、李子通等枭雄一样，放宇文化及的十万人过去，因为这些人的目的是关中，而不是洛阳。

他们在去往关中的路上，必定会和唐军死磕，不管最后谁赢，李密都能坐收渔翁之利，并为自己攻打洛阳争取时间。

另外，李密也可以趁机收买宇文化及周围的人，里应外合搞点儿阴谋，再分裂一下骁果军。因为此时宇文化及的内部，各方势力极其不稳。从三月到四月，短短一个月的时间，就发生了两场叛乱。

第一个要杀了宇文化及的是虎卉郎将麦孟才，他是大忠臣、大猛将麦铁杖的儿子。麦铁杖临死前曾跟儿子们说：

"父亲我久蒙国恩，今天此去，应该是凶多吉少，我若战死，你们以后一定也要尽忠尽孝！"

虎父无犬子，所以麦孟才也对隋炀帝忠心耿耿，一心想着报仇。但是很不幸，起兵前夕，由于事情败露，他被宇文化及杀了。

第二个要杀了宇文化及的，竟然是和他一起造反的老战友司马德戡。司马德戡有点儿雄心，杀了隋炀帝之后，他本来想立个英明之人，能带领兄弟们称霸天下。但是，宇文化及却是个不折不扣的混蛋。他比隋炀帝还奢侈，但能力又远不如隋炀帝。每次上朝，面对大臣们提出的问题，他两眼一抹黑，根本就不知道咋办。

于是，司马德戡没过多久就后悔拥立他了，准备发动兵变换人，结果也是在最后关头事情败露，被杀了。

按照这个情况看，收买宇文化及身旁的人，应该问题不大，不过这要看机会。总之，第三条路也是一个不错的选择。

但是，李密最终还是选择了第一条路，接受了招安，带着自己的百战之师和宇文化及的十万骁果军死磕去了。

也许在李密看来，三十多万隋军都灭了，这十万人只不过是一群待宰的羔羊。而洛阳已经成了瓮中之鳖，只要先收拾了这十万骁果军，洛阳早晚都是自己的。

可是，李密严重低估了这十万骁果军的战斗力，为此他将要付出极其惨痛的代价。

还没等李密率军到达黎阳，前方就传来了不幸的消息。徐世勣看到宇文化及的十万人后，没放一枪便退出黎阳，驻守在了更靠西边的仓城（今河南淇县）。

李密很生气，没想到徐世勣和东郡通守王轨一样，都是软蛋。但是，等他到达前线后，就立刻放弃了这个幼稚的想法。面前的十万人根本不像自己所想的那样是一群待宰的羔羊，而是一群威武雄壮的虎狼之师，一路上旌旗招展、战马嘶鸣，蔚为壮观。

于是，李密只好在徐世勣的东南方安营扎寨。两人约定，以烽火为号，宇文化及去打谁，另一个人看到烽火后，就从后面突袭宇文化及，灭一灭骁果军的气焰。

这是一个很常见的布局，如果放在《三国演义》里，攻方肯定会来个围城打援，或者出其不意、各个击破的计谋。守方要想赢得战争，也必须来两个谋士，识破这种计谋。

但是，现实中却很简单，宇文化及也不废话，就是一个字——砍。南边砍，北边砍，两边一起砍，一直砍了一个多月。这招虽笨，但效果也不太差，最后一通折腾下来，还是把对方搞得很疲惫。

最后，李密实在受不了宇文化及的折腾了，便决定出营给他一点儿颜色瞧瞧。宇文化及也很高兴，敲了一个多月门，终于见到了主人。所以，他没等李密发话，就准备再次开打。

但是，李密却不慌不忙，摆出了诸葛丞相骂王朗的阵势："宇文老贼，你祖宗原来就是个匈奴的奴隶，本姓破野头。隋朝对你家如此大恩，你却不知道知恩图报，反而弑君，还想篡夺皇位，此举真是天地不容。"

宇文化及没有想到李密会骂得如此难听，顿时羞愧难当、哑口无言。

所以，他沉默了好一阵，才瞪大了眼睛怼回去："打仗就打仗，你扯这些没用的玩意儿干啥？"

李密和左右看到宇文化及这种样子，全都极其轻蔑地大笑不止："这笨蛋还想当皇帝，我们用一根树杈都能把他干趴下。"

一根树杈也许真的能把宇文化及干趴下，但是，他手下的十万骁果军可不是吃素的。宇文化及见李密如此轻视自己，顿时勃然大怒，不等李密笑完，他便率军杀了过去。

李密正笑得起劲，所以根本没有做好打仗的准备，结果被宇文化及打了个措手不及。一番激战之后，魏军死伤惨重，李密只好又一次退回了营中。

随后，宇文化及乘胜追击，对李密的大本营发动了连续几天的猛烈进攻，搞得李密叫苦不迭，这才意识到真不应该惹毛他。眼看骁果军越战越勇，攻破大营成了迟早的事，徐世勣终于想到了一条妙计——挖地道。

当夜，在徐世勣的带领下，魏军甩开膀子，挥起铲子，吭哧吭哧地连挖了几百米地道，终于挖到了骁果军背后。随后，几百名魏军精锐钻入地道，突然从骁果军的背后蜂拥而出，对着骁果军后方就是一阵猛攻。

宇文化及大惊，急忙命人前去围殴。李密在营中看到这种情况，立刻亲率秦叔宝、程知节等内军蜂拥而出。前后夹击之下，骁果军终于抵挡不住，大败而逃。

此战之后，李密这才认识到，虽然宇文化及是个蠢货，但是，骁果军战斗力绝对不容小觑。所以，对付这种人只能用计，不能强攻。于是，李密便派人向宇文化及表达了诚挚的歉意，表示以前都是误会，我们共同的敌人都是隋朝。如果我们联手，绝对能称霸天下。

没想到，宇文化及竟然信了。在他看来，这是李密被自己打怕了的结果。既然和平协议已经签订，那不得庆祝一下？于是，宇文化及下令，大军狂欢几天，敞开肚皮随便吃喝，几天之后，便西进回家，各找各妈。

看着骁果军连续大吃大喝了好几天，李密终于得意地笑了。再过几天，等宇文化及把粮草吃尽，他便可以像捏死一只蚂蚁一样，将那十万大军碾为齑粉。哎，人怎么可以这么愚蠢，这种小小的计谋竟然也能得逞。

但是，就在这最关键的时刻，一个小人物的出现，又一次改变了历史的走向。李密手下一个无名无姓的小人物，也不知道犯了什么罪，畏罪潜逃到了宇文化及的军营中，把李密的阴谋全部告诉了宇文化及。

这人是谁，什么职位，已不可知。但他极有可能是翟让的旧部，而且还是瓦岗寨的高级将领。因为李密骗取宇文化及的阴谋，肯定是军中最高级的机密，底层士兵不可能知道。

前面发生了房彦藻那种高级官员被杀的事，现在又在关键时刻给李密 一刀，除了仇恨，除了翟让旧部能够做到，还能有谁呢？翟让虽然死了，但是他却像阴魂不散的魔鬼一样，一直在背后左右着局势。瓦岗旧部的势力，实在太恐怖了，而后面，还将更加恐怖。

总之，在关键时刻，李密的阴谋变成了阳谋。于是，宇文化及大怒，他已经没有办法不怒，因为军粮已经吃完了。他必须孤注一掷，必须让那个瞧不起自己的李密为此付出惨痛的代价。

于是，第二天一大早，他便率领骁果军，偷偷溜到了李密驻扎在童山脚下的军营，发起了最后的总攻。

李密听到营外杀声连天之后，大惊失色，急忙披上铠甲，奔出营寨查看情况。幸运的是，自己一向治军严厉，所以，被偷袭之后，竟然没有大乱。但不幸的是，骁果军此次比以前更加勇猛，更加不要命，个个像疯子一样，拼了老命攻杀，十分难以抵挡。

李密见状，只好再次骑上战马，冲到了一线，亲自指挥战斗。但是，这一次，却打得格外惨烈，双方从早上，一直打到了晚上。李密军死伤惨重，骁果军也伤亡不小，但是，骁果军仍然没有一点退后的意思。

更加不幸的是，就在这最关键的时候，李密又一次被流箭射中，跌落马下。于是，骁果军士气大振，个个像疯了一般向李密猛扑过去。李密左右的亲卫誓死抵抗，但是却根本挡不住早已杀红了眼的骁果军。

眼看包围圈越来越小，李密的伤越来越重，生命已经危在旦夕。突然之间，斜刺里杀出一员大将，骑着忽雷驳战马，拿着散发着冷光的长枪，连杀十几个骁果军向李密冲了过来。李密定睛一看，原来是大将秦叔宝，于是，长舒一口大气，咬牙忍痛，翻身上马，随同秦叔宝往外杀。

看到秦叔宝如此勇猛，骁果军全都愣住了，竟然没有一个人敢上前阻拦，只好眼睁睁地看着李密等人冲了出去。随后，秦叔宝又迅速组织起兵力，身先士卒，对骁果军发起了猛烈的反扑。李密军顿时士气大振，骁果军终于崩溃了，在最后关头，丢下了无数具尸体，大败而逃。

经历了两次大败，宇文化及彻底失去了信心。李密太可怕了，这是一个永远也不可能战胜的对手。于是，他只好调转马头，一路向东，跑到才投降自己不久的东郡抢粮食去了。

东郡通守王轨再次展现了墙头草的本性，见宇文化及大势已去，便又派通事舍人许敬宗（后来李世民手下的"十八学士"之一）找李密投降去了。

无奈之下，宇文化及只好离开了东郡。可是还能去哪呢？西边有李密，东边也是李密的地盘，南边是江都，绝对不能再回去了。那就只剩下了北边，窦建德那个家伙，也许不是自己的对手吧。

于是，宇文化及便率军向河北逃窜而去。但是还没走多远，他手下的人已经四散而逃，只剩下了一万多人。

宇文化及这才知道，自己必败无疑。于是，一声长叹："人生故当死，岂不一日为帝乎？"接着，他便鸩杀了傀儡皇帝杨浩，自立为帝。但是，刚当上皇帝没几天，他们一家老小，便被王薄和窦建德联合杀掉了。

另外，窦建德还把宇文化及和他两个儿子的脑袋砍了下来，交给了嫁到突厥的义成公主（就是在雁门解救杨广的那个公主）。最后，他的脑袋还被义成公主当球一样踢来踢去。这个肮脏的人，终于结束了他肮脏的一生。

李密经过几个月的苦战，终于又一次大获全胜。隋军四十多万精锐，已经全部被他踩在了脚下。

李建成、李世民的十万唐军被打了回去，窦建德已经表示臣服，整个北方的大地上，还有谁敢和他决一死战呢？

没有，一个也没有。

二十五　狂哉李密，丢盔弃甲三十万

打败宇文化及的十万骁果军之后，李密开始变得异常自大。

是的，他完全有理由，也完全有资本自大。从616年到618年，短短两年的时间，他打败了整个隋朝的四十多万精锐。这种不可思议的战绩，足以让他睥睨天下、彪炳千秋。

但是，他却忘了一件事，最强大的武器，不是麾下的兵马，而是效忠自己的人心；最坚固的堡垒，往往都是从内部开始瓦解的。就在他得意洋洋的时候，千万颗抱怨的种子，已经开始在他手下将士们的心中发芽。

而造成这一切的，正是李密自己。

李密虽然打败了十万骁果军，但是，两场恶战下来，自己也损失惨重，尤其是他的嫡系部队，八千内军几乎丧失过半。于是，李密便对刚刚投降过来的骁果军极其重视、天天犒劳，大有让他们成为内军的架势。

这就导致了瓦岗旧部的强烈不满。这些骁果军，刚刚杀死了自己的兄弟、老乡和战友，可是不但没有受到应有的惩罚，现在却要骑在自己的头上作威作福。

所以，他们无论如何都难以咽下这口气。

第一个站出来劝说李密的就是瓦岗元老、翟让旧部徐世勣，他把兄弟们的怨言向李密慷慨激昂地陈述了一番，但是却被李密怼了回去。

紧接着，李密的心腹贾闰甫也五次三番地劝说他不要喜新厌旧，但是，李密依然我行我素，完全不在乎。

为什么李密会突然变成这样？史书上说这是他骄傲自大的结果，但事实并不完全如此。

参加工作的人肯定都遇到过，或者听说过这种情况：同一个岗位，新员工的工资却比老员工的工资高。

在老员工看来，这非常不合理。但站在老板的角度看，这却是很正常的现象。人力成本随着社会的发展越来越高，去年三千月薪能招到人，今年四千月薪还招不到，新员工的工资肯定要提高。

至于老员工们不满，老板们也无能为力。因为提高所有老员工的工资待遇，成本太高，并不现实。老板们只要抓住重点岗位就行，至于其他可替代的员工，想离职的话请便，大不了再招人就是了。更何况，大部分老员工都有儿有女有房贷，并不敢轻易离职。

还有一种情况是，以前公司小，对员工要求并不高，因此工资就要少一些。但是，经过几年的发展，公司越做越大，对人才的要求越来越高，想要吸纳人才，就必须出手大方。

李密现在面临的就是这种情况，新招来的骁果军战斗力惊人，堪比自己的内军。而瓦岗旧部明显不如他们，所以，他对骁果军重视完全是人之常情，并没有什么不妥。

但是，他的不妥之处在于，没有彻底消化掉这些骁果军，而且没有抓住重点岗位上的老员工。因此，在后来的关键时刻，老员工们跳了槽。

总之，李密带着自认为天下无敌，但实际上已经出现裂痕的部队，准备回到洛阳城内，当他的太尉、尚书令去了。

但是，当他快走到洛阳的时候，却听说了一件惊天大事：就在自己和宇文化及互殴的时候，洛阳城内已经重新洗牌了。

自从皇帝杨侗在内史令元文都等人的撺掇下招降李密之后，王世充就很不高兴。他和李密大大小小干了几十仗，早已结下了深仇大恨。如果真等李密打败宇文化及，入主洛阳，他不被杀了才怪。

而过去的几个月里，李密还在不断地刺激着王世充的神经。每次李密在前线打了胜仗，他就会派使者向皇帝杨侗汇报。以内史令元文都为首的那一帮文官，还真没把李密当外人，天天屁颠屁颠地向皇帝庆贺，搞得王世充每次上朝都很痛苦。

时间一长，王世充逐渐杀心泛起，准备偷偷杀掉元文都等人。但是，王世充的保密工作做得很差，这边刚和心腹开完会，那边元文都就听到了风声。

于是，元文都也召集心腹开了个小会，制订了一套埋伏下刀斧手、摔杯为号的方案。但是，元文都这边的保密工作做得更差，刚开完会，就被纳言段达给出卖了。

当天晚上，王世充便发动兵变，带着江淮士兵把元文都等人全给斩了。

随后王世充开始两手抓：一手抓朝廷大权，把重要岗位全部换成了自己人；一手抓军队，重赏各位将士，修造各种作战器械，准备拼死一搏。

洛阳城内，发生了如此重大的变故，李密却没有第一时间得知。利用这个时间差，王世充又让皇帝杨侗给李密下了一道圣旨，表示想用洛阳城内的布料换取李密手中的粮食，价格公道，童叟无欺。

李密十分犹豫。不换吧，这是皇帝的命令，而且自己这边正好缺衣多粮。换吧，明显是在资助对方。

就在李密左右为难的时候，管理洛口仓的长史邴元真看到了商机。如果双方交换物资，必定经过他手，正好可以大捞一把。于是，他便极力劝说李密答应了交换条件。

几天之后，李密才意识到这绝对是个很坏的主意。于是，赶紧叫停了这个愚蠢的命令。

但是，为时已晚。就在短短的几天之内，王世充不但得到了大量的粮食，而且还在李密的身旁埋下了一颗钉子。而这颗钉子，正是劝说李密交换物资的邴元真。

原来邴元真也是翟让的人，当初杀翟让的时候，宇文蕴曾劝说李密一定要杀掉这个小人。但是，李密并不想把内斗范围扩大。为了表示自己的大度，他不仅没有听从正确的意见，还让邴元真去守兴洛仓。

不过，这一切都不重要。毕竟李密还有三十多万的军队，还有大量的粮食，还有广大的地盘，还有一大帮身经百战、所向披靡的战将。

而王世充有什么呢？只有一座摇摇欲坠的孤城和士气低落的两万士兵。

当年王世充坐拥十几万精锐之师都打不过李密，这两万人又算得了什么呢？

618年九月，李密见王世充已经掌控了洛阳，便率军退回了金墉城，准备休养一段时间，再对洛阳发动最后的进攻。

但是，王世充已经等不及了。他清楚地知道，刚刚挑战过极限的李密，现在正是最虚的时候。只有拼死一战，也许还能够险胜。如果等李密恢复了元气，自己只有死路一条。

于是，王世充便主动放弃洛阳的坚城，挑选两万多名精锐将士和两千多匹战马，准备在野外和李密一决雌雄。

临行之前，他在洛水之滨祭祀了周公，还做了最后的全军总动员：最近周公给我托了三次梦，说如果我立刻讨伐李密，必立大功，不然大家全部要死于瘟疫之中。

这些话在现代人看起来就是瞎说的，但在当时却很有效。因为王世充手下的那群士兵，大部分都信奉鬼神之说。

所以，听老大这么一说，他们纷纷附和，强烈要求杀人辟邪。

王世充原本计划和邴元真里应外合，先拿下兴洛仓，补充给养后再回军攻打李密。

但是，当王世充率军到达偃师的时候，李密便急忙让王伯当驻守金墉城，自己则率领秦叔宝、程咬金、裴仁基、裴行俨、单雄信等一大批猛将奔赴偃师，阻止王世充继续东进。

到达偃师之后，李密将部队分成了两路：

第一路，由自己和秦叔宝、程咬金、裴行俨等人率领内军，以及刚归附的骁果军驻扎在北邙山上。

第二路，由单雄信带领瓦岗旧部驻扎在偃师城北。

和几个月前一样，两路大军呈掎角之势。如果王世充攻打一路，另一路就立刻从后面猛打王世充。

一切安顿完毕之后，李密召集各位将领开了个战前会议。

会上气氛融洽，各位将领踊跃发言，都想让李密采用自己的计策。因为，在所有人看来，这场战争注定是一场怎么打怎么赢的单方面屠杀。

裴仁基作为老资格，最先发言："王世充率领军队在外，洛阳必然空虚，我方可以分兵把守要道，不让王世充东进。另外再选三万精兵，进逼洛阳。王世充回军，我们则按兵不动；王世充往东，我们就攻打东都，让他疲于奔命，不久必被擒。"

这是一个非常不错的计划，以王世充的那点兵力，被这么一折腾，必然很快就会败亡。但是，李密却觉得，分兵把守要道，阻挡王世充不太好。

因为王世充的军队有三个不可阻挡：武器精良、决计深入我方、粮食不足。他们肯定一心寻求决战。

所以，他提出了一个自认为更好的计划：我方只要利用城池固守、保存力量，不出十天，王世充必败无疑。

透彻，这通分析实在是透彻，能以最小的损失，换取最大的收益。李密对战争局势的分析，明显高人一筹。

如果历史按此发展下去，王世充的脑袋估计没几天就要和宇文化及的一起被当球踢了。可是，就在这关键时刻，老天却给李密开了一个大大的玩笑。

刚刚投降过来的原骁果军将领陈智略、樊文超等人急于立功，大声嚷嚷着："兵法有云，'倍则战'，王世充兵力微不足道，又屡次战败，为何不和他死磕？况且，刚刚归附的兄弟们都想趁此良机建功立业，锐不可当，必定成功。"

两人这么一吆喝，其他骁果军也来了劲，全都喊着要主动出击。会场上一时间充满了浓烈的火药味。

三十六岁的李密激动了，打了这么多年仗，还没见兄弟们这么积极，他顿时也跟着血脉偾张。

但是，他没有注意到，此时会场角落里坐着的一个人，正在轻蔑地注视着这群狂傲的骁果军，而这个人就是统领瓦岗旧部的单雄信。

裴仁基见李密这么激动，赶紧上前苦苦相劝。但是，李密根本不听。

魏徵得知消息后大惊，也急忙跑到长史郑颋处，让他再劝劝李密："魏公虽然打了多次胜仗，但精兵骁将伤亡惨重，战士身心疲惫，此二者很难应敌。况且王世充已没粮食，志在死战，难与争锋。如果坚守不出，挫其锋锐，不出十天，王世充粮尽必退。到时候再追而击之，必能获胜。"

英雄所见略同，魏徵和李密当初的想法一模一样。但是，关键时刻，郑颋也跟着犯蠢，他把魏徵怼了一通，惹得魏徵拂袖而去。

不过，这些都不重要，此时的李密有几十万大军，只要稳扎稳打，何愁不胜。

可惜，接下来，李密又犯了一个极为愚蠢的错误，为表示对王世充的蔑视，营寨周围防御敌人的围墙，他竟然不设了，准备就这样迎接王世充的到来。

618年九月十日，双方最后一次决战正式打响。

王世充亮出了第一招，派遣几百名骑兵，去攻打单雄信的营寨。

一般情况下，这种小规模、试探性的进攻，李密根本不用管，只有几百人，单雄信完全能应付得过来。

但是，李密为了打击一下王世充的士气，竟然一下子派出程咬金、裴行俨等一大批猛将，率领几百人就去截击王世充。可惜，这一仗却打得十分窝囊，双方刚一接触，裴行俨就中了流箭，摔倒在地。

程咬金赶紧驰马救援，连杀数人，趁王世充军后退之机，抱起裴行俨，二人同骑一马就往回奔。

不料，王世充追兵的速度更快，一杆长槊刺了过来，正好刺穿了程咬金的大腿，顿时鲜血直流，惨不忍睹。这时候，骇人听闻的一幕发生了，程咬金一个转身，双手握住了刺进自己身体的长槊，猛地一用力，就将长槊硬生生折断了。

紧接着，他又强忍伤痛，调转马头，连续斩杀了数名追兵，这才回马逃回了军营。虽然两人侥幸逃脱，但是，和他们一起出战的十几个猛将都受了重伤，李密内军顿时元气大伤。

可是，李密却没有把这场败仗放在心上。胜败乃兵家常事，他坐拥几十万大军，只是重伤了十几位猛将而已。百战百胜的自己还在，骁勇果毅的骁果军还在，王世充又何足道哉？

此时，王世充虽然首战告捷，但是，他的内心却异常忐忑不安。他知道，李密还有几十万大军，实力仍然碾压自己。而他王世充只有两万人马，再也容不得任何失败。接下来的决战才是关键，如果他失败了，将被碎尸万段、永远不能翻身。

所以，他必须获胜，为了活下去，哪怕以命相搏。

九月十二日清晨，秋风凉爽。但是，王世充顾不得欣赏秋天的美景。天刚刚放亮，他便把两万死士集结起来，再次发布了全军总动员的号令：

今日之战，生死之分，在此一举。

声音粗犷嘹亮，震慑人心。随后，他骑上战马，披上铠甲，带上所有人马，朝着李密几十万人的大营，杀了过去。

李密见到王世充这点人马还敢来战，便大怒不已，立刻亲自率领主力，出寨迎战。

还没等李密列阵完毕，王世充就抓住战机，对魏军发起了最后的冲锋。不过，李密不愧为一等一的猛将，并没有被这出其不意的冲锋所冲垮，迅速组织起了反击。

一时间，邙山之麓，硝烟弥漫，人们的厮杀声，战马的嘶鸣声，震彻天地。由于王世充这一次志在必得，加上李密内军之前损失惨重，所以双方从早上打到了下午，形势胶着，谁也没有占到上风。

正当双方打得激烈异常、难舍难分之时，王世充终于放出了必杀技。他把事先找来的一个长得像李密的人捆了起来，牵到了双方阵前，让士兵们大喊："已经活捉李密。"

紧接着，王世充提前一天埋伏在邙山北的两百多骑兵也杀了出来。由于李密大意，没有在大营外设置围墙，所以，这两百多人很快就杀进了李密的大营，到处放火焚烧房屋。

前方"主帅"被擒，后方大营被烧，魏军一时间军心大乱，开始四散奔逃。但是，李密现在还有转败为胜的机会，这个机会就是一直未投入战场的单雄信的瓦岗旧部。

可惜啊，李密前段时间对瓦岗旧部的冷落和对骁果军的重视，早已让单雄信等人心灰意冷。他只想袖手旁观。

无奈之下，李密只好奋力死战，仅带一万多残兵败将杀出重围，向洛口仓（兴洛仓）逃去。

原来投降李密的骁果军以及单雄信见李密大败，竟然全部投降了王世充。

当晚，王世充便趁机包围了偃师，李密的长史郑颋正准备组织抵挡，但是万万没想到，已经有人在第一时间打开了城门。李密的心腹裴仁基、郑颋、祖君彦等人全部成了俘虏。

拿下偃师之后，王世充再接再厉，令人看守偃师，自己则带领精锐骑兵，追击李密准备痛打落水狗。

李密带着一万多人进入洛口城之后，才得知原来镇守洛口的邴元真也早已投降了王世充。

一时间，众叛亲离，李密悲痛欲绝。但是，李密不愧是一位枭雄，他很快就冷静下来，又想到一条转败为胜的妙计。

他假装不知道邴元真已经投降，让人稳住了邴元真，紧接着，又命人在洛水处埋伏，等到王世充军队赶来，便半渡而击之。

这是李密转败为胜的唯一机会，如果此计成功，李唐能否顺利赢得天下，还未可知。

但是，此时真的是天亡李密。也不知道是什么原因，王世充率军渡河之时，李密派过去的哨兵竟然全都没有发现。等他准备出击之时，隋军已经全部成功渡河。

无奈之下，李密只好再次逃走，一直退到了虎牢关。

下一步该往哪去呢？李密举目四望，只有黎阳的徐世勣仍然在坚守。于是，他准备退到黎阳，再做打算。但是，有人劝他，当年杀翟让之时，徐世勣差点儿被杀，现在投奔过去，怎么会安全呢？

于是，李密又犹豫了。这时候他又得知王伯当已经退守到了河阳（今洛阳孟津）。于是，李密便率领一万多人，投奔了王伯当。

在这里，李密终于能够好好地休息一下了。然后，他痛定思痛，深刻总结失败的教训，并制订了一个可行性极高的计划。

二十六　悲哉李密，隋末最强枭雄终落幕

尽管三十万人被打得只剩下了两万多，尽管无数人在最关键的时刻背叛了自己，尽管两年的努力转瞬之间就化为了乌有，但是，李密并没有灰心丧气。

面对失落的部下，他很快就提出了一个可行性极高的战略计划：南守黄河，北守太行，东连黎阳，再取东都。

但是，李密的部下们却不这样认为。因为这一次李密输得实在是太惨了，一败涂地。

手下最能打的大将，裴仁基、裴行俨、秦叔宝、程知节、罗士信、单雄信等人，要么成了王世充的俘虏，要么临阵倒戈当了叛徒。

手下忠心耿耿的谋士要么提前死了，要么当俘虏后被杀了，比如护军柴孝和战死，左长史房彦藻被杀，第一任左司马杨德方战死，右司马郑德韬战死，第二任左司马郑颋被俘、随后被杀，记室祖君彦被俘、随后被杀（长史和司马相当于李密的宰相）。

放眼望去，李密虽仍有两万多人马，但是心腹只剩下了一个战将王伯当。

　　另外，这两万多将士，大部分都是翟让旧部和投降过来的骁果军。而很早就跟着李密起家的内军，经过宇文化及一战和这一战，所剩已寥寥无几。

　　所以，看似有两万多人马，大家却各怀鬼胎。于是，那些将领否定了李密的方案："众心危惧，人情不愿，难以成功。在河阳待下去，士兵们将四散而逃，望主公明鉴！"

　　李密惊呆了，他不敢相信自己的耳朵。胜负乃兵家常事，当年瓦岗寨只有一万多人，他用了不到两年，就让大军变成了三十多万。这一次他还有两万多人，而且还有那么多地方效忠自己，怎么就难以成功了呢？

　　他用恳求的目光看向王伯当，王伯当却看着他一言不发。他又扫视了一圈其他将领，那些将领却用愤怒的眼神看着他，完全没有了往日害怕的神情。

　　李密这才意识到，人心已经彻底地散了。自己不吝钱财，每次战胜所得，都分给这些人，可是危难时刻，竟然没有一个人愿意站出来力挺自己。看来，他们已经随时准备投奔新主了，也许，还会有人拿自己的脑袋去给新主当见面礼吧。

　　人心难测，人心难测啊，一股巨大的悲痛从李密的胸中喷薄而出。"孤所恃者众也，众既不愿，孤道穷矣！"说罢，他抽出长剑，就朝自己的脖子抹了过去。

　　幸好，在这紧要关头，王伯当一个箭步飞奔过去，夺下了李密手中的长剑，抱着他号啕大哭。按理说，这出号啕大哭的悲情戏上演之后，其他将领应该也被感动，然后听从李密的指挥，回头再战才对。

　　但是，那群刚归附的骁果军将领完全无动于衷。此时此刻，他们只想去一个地方——老家关中。李密，没人和你有什么交情，你就尽情哭吧，哭完之后西进关中就行，不然我们就杀了你。

　　看到除了王伯当之外，没有一个人有回心转意的迹象，李密终于明白了他们这群落井下石、趁火打劫的白眼狼的用意。思考良久之后，他不得不作出了一生中最错误的决定——奔赴关中，投奔李渊。

这只连战连捷了两年的猛虎，因为这一次大败，就在突然之间，主动钻进了铁笼之中。从此，他在江湖上留下的无数传说，都变成了一段又一段令人扼腕叹息的悲剧故事。

618年十月初，李密、王伯当和魏徵等一行两万多人，来到了长安。

可是，一到长安，李密就发现，自己完完全全走错了这一步。不是没有人对他忠心，而是他投降大唐太过心急了。

听说李密投降之后，他原来的手下大将李育德、刘德威、贾闰甫等人，随后便率领部下也归降了唐朝。

还有，他手下原有的大部分地盘，都没有向王世充投降，而是归附了徐世勣。后来，李渊派魏徵去招抚徐世勣时，徐世勣表示：这里的百姓和土地都是魏公的，我如果上表献百姓土地，则是利用主人的失败，当作自己的功劳求得富贵，我实在以此为耻。

然后，徐世勣便写了封书信让长史郭孝恪送往长安，交给了李密，再由李密将奉表呈给了李渊。

李渊对徐世勣的忠心大加赞叹，当即下令赐予徐世勣李姓，从此，徐世勣变成了李世勣。

李密看到还有这么多人对自己忠心耿耿之后，夜夜辗转难眠，悔恨交加。

更可气的是，李渊虽然赐给了他上柱国、邢国公的爵位，但是，只让他做了一个从三品的光禄卿，相当于大管家，负责掌管皇宫的帐幕器物、百官朝会的膳食等。

唐朝的大臣们很会见风使舵，看到李密不受待见，有的跟着歧视李密，有的则干脆直接向他索要贿赂，搞得李密非常郁闷。

最让他不能忍受的是，作为光禄卿，每次李渊大宴群臣时，他还要向李渊进奉食物。

曾经的枭雄，竟然成了看守器物的门岗；曾经的王者，竟然成了煮饭烧菜的大厨。

每次宴会之后，李密都仰天长叹，悔不当初。王伯当看到主公如此被人欺侮，也是愤恨难当。一个多月之后，两人的心中，终于又一次燃起了熊熊的烈火。

大丈夫生于乱世，当带三尺剑立不世之功，岂能郁郁久居人下。

于是，李密便开始向当年的刘备学习，去忽悠李渊。小弟我在大唐只吃饭不办事，影响很不好。现在正好山东各地不愿归附王世充，老哥可以派我过去招抚他们，他们都是小弟的老部下，肯定会听我的话归附大唐。

没想到，李渊竟然和当年的曹操一样，很爽快地就同意了。

而且，随后的剧情还和《三国演义》一模一样，李渊手下的大批谋士，开始劝谏李渊，这是放虎归山。但李渊却认为，这是鹬蚌相争，他可以坐收渔利。

另外，李渊还让李密的心腹贾闰甫跟随李密一起出征。临行之前，李渊还让李密和贾闰甫同登御榻，喝酒盟誓："大丈夫一言千金，有人执意不让弟行，朕推赤心于弟，非他人所能间也。"

不过，李渊也留了一个后手，只让李密带走一万原部下，剩下的一万人留在了华山。

尽管如此，李密还是得意地笑了。一万人已经足够了，凭借他的威望和才智，只要到了山东，必然一呼百应，所向披靡。

《三国演义》中描写刘备逃离曹操时的心情为："撞破铁笼逃虎豹，顿开金锁走蛟龙。"此时的李密，想必也是如此。

只是，此时李密的运气远不如刘备。他所带走的一万人里，刚好就出现了一个叛徒——长史张宝德。

此人深知李密不会屈于人下，必然反唐。但他已不愿跟随李密再受创业漂泊之苦。于是，他迅速给李渊上了一封密折，言辞恳切地表示：

李密好比刘备，是天下英杰，王世充只是袁术，如跳梁小丑。让刘备去打袁术，也许可以坐收渔利，但也是放虎归山，必将为自己制造一个强大的对手。

李渊和当年的曹操一样，放掉李密之后，就有点后悔了。看到这封密折，顿时意识到了问题的严重性。搞不好，要成曹操第二啊。于是，他赶紧下诏，让李密单骑入朝，另有他用。

收到诏书之后，李密大惊，意识到阴谋已经败露，回去只能是死路一条。于是，他决定杀掉使者占领桃林县（今河南灵宝），然后北渡黄河直奔黎阳。

但是，他的心腹贾闰甫却提出了反对意见，劝说李密先顺从李渊，再想办法逃往山东。

听到贾闰甫的这番言论，李密又想起了一个多月前，在河阳时，那些将领让他投降唐朝的情景。如此关键的时刻，怎么还有人让他去投降？于是，他悲从中来，伤心不已："你可是我的心腹啊，怎么能够说出这种话？"

但是贾闰甫明显已经被李渊收买，不但不支持李密，还以"主上待明公甚厚"为由，据理力争。最后惹得李密提起大刀就向他砍了过去。

不过，王伯当又站了出来，替贾闰甫求情，李密这才饶了他一命。随后，贾闰甫连夜逃往熊州（今河南洛阳宜阳县），向唐朝熊州行军总管盛彦师汇报了李密反叛之事。

贾闰甫走后，李密意识到事情紧急，立刻挑选了几十位勇士，打扮成女人模样，将兵器藏在裙子下面，火速赶往了桃林县。

他们诈称受皇帝之命，准备回京，要将妻妾安排进县衙。县令没有丝毫怀疑，便将李密等人放了进去。一通厮杀之后，李密顺利占领了县城，抢夺了不少物资和人口，又一路向东狂奔而去。

因为贾闰甫已经告密，李密不敢再逃往黎阳，只好声东击西：一面对外四散谣言称自己要去黎阳，一面偷偷派人去襄阳，让旧部张善相出兵接应。

可惜，这个把戏没有逃过唐朝熊州行军总管盛彦师的眼睛。他料定李密必然要逃往襄阳，便在李密的必经之地埋伏下数千精兵。

619年一月二十日，李密果然出现在了山谷之中。盛彦师一声令下，万箭齐发，李密、王伯当等人当场战死。

李密死后，他的尸首被送回了长安。李渊又派使者将李密的尸首送到了黎阳。李世勣率军面朝北向，对着李密的尸体行君臣之礼，叩头三次，号啕大哭。一时间，三军之内，声泪俱下，感人至深。

随后李世勣便将李密安葬在了黎阳山南。1974年，李密墓被发现，墓碑之上，刻有魏徵为其撰写的评价极高的墓志铭，其中有几句为："公体质贞明，机神警悟……轻一夫之勇，学万人之敌。至于三令五申之法，七纵七擒之功，出天入地之奇，拔帜拥沙之策，莫不动如神化，应变无穷……"

濮州刺史杜才干，原是李密旧将，听闻李密之死，痛心不已。于是率人到滑州，设计砍下了邴元真的头颅，带到李密的坟墓前祭奠后，归顺了唐朝。

秦叔宝、程咬金、罗士信等人，虽被王世充所俘，但因不耻王世充的奸诈，也于619年归降了唐朝，被李世民纳入麾下。裴仁基、裴行俨父子，则想设计杀掉王世充，但事情败露，最后被王世充所杀。

一代英豪，就这样结束了他极其灿烂而短暂的一生，年仅三十七岁。

从李密身上，我们可以看到一个"创业者"的艰辛。

他出身高贵，辽东李氏四世三公，曾祖为西魏八柱国之一，父亲为隋朝上柱国。

他天资聪颖，从小牛角挂书，被当朝宰相、天下第一名将杨素格外赏识。

他雄心壮志，从不甘于人下，以拯救天下为己任，第一个举起了反隋的大旗。

他坚强不屈，屡次死里逃生，两年时间，辗转逃命三千里，全家被杀，在最落魄的时候，也能写下"樊哙市井徒，萧何刀笔吏"的霸气诗句。

他有勇有谋，凭一己之力，打败了隋朝的几十万精锐。

但是这样一个英雄人物却在突然之间就失败了，不得不让人扼腕叹息，感叹创业的艰辛和命运的不公。

前事不忘，后事之师，在叹息的同时，思考他这一生，我们可以把他的失败归结为四点：

第一，战略上有误。

杨玄感造反时，李密曾给他提出过上、中、下三个策略。

上策，借刀杀人、关门打狗，出兵东北临渝关（今山海关），断杨广后路，让其在关外自生自灭。

中策，经城勿攻，西入长安，掩其无备，控制关中，抚慰百姓，再图东进。

下策，随近逐便、围攻洛阳，但洛阳城池坚固，各地援军必到，胜负殊未可知。

可是等到李密自己起义时，却仍然选择了下策，实在是糊涂啊，结果也正如他当年所料：各地援军一到，胜负殊未可知。

他打败了荥阳本地的守军，但是，纵横山东五年、所向披靡的张须陀来了。

他打败了猛将张须陀，洛阳城里的二十万守军来了。

他打败了洛阳城的二十万守军，关中支援东都的精兵又来了。

他打败了关中的援军，王世充带领的江淮精锐又来了。

他打败了王世充的江淮精锐，宇文化及的十万骁果军又来了。

他一个人，几乎牵制住了整个隋朝的精锐，不仅让自己的实力严重受挫，而且也"资助"了敌人——李渊顺利入关，窦建德在河北坐大，萧铣、杜伏威、林士弘在南方称雄。

可是，这一切又能怪谁呢？

中国有两块乱世宝地：关中与河北。西汉兴起于关中，东汉兴起于河北。这两块地，无论拿下哪一块，都有统一天下的可能。

而在洛阳创业，简直就是地狱模式。因为洛阳属于四战之地，根本就不是成就王霸之业的地方。你即使赢了一次又一次，又能怎样呢？

到最后，就算你打下了洛阳，又能怎么办呢？河北的窦建德，关中的李渊，南方的杜伏威、萧铣等军阀，逐鹿中原之时，哪一个能饶了你李密？

所以，李密的失败根源就在于战略上的错误。至于什么手下人都是山东人，不愿跟着去关中，完全就是无稽之谈。刘邦当年怎么就能带着一群江苏人，跑到了关中？刘备当年怎么就能带着一帮荆州人跑到了益州？甚至西汉末的赤眉军，怎么就能带着一帮山东人跑到了关中？

就算这些人不愿去关中，又有何妨？柴孝和仅带了十几个人，往西走了一百多里，便发展到了一万多人。你李密怎么可能连这也做不到？

关中有你四世三公所积累下的宗族、亲戚、人脉，这些如此重要的资源，不加利用岂不可惜？

就算不打关中，学习当年的刘秀，打河北也行啊。

616年末，窦建德被杨义臣打得只剩下几百人，正躲在小县城里不敢出来。李密到河北岂不一呼百应？即使617年窦建德称了王，但那只是草台班子，凭李密的实力，打败窦建德完全不在话下。

再次一点，打山东也行。王薄、孟让那些人怎么可能是李密的对手。无论怎样，对李密来说，最好的方法就是先打下一片根据地，先有一个稳固的大后方，再逐鹿中原。

可惜的是，李密一步错，步步错。因为没有一块稳固的根据地，导致自己两年之内南征北战，没有片刻停歇。因为没有一块稳固的根据地，导致自己大败一次，几十万人便烟消云散。

第二，识人用人上有误。

很多人说，李密的失败，起源于杀翟让。但其实李密在用人识人上的错误，远远不止于此。

当初，翟让提出分手后，又回过头来找李密，李密就应该将所有部队改编，把十二卫的将军大部分换成自己人，少部分位置留给翟让的人，变相架空翟让。假若如此，怎么会有后来的悲剧？

像邴元真这种劝自己和王世充换粮食的人，怎么能用？王世充本来就没粮食了，要投降，说让你用布料换粮食，你就换，这不是缺心眼吗？

还有单雄信，作为翟让的老部下，"轻于去就"，怎么能用？后来，李世民杀单雄信，不就是出于这个原因吗？

可惜啊，对心腹的劝告李密都没有听取，相反还给予这两个人重任，这岂不是自断后路？

李密死后，他手下的魏徵、秦叔宝、程咬金、徐世勣、张亮、罗士信、王君廓都得到了李世民的重用，其中前五位还位列"凌烟阁二十四功臣"。不能不说，李密手下不是没人，而是他不会用人啊。

第三，永不服输的精神不足。

在和王世充最后一战中，李密只不过丢掉了洛口、偃师、金墉等洛阳附近几个城池而已，还有大片的土地没有丢掉，手下士兵还有两万多人。

虽然这两万多人各怀鬼胎，但是，大浪淘沙岂不更好。当年刘邦被项羽打得全军覆没，刘秀在河北被打得满地找牙，刘备更是被打得全国乱窜。哪一个成就大事之人，没有经历过至暗时刻？

王世充被你打得只剩下两万多人，龟缩在洛阳一座孤城，还能反败为胜。你又为何不可？

如果手下将领觉得不能再打洛阳，李密还完全可以学习刘邦夺韩信兵权的手段，带着几名亲信，悄悄抵达黎阳，趁机夺了徐世勣的兵权，然后回头再战。

或者一路往东，绝对能够轻轻松松打败孟海公那些人，先在如今的山东站稳脚跟，之后再西进洛阳，也必然一呼百应。

后路如此之多，哪一条都胜过寄人篱下百倍。程昱当年曾劝说被打得只剩下三座城池的曹操："将军有龙虎之威，怎么可以像韩信、彭越他们那样臣服于他人？"

李密的情况不知比曹操当年的三座城池、万余士兵要好多少倍。可是，他竟然认了怂，投奔了关中。难怪后世不断有人为之叹息："李密尚有山东旧地，虽败于隋非穷无所归者，且有徐勣代为之守，而其麾下王伯当、魏徵之流皆人杰也，何遽降唐？"

第四，运气不好。

凡大福之人，必有大运。

"运气比能力重要"，虽然这话很俗，但是，在经历过人生的起起伏伏之后，人们不得不承认：谋事在人，成事在天，不可强也。

柴孝和率领十余人，向关中进发，一路不断有人望风而降时，李密却中了流箭，导致大好前景功亏一篑。不得不说这是运气不好。

后来，在和王世充的最后一次决战中，李密虽然大败，但是在洛口仓半渡而击的计划如果成功，也必然改写历史。可惜，放哨的士兵竟然没发现王世充渡河。不得不说这是天命。

大败之后，退守河阳，李密手下还有两万将士，却无一人像程昱劝曹操一样，让他再坚持一下，而是纷纷劝李密投降唐朝。不得不说这是定数。

投降之后，李密设计从长安逃脱，到三门峡时，一边宣传要往北去找徐世勋，一边偷偷向南去襄阳投奔老部下张善相。此声东击西之计，不可谓不高明。但是，被大唐熊州行军总管盛彦师看透了李密的计谋，在李密的必经之路上埋下伏兵，最后将李密杀害。这又不能不说是运气不好。

有以上四点不足，李密兵败身亡，实在是在所难免。

李世民曾评价曹操是"一将之智有余，万乘之才不足"，李密虽不及曹操，但观其前期战绩，又岂非如此？

二十七　一战擒双王，李世民平定山东（一）

屡败屡战的王世充在最后一战中，凭两万兵力，打败了李密的几十万军队之后，声望空前高涨。

他不仅继承了李密的大部分势力范围（一部分跟着徐世勣归降了唐朝），还收罗了大量李密手下的人才，如裴仁基、秦叔宝、程咬金、罗士信、单雄信等名臣大将。

按照正常人的思维，这时候肯定应该"挟天子以令诸侯"，对外招降尚忠于隋朝的力量，对内扩张自己的势力，等待时机成熟再篡位称帝。但是，王世充的战斗力可以，政治水平却犹如小学生。这么好的局势，他不学曹操，却干起了比当年董卓还缺德的事。

618年十月，他打败了李密，619年四月，他就篡了隋室，建立了郑国，自立为帝。

更令人无语的是，当上皇帝之后，他仅干了几天正经事，在皇宫门口摆了两张桌子，表示要露天办公、广听民意。但是，几天之后，他就坐不住了，拍拍屁股，转身便到后宫玩乐去了。

不到一个月的时间，群臣就看清了他的真面目。当年五月，裴仁基、裴行俨父子和尚书左丞宇文儒童等几十个人准备杀掉王世充，再拥立杨侗为帝，可惜最后一刻事情泄露，这些人全部被灭了三族。

随后，王世充便借机鸩杀了杨侗。此举引起了罗士信、秦叔宝、程咬金等一批名臣武将的强烈不满，他们带着自己的军队，往西投奔了大唐。

王世充知道后大怒不已，开始实施"恐怖主义"统治。将领出征，家属必须扣在皇宫中。洛阳百姓，五家为一保，互相监督，谁家有人逃跑，其他人全部处死。

这一系列操作，虽然治服了洛阳城内的百姓，但也把王世充的名声彻底搞臭了。在这种背景下，各地分裂势力非常猖獗，不少人直接举起了大唐的旗帜，例如前段时间李密要前往投奔的襄阳张善相。

王世充亲率大军多次与张善相互殴，但是他不断地向大唐求救，一直到城中粮尽，都坚决不降。最后关头，他还说出了惊天地泣鬼神的豪言壮语："死当斩吾头以归世充。"不过，大唐的援军一直没到，城破之后，张善相终被王世充所杀。

窦建德在得知王世充的各种劣行后，也和他绝交了，两人开撕了好一阵子。不过，王世充的战斗力真不是吹的，在内忧外患的情况下，经过一年多的努力，他竟然把势力范围扩大到了整个河南，实现了李密为之奋斗两年的梦想。

随后，王世充便开始积极备战备荒、招兵买马、修筑城池，等待着和李世民的八万唐军决一死战。

这场战争叫"一战擒双王"，所以，当王世充在洛阳瞎折腾的时候，我们也是时候看一下男三号窦建德这些年在忙些啥了。

616年，隋末名将杨义臣把河北三股势力较大的起义军平定之后，就开始在河北到处溜达，见鬼杀鬼，见佛杀佛。乱了五年的河北，在短短半年内竟然基本被平定了。

窦建德被杨义臣打得只剩下一百多人，逃到了饶阳县，龟缩着不敢露头。

如果不出意外，窦建德这辈子估计也就这样了，要么逃出河北，要么洗干净脖子等着杨义臣的大刀。可是，当一个王朝要灭亡的时候，朝中总会出奸臣，隋朝也不例外。

虞世南（初唐四大家之一）的哥哥虞世基害怕杨义臣功劳太大，以后会影响自己的地位，便向杨广进谗言：盗贼事小，不久将灭，手握重兵的杨义臣才是大患。

于是，杨广的疑心病又犯了，一道诏书便把杨义臣调到扬州，给了他一个礼部尚书的虚职。没过多久，杨义臣就被气死了。

杨义臣这么一走，原来被他打散的各路地方势力便出现了权力真空。窦建德趁机在饶阳县喊了几嗓子，没想到，一下子喊来了十几万人。

棺材板子就要被钉上的窦建德，就这样，一瞬间竟然又有了争雄的筹码。

所以说坚持才能看到希望，而不是看到了希望才去坚持。生命不息，奋斗不止，也许胜利就出现在失败过后的下一秒。

对于不愿坚持的人来说，这句话是鸡汤。但对于无数创业者来说，那就是切切实实的生活。如果李密能像窦建德这样，被打得只剩下一百多人也不投降，又何至于那么迅速地败亡？

窦建德重新崛起之后，表现出了极高的政治水准和治军能力。

对自己，他提前一千多年养成了科学的饮食习惯：多吃蔬菜，少吃肉，艰苦朴素，不长胖。

对家人，他严格要求：老婆、小妾、侍女等十几个人，只能穿粗布衣服。绫罗绸缎是没有的，一天换一身衣服是不能的，衣帽间更是想都别想。

对士兵，他却格外关爱。每次打了胜仗之后，把收缴的战利品全部分给手下（李密、王世充都这样，这种举动可能是名将的标配）。

对敌人，他异常豁达大度，和当年的苻坚有一比。无论是抓到隋朝官员，还是唐朝高官，他都以礼相待，还经常委以重任。

例如，他带兵攻打河间郡时，郡丞王琮拼死抵抗了一年多，让他损失惨重。后来，因城中无粮加上隋炀帝被杀，王琮不得不举城投降。

面对这种顽固分子，必须被批斗的对象，窦建德却没有任何怪罪；相反，还率军后退三十里，置办酒席迎接他的到来。

酒席上，两人谈起隋亡之事，王琮痛哭流涕，窦建德也泪眼婆娑。有人提议："王琮不识时务，长期坚守，导致我军死伤惨重，必须给煮了，以儆效尤。"

但是窦建德却把这人大骂了一通，王琮是个忠臣，正需要提拔重用，怎么能杀害。他当场便任命王琮为瀛州（今河北河间）刺史，并下令："和王琮有仇的人，谁敢煽动人心，罪灭三族。"

在王琮的示范作用下，河北各地的隋朝官员纷纷归降，其中就包括唐高宗时的名将苏定方。

617年，窦建德自称长乐王，年号丁丑，设置机构，委任官吏。当年七月，杨广派薛世雄领军支援东都。但是，半路上被窦建德偷袭，大败而还，不久之后，薛世雄忧愤而死。他的两个儿子薛万均、薛万彻投奔了在幽州（今北京）造反的隋将罗艺。

618年，窦建德以乐寿（今河北沧州）为都城，建立夏国。随后，他又打败了另一路起义军魏刀儿、宋金刚，把宋金刚赶到刘武周那里给刘当妹夫去了，然后便有了宋金刚、刘武周在山西暴捶大唐的事。

619年，宇文化及被李密打败之后，跑到魏县（今河北邯郸）称帝。窦建德打着为隋炀帝报仇的旗号，设计斩杀了宇文化及，俘虏了数百名隋朝文武大臣、隋炀帝的几千名嫔妃和宫女，以及两万多骁果军。

窦建德极其友好地对待了这些战俘：

他以人臣之礼对待杨广的皇后萧皇后，追谥杨广为闵帝（比炀帝好听多了），封杨广的孙子杨政道为郧公。后来，他又派一千多人，把萧皇后送到了嫁到突厥的义成公主那里。

被俘虏的隋朝旧臣，愿意效力的，他都予以重任，如裴矩、虞世南（后位列秦王府十八学士、初唐四大家、凌烟阁二十四功臣）、欧阳询（初唐四大家之一）等人。不愿为他效力的，他则全部发放盘缠，派兵护送出境，如宇文士及和那个大滑头、未来的大唐宰相封德彝。

至于隋炀帝的几千名嫔妃和宫女，窦建德将她们全部遣散，让其各回各家、各见各妈去了。仅此一项，就秒杀无数枭雄了。

对两万多骁果军将士，窦建德也不勉强，想留下的就留下，不想留下的，爱去哪去哪。

这通操作，在历史上可以说是少有的。隋末唐初的精彩之处就在于，短短七年的时间里，中华大地上竟然出现了放在其他时代都极有可能一统天下的多名枭雄。但是，偏偏这些人消亡的速度比任何一个动乱时代都快。没办法，谁让他们遇到了一位天选之子。

在消化了这些隋朝的势力之后，窦建德又一路南下，对归顺大唐的李密旧部发动了猛烈的进攻。

619年十月，窦建德便把大唐在河北的势力清除了个干净，生擒了李神通（李渊的堂弟）、李盖（李世勣的父亲）、魏徵，以及同安公主（李渊的妹妹），至于其他刺史、总管更是数不胜数。

只有名将李世勣看大事不妙，带着数百名骑兵赶紧跑了。但是，刚跑不久，他又转身回去投降了窦建德，史书上说，他这是放心不下父亲的安危，但从他后来的行为看，好像并没有这个意思。

窦建德大喜过望，随即任命李世勣为左骁卫将军，仍镇守黎阳。

在窦建德的苦心经营下，短短两年时间，河北境内便达到了"境内无盗，商旅野宿"的盛世局面。至此，窦建德终于拥有了征讨天下的雄厚资本。

619年十月二十四日，窦建德将都城从乐寿迁到了紧挨河南的洺州（今河北邯郸市永年区），准备逐鹿中原。一切都是那么美好，像当年的光武帝刘秀一样平定天下，似乎并不是不可能实现的梦想。

但是，进入620年，窦建德的运气就开始急转直下，步步惊心。

第一件惊心的事来自刚刚投降的李世勣。

抓到大唐的高级战犯李神通、同安公主、魏徵、李盖等人后，窦建德一如既往地给了他们贵宾级待遇。面对李世勣的归降，他更是不计前嫌，给予其重任。但是李世勣转身就办了件狼心狗肺的缺德事。

他刚一投降，便和副手郭孝恪商量起怎么阴窦建德一下。

郭孝恪对李世勣的想法很不屑一顾，刚跳槽就阴新老板，这是小人才干的事，大人物做大事不能这样，而是应该先赢得新老板的信任，然后再趁其不备，狠狠地阴他一把。

看到副手比自己还阴损，李世勣觉得找到了知己，立刻按计行事。他俩先是偷袭了王世充，抢了不少宝贝，献给了窦建德，接着又攻打了新乡，捉住了王世充的手下大将刘黑闼（tà）。

看到两位新员工的业绩如此突出，窦建德笑得合不拢嘴，很快就将他们当成了心腹。哪知道，不久之后"心腹"就转变为"心腹大患"。

李世勣利用窦建德的信任，很快就给他设下了一个圈套：劝说窦建德攻打山东曹州（今定陶）和戴州（今成武县）的孟海公，然后在前线临阵倒戈，给窦建德致命一击，抢回自己的老爹。

但是，这个计划有一个巨大的漏洞，你怎么知道窦建德出征会带着你老爹？大将出征，家属扣押在后方，这几乎是历朝历代的潜规则，凭什么窦建德要带上你爹？

所以，史书上说李世勣是为了抢他爹，才准备发动兵变，似乎值得商榷。

总之，窦建德被出卖了，还很高兴，当即便表示要亲征山东。于是，他先派岳父曹旦率五万兵马渡河，再派李世勣率兵三千与之会合，自己随后就到。

幸运的是，就在窦建德准备动身之时，上天帮了他一把，他老婆曹氏正好生了个孩子，耽误了几天行程。而就在这几天，李世勣的阴谋便败露了。

窦建德的岳父曹旦到达山东之后，露出了本性，带着人到处抢夺，搞得民怨沸腾。

当时有个将领叫李文相，是李世勣的结拜兄弟。他虽然归附了窦建德，但是对曹旦的行为却极其不满，便决定和李世勣一起发动兵变。

可是，兄弟俩在怎么执行的问题上，却发生了争执。李世勣想放长线、钓大鱼，等窦建德到了，再一锅端。李文相却认为夜长梦多，当断不断，必受其乱。结果两人谁也没有说服谁。

620年正月，李文相在没有通知李世勣的情况下，就开始单干了。也不知道这哥们咋想的，他没有直接去杀曹旦，而是设计把曹旦的三百多位手下引诱到船上杀了。

没想到的是，这三百多人中有高手，甚至有一个人不仅会给畜生看病，而且还是游泳健将，在关键时刻，他竟然钻到水里溜了回去。

曹旦大惊，立刻全军戒备，准备平叛。

李世勣一看大事不妙，又一次扔下所有军队，撒丫子跑到了长安（以后他还会扔下全军，再跑一次）。

做下这等事情，按说，李世勣的父亲注定要被杀害。但是窦建德又一次宽宏大量，认为李世勣是唐朝的臣子，被自己俘虏，不忘本朝，是忠臣，然后就把李盖赦免了。

虽然最后李文相被灭了，但是，窦建德进攻山东的计划也泡汤了，为后来虎牢关之战的失败埋下了伏笔。

第二件惊心的事是进攻罗艺再三受挫。

我们之前讲过，罗艺是原隋朝官员，后来杀了老大，自己当了老大，一直盘踞在幽州附近。

紧挨着幽州东边的是高开道的地盘，高开道原本是格谦的手下，格谦被杨义臣杀死之后，高开道就带着手下的兄弟们，跑到了渔阳（今天津）附近，自称燕王。

这两人一直是窦建德的心腹大患，窦建德想南下争霸中原，总要防着这两位在后方偷袭，异常痛苦。

618年，窦建德曾率十万大军，去打过一次罗艺，双方僵持了一百多天，最后窦建德中了薛万均、薛万彻两兄弟的埋伏，大败亏输。薛家总算报了前一年的"杀父"大仇。

窦建德见硬的不行，便想来软的。619年，又派人去招降。但是，罗艺压根就看不起窦建德这种泥腿子出身的人，他直接投降了远在关中、正被宋金刚痛扁的唐朝。不好意思，那个时代是要看出身的，窦建德你出身太低，我就是瞧不上你。

随后，李渊又放出了赐姓的大招，给罗艺赐了李姓，从此，罗艺就变成了李艺。

窦建德大怒不已，自己锅里的鸭子被别人端走了。于是，620年五月，窦建德又派手下大将高士兴去攻打李艺，结果再次被李艺打得大败亏输，斩首五千余人。

更糟糕的是，在这次大战中，窦建德的大将军王伏宝被人诬陷谋反，窦建德信以为真，将他杀了，寒了一众将士的心。

620年七月一日，李世民开始和王世充互殴的时候，李渊又玩起了远交近攻的策略，派人去跟窦建德说："咱们是异父异母还异姓的亲兄弟，现在兄弟我要打王世充了，您可不要管哦，等我打完了，咱俩分了他的土地。"

窦建德很高兴地同意了，为了表示真诚，还把前一年俘虏的李神通、同安公主送了回去。他为什么这么干？主要有两个原因：

坐山观虎斗，等到唐、郑两国打得差不多的时候，再下山摘桃子。

后院依旧不稳，他想利用这个时间差，灭了北边的李艺。

与大唐和好之后，窦建德便率军又去打了李艺两次。

620年十月初（此时李世民与王世充已经打了三个月），窦建德率十万大军，声势浩大地向李艺杀了过去。

李艺见窦建德要来拼命，自知情况危急，便急忙向邻居高开道求助。高开道完全明白唇亡齿寒的道理，立刻派兵救援。而且，高开道还在620年十月十九日归降了大唐，同样被赐了李姓，封为北平郡王。

窦建德听说之后，大怒不已，后院的敌人不但越打越多，竟然还都投降了唐朝。于是，他转身集结了二十万人去攻打幽州。可是，没过几天，又被薛万均、薛万彻兄弟率领的数百敢死队从后方偷袭，再次大败而逃。虽然，他在之后又给李艺来了一次反击，但终究还是一无所获。

由此可见，窦建德的打仗水平的确比较一般。这么多年了，连一个幽州城也没有攻下。几十万大军，却被薛家两兄弟一次次暴捶。难怪后来在虎牢关之战时，李世民会说："贼起山东，未尝见过大敌。"

不过，两次大败之后，窦建德并没有灰心，他准备重整人马，再攻打幽州。但是，正在此时，王世充的求援信却发了过来：大哥，救命，老弟撑不住了！

二十八　一战擒双王，李世民平定山东（二）

王世充之所以给屡战屡败的窦建德发求救信，是因为在过去的三个月中，他已经被李世民打得只剩下一座洛阳城。

620年七月一日，距离大败刘武周和宋金刚才一个多月，李世民便马不停蹄地率领"凌烟阁二十四功臣"中的十二位（长孙无忌、房玄龄、杜如晦、萧瑀、屈突通、尉迟敬德、殷开山、柴绍、段志玄、程咬金、李世勣、秦叔宝）以及大滑头封德彝、王君廓、罗士信等文武大臣和八万大军，杀向了洛阳。

得到战报之后，王世充急忙在各州县招募精兵强将，向洛阳集结。同时，他任命他的兄弟子侄为四镇将军，驻守洛阳四周的战略要地，严阵以待。

七月二十一日，李世民率军进抵新安县，一战擒双王的大战由此拉开了序幕。

此时的李世民年仅二十一岁。在过去的三年里，他屡次以少胜多，连续打败了宋老生，拿下了长安城，降服了薛仁杲，团灭了宋金刚和刘武周，战必胜，攻必取。毫无疑问，他的战术已经可以匹敌孙吴，他的战绩已经可以彪炳千秋。

而如今他又有猛将千员，谋士如云，精兵数万。他相信，凭自己的实力，绝对能够轻而易举地打败那个屡战屡败、损兵折将十几万的王世充。所以，这一次他不想再固守疲敌、坚壁清野了，虽然这样效率很高，但是太过于单调乏味了。

他喜欢战场上的厮杀，金戈铁马的轰鸣，血雨腥风的味道，以及带头冲锋的快感。他要像狼一样不断冲锋在前，不断撕咬猎物。

所以，在七月二十六日，李世民便主动出击，令罗士信为前锋，率军围攻洛阳的最后一道门户慈涧镇。

可是，在王世充看来，李世民只是一个年轻气盛的小孩。虽然在过去的三年里，李世民有傲人的战绩，但他所打败的，只不过是一群宵小之辈。薛仁杲、宋金刚之流，根本不能和连败四十万隋军精锐的李密相提并论。

而他王世充，却以区区两万之众打败了李密的三十万精锐，他才是这个时代的王者。所以，面对李世民的咄咄逼人，王世充便立刻决定，亲率三万大军支援慈涧，给这个不知天高地厚的小子一点儿颜色瞧瞧。

双方都意气风发，双方都志在必得。所以，这场战争注定要比以往的任何一场战争勇猛得多，精彩得多，惨烈得多。而在后世人的眼里，这完全不像一场战争，更像是李世民的五场"战狼真人秀"。

第一场"战狼真人秀"

七月二十八日，李世民看到王世充亲率三万大军而来后，急忙赶到了前线准备和王世充对战。一时间，小小的慈涧镇乌云密布、重兵云集，一场恶战似乎不可避免。

可是，就在双方准备开打之前，一场意外的出现，差一点儿让李世民丢了性命。

李世民到达前线后，第一时间便带领几百名轻骑兵到一线侦察敌情。但是，王世充正好也带了几千名精锐前来观察他，两人就那么对上了。

几千打几百，王世充得意地笑了，没想到老天对自己如此厚爱，还没开打，就遇到了这么个千载难逢的机会。他相信，只要拿下李世民，这场战争便会以史无前例的速度获得胜利。

于是，他立刻亲自率军朝李世民冲了过去。李世民充分展现出自己扎实的数学功底，看到对方的人数，便立刻全军总动员——跑，而且得快跑。

但是，由于道路险阻，加上不熟悉地形，唐军竟然跑到了一个绝地。王世充见状，立刻派出了两支骑兵，左右包抄，将李世民团团围了起来。

面对绝境，李世民不愧为天选之子，他立刻摆出了"战狼"的拼命架势，调转马头，带着手下几百号人，向王世充的追军冲了过去。只见他一边骑马一边弯弓搭箭，嗖嗖两箭，冲在最前面的两名敌军应声而倒。

王世充军顿时有些措手不及，李世民趁机率军冲进敌军，一通混战之后，终于冲出重围，还顺便俘获了王世充的左建威将军燕琪。旗开得胜，唐军士气大振。

不过，王世充也不愧为百战名将，在经过短暂的惊慌之后，很快就又组织起了力量，再次将李世民包围了起来。眼看敌人的包围圈越来越小，李世民情急之下，大喊一声，又一次带着弟兄们向敌军冲了过去。

可是这一次，完全出乎李世民的意料。王世充看到他故伎重施，顿时怒火中烧，竟然也不顾生死，带头对唐军发起了反冲锋。主帅冲锋在前，郑军士气也高涨起来。双方对冲了几个回合之后，李世民竟然没有占到一点上风。相反，他手下的大将段志玄还被王世充生擒了。

顿时，一股恐怖的气息笼罩在了唐军士兵的心头。王世充大喜过望，准备重新整理好队形，给李世民最后一击。

但是，就在这危急关头，段志玄也玩了一把"战狼"，只见他看准空隙，腾身而起，迅速夺过一匹战马，就向唐军奔了过去。由于事发突然，郑军竟然看得目瞪口呆，没有人敢上前阻拦。

新一匹"战狼"的突然出现，让刚刚垂头丧气的唐军再次士气大振，不顾一切地向郑军杀了过去。不过，王世充也不是窝囊废，他二话不说，拿起砍刀又一次玩起了对冲。

双方就这样你来我往，谁也不愿服输，一直混战到了傍晚。李世民终于在精疲力尽之后，再一次成功突围。

可是，当这群死里逃生的唐军到达自家军营的时候，守营的士兵竟然将他们围了起来。难道军营已被敌军攻克？所有人都陷入了惊恐之中。

就在大家疑惑万分的时候，李世民鼓起勇气对着这群人大喊："我是秦王李世民，快快放行！"

但是，对方却无动于衷，还抛出了一个谁都无法回答的哲学问题："你怎么证明你是你？"

李世民顿时怒了，没想到自己的军营，竟然还搞起了这一套。于是，他扬起了马鞭就准备抽人，可是很快他就发现自己错了。原来，这一仗打得太过惨烈，此时，他们的脸上、衣服上、马身上全都裹满了血汗、灰尘混合在一起的泥浆。

于是，李世民只好一声苦笑，翻身下马，擦去脸上的尘土，脱去身上的盔甲，来证明了自己，守卫这才恐慌不安地赶紧给李世民放行。

死里逃生的李世民，终于意识到对面的王世充绝非等闲之辈。所以，在休息了一夜之后，第二天一大早，便率五万大军向慈涧冲了过去。

昨日一战，也让王世充看到了李世民的强大，这个人只会比李密更难对付。于是，他选择了战略收缩，主动率军撤回了洛阳城，准备利用坚固的城墙，学习李世民，玩一套固守疲敌的把戏。

不过，李世民很快就看穿了王世充的战略意图，你要固守疲敌，我就把你围起来饿死。

所以，拿下慈涧镇之后，李世民并没有选择立刻攻城，而是决定再次实施农村包围城市的策略，兵分五路，将洛阳城团团围住：

第一路，李世民亲率主力，驻扎在北邙，连营扎寨，逼迫洛阳。

第二路，行军总管史万宝据守洛阳南边的龙门。

第三路，将军刘德威从太行向东包围洛阳北边的河内。

第四路，右武卫大将军王君廓到东边的洛口切断王世充的粮道。

第五路，黄君汉从河阴攻打洛阳东北的回洛城。

这一招真的是一击毙命，因为王世充的手下竟然没有一个能打的，全都被唐军小分队打得大败亏输。尤其是他的粮道，竟然被王君廓屡次截断，洛阳城内很快就陷入饥荒。

看到王世充已成瓮中之鳖之后，本来就不怎么服他的各方势力，开始纷纷望风而降。

八月八日，王世充的洧州（今河南开封尉氏县）长史张公瑾和刺史崔枢举城投降。

八月九日，邓州（今河南南阳）的豪门大族捉住了王世充任命的邓州刺史，举城投降。

九月十三日，王世充的显州（今河南驻马店）总管田瓒率领所属二十五州投降。

紧接着，王世充的尉州刺史时德睿率属下七州投降。

总之，不到两个月，唐军便以摧枯拉朽之势，迅速解决掉了王世充除洛阳之外的各地势力。

但是，就在外部节节胜利之时，唐军内部却出现一次危机。

原来从刘武周那边投降过来的将领寻相等人，趁李世民不在军营，竟然逃跑了。其他人见状，立刻把没有逃跑的尉迟敬德给抓了起来。

等李世民回到军营之后，陕东道行台左仆射屈突通、尚书殷开山立刻凑上前，劝李世民把尉迟敬德斩了。

二十一岁的李世民听完事情的来龙去脉后，大吃一惊，将他们狠狠地骂了一通："尉迟敬德如果真要背叛，怎么可能在寻相之后？"（二十一岁能有这种高见，真非常人能比啊）

然后，李世民急忙找到尉迟敬德，把他拉到了内室，将背叛的危险变成了收买人心的机会："大丈夫讲的就是意气相投，不要介意这些小事。我不会听信谗言杀害忠良，希望你也不要把这事放心上了。如果你一定要走，这箱黄金，你一定要收下，以示我对你的兄弟之情。"

看到李世民如此豪爽，如此信任自己，三十五岁的尉迟敬德，不由得感激涕零。士为知己者死，遇到年龄这么小，却又如此会拉拢人心的主公，他怎么可能会背叛。

从此之后，尉迟敬德对李世民更加忠心耿耿。而很快，老天就给了尉迟敬德一次报恩的机会。

第二场"战狼真人秀"

九月二十一日，洛阳城周围的敌人都被清除干净后，李世民终于准备攻城了。于是，他便率领五百玄甲骑兵巡视战场，准备找到一个最佳突破口。

不巧的是，这一幕刚好被城墙上的王世充看到了。于是，王世充又一次敏锐地抓住战机，急忙率领一万多骑兵从城中杀了出去，李世民一行再次被团团围住。

王世充手下大将单雄信看到李世民周围兵少，便心生一计。他悄悄溜到了唐军背后，准备表演一出万军之中取敌上将首级的大戏。只见他看准时机，快马加鞭、手执长矛向李世民的后背猛冲了过去。

李世民正密切地注视着前方，根本没有留意。

眼看单雄信的长矛距离李世民越来越近，一世勇猛的秦王马上就要命丧于此。尉迟敬德突然大喝一声，从斜刺里杀了出来，一个回合，便将单雄信挑落到马下。

军中最猛的大将突然受伤，王世充军顿时大惊失色。李世民看到有人偷袭自己，顿时怒从心中起，带着五百玄甲铁骑就对郑军来了一通反杀。没想到，这一万多人的郑军，竟然被五百玄甲军硬生生地撕开了一道口子。李世民与尉迟敬德等人顺利突围。

但是，刚刚跑到安全地带的李世民却觉得没有打过瘾，还没等郑军反应过来，他竟然又率领五百骑兵杀了回去，在郑军之中来回砍杀，犹入无人之境。

王世充顿时大为惊慌，赶紧组织大军反抗。但是，还没等郑军组织完毕，恰好，屈突通又带了大量唐军前来助战，对着郑军就是一通乱砍。

一战下来，郑军一千多人被杀，六千多人被俘，郑军大将军陈智略也被生擒。王世充仅带着两千多人逃回城中。

李世民大胜回营之后，对尉迟敬德大加赞赏："别人都说你要叛变，我却认为你是个忠臣，行善得福果然应验了。"随即，他便赏赐尉迟敬德整整一箱金银，搞得屈突通和殷开山相当没面子。

城外的唐军开心了，但是洛阳城内的军民却过得相当惨，由于粮道被截，他们只能天天吃土。是真的吃土。这种土叫作"观音土"。具体制作方法就是把土放到水里搅拌一下，过滤掉粗颗粒，把剩下的细土放到糠麸里做成饼。

洛阳人眼看着自己的兄弟姐妹因为吃这个，一个又一个地倒下，而下一个倒下的可能就是自己。

王世充虽然不是一个合格的皇帝，没有救济苍生的大爱，但是，他绝对是一个名副其实的大将。他明白，再让大家这么饿下去，不用唐军攻城，自己的脑袋恐怕就会被手下人砍了。

打，打不过，攻，又攻不出去，怎么办？于是，就有了这一回开头，王世充向窦建德求救的那一幕。

二十九　一战擒双王，李世民平定山东（三）

620年十月底，窦建德接到王世充的求援信之后，立刻召开了一个会议。在会上，各路将军、谋士踊跃发言，把如意算盘打得啪啪响：

第一，唐占据关中，郑占据河南，我们占据河北，这是三足鼎立、相互对峙的局势。

第二，唐强郑弱，王世充必败，唇亡齿寒，应该立刻援救王世充；

第三，如果打败唐军，还能乘机消灭王世充，然后再向西攻打长安，平定天下。

不过，这里面有个很大的漏洞——顾头不顾尾。救援王世充的时候，要是李艺南下怎么办？要知道，过去的几个月里，窦建德刚和李艺打过两次仗，而且还都被反杀了。现在南下救王世充，李艺不趁火打劫才怪。

所以，商量到最后，窦建德不得不将部队分为两个部分。一部分由大将高士兴率领，驻扎在笼火城（今北京西南二十五里），防止李艺南下。自己则率领十万大军浩浩荡荡地去了洛阳。

但是，窦建德这头雄狮刚刚溜达到门口，就遇到了虽本领不大，但是逮着谁都敢咬的平头哥——孟海公。

今天的山东曹县、成武县一带是孟海公的势力范围，此人613年就聚众起义，虽然规模一直都不大，但多多少少也有三四万人马。之前，徐世勣为窦建德设计的圈套，就是以打他为借口的。

孟海公这位平头哥，看见窦建德的十万之众，一点儿也没尿，龇牙咧嘴地就干上了。而且，这一干就是将近四个月的时间（从620年十一月到621年三月），直到被俘，才算是低头认输。

而正是这四个月，战场上的局势有了翻天覆地的变化，为之后唐军获胜打下了最为坚实的基础。

李世民利用这四个月，先是几次打败了王世充的袭击，然后又一次截断了王世充的粮草，导致洛阳城内大量出现人吃人的现象。原来杨侗迁到洛阳城内的三万户人家，只剩下了三千家，十分之九的人要么被活活饿死，要么跑出去投降了唐军。到最后，甚至连王世充的很多大臣，都饿死在了城中。

最为关键的是，洛阳东边的天险虎牢关也落入了唐军的手中。

虎牢关是洛阳东边的必经之地，它的两边是黄土高坡，只有中间一条小路可以通过，大有"一夫当关，万夫莫开"之势，为历代兵家必争之地。刘邦和项羽打架的那四年，刘邦为什么能扛住战神项羽？就是因为他刚开始就占据了这里的有利地势。

虎牢关本来掌握在王世充弟弟王行本的手中，如果王行本打开关门，让窦建德的大军蜂拥而过，洛阳以东将无险可守，唐军的形势必将急转直下。这个"一战擒双王"的经典之战，大概率就不会上演。

幸运的是，就在窦建德擒获孟海公的前一天，二月三十日，老天竟然把这份大礼送给了李世民。

镇守虎牢关的王世充大将之一沈悦，突然给唐军发来一封投降信，表示愿意作为内应，以助唐军攻取虎牢关。

李世民大喜过望，急忙让左卫将军王君廓，趁着夜色对虎牢关发起了猛烈的进攻，在内外夹击之下，虎牢关就这么落入了李世民之手。

窦建德在吃掉孟海公的几万人马之后，势力壮大起来，连续攻陷了管州（今河南郑州）、荥阳、阳翟（今河南许昌禹州）等县。

听说窦建德已率军前来，在城里忍饥挨饿了几个月的王世充又一次信心大振。他虽然输了无数次，但始终不肯相信，眼前这位年轻人真的比李密还要厉害。他更不愿意相信，自己一次也不能获胜，哪怕只是一次小胜。

所以，他准备借着士气振奋的时候，再一次寻找机会，最后殊死一搏。也许，他会像上一次打败李密一样，打败李世民。而这个让他有可能获胜的机会，很快就来了。

一天，李世民率领主力，准备从北邙移军至青城宫，王世充看到唐军的壁垒还没有建成，便决定抓住战机，率两万士兵倾巢而出，准备打唐军一个措手不及。他相信，只要攻到唐军壁垒之前，李世民必败无疑。

只是很可惜，李世民不是李密，他不但没有轻视这个被自己打败无数次的枭雄，还一眼就看透了王世充的小心思，立刻对左右大喊："贼子倾巢而出，只是想侥幸一战，今日如果痛揍贼子，日后他必不敢再战！"

随即，李世民便命令屈突通率领五千步兵，渡过谷水率先出击，自己则带领骑兵紧随其后。

一方要做最后的挣扎，另一方要把对方彻底打趴下，所以，这一战又是打得格外惨烈，双方激战多时，竟然不分胜负。如此打下去，唐军即便获胜也会损失惨重。

关键时刻，李世民的第三场**"战狼真人秀"**，又上演了。

第三场 "战狼真人秀"

只见他率领了几十名精锐骑兵，直插敌军营阵之中，准备像子弹一样穿透郑军营阵，一来可以寻找敌军的弱点，二来可以打乱敌方的阵脚。王世充急忙派人对李世民实行围追堵截。

李世民继续他的华丽表演，左右开弓，斩杀数十人。

可是，就在李世民最为得意的时候，前方突然出现了一道绵延数里的河堤。李世民只好紧急勒马，准备转身再战。哪知道，此刻已有数百名郑军围了上来，将李世民、丘行恭两人与其他几十名唐军骑兵硬生生地截成两半。

更糟糕的是，李世民的坐骑突然中箭倒地而亡，郑军一拥而上，正要结果李世民的性命。

正在这危急时刻，丘行恭调转马头，向着追来的郑军一通乱射，箭无虚发，连杀数人，追兵一时不敢向前。

借此机会，丘行恭立刻下马，将自己的坐骑让给了李世民。自己则在马前步行，手执长刀，一边乱喊乱叫，一边连杀数人。李世民坐在马上，也是杀红了眼，不断挥舞战刀，朝敌人头上猛砍过去。郑军见两人如此勇猛，再次迟迟不敢向前，眼睁睁地看着他们冲出了包围圈。

虽然没有杀掉李世民，但王世充并没有气馁，他继续率领部下殊死搏斗，郑军虽被唐军打散了几次，但王世充每次都能迅速地再集结，重新投入战斗。双方就这样，你来我往，一直从早上打到了中午。

最后，王世充实在抵挡不住李世民的猛烈攻势，只好率军撤退。李世民趁机掩杀，歼灭郑军七千多人，直逼洛阳城下。

紧接着，李世民便发布了总攻令。刚刚赢得大胜的唐军，如同潮水一般，带着愤怒，带着热血，从四面八方对洛阳城发动了猛烈的进攻。

然而，王世充虽然在野外和唐军打仗不行，但是防御措施却做得十分严密，城头上大炮万石齐发，弓弩万箭齐射，唐军昼夜不停地围攻了十几天，死伤惨重，仍寸步未进。一时间，唐军的士气极其低落。

而更为雪上加霜的是，三月下旬，窦建德终于率十三万大军（对外号称三十万），到达了虎牢关下。他立刻给刚刚攻城受挫的李世民写了一封恐吓信，要求唐军退回关中，返还郑地。

前有顽敌，后有强兵，历史终于到了最为关键的时刻，李世民立刻召集各位将领商议对策。

哪知道，会议刚开始，李世民最信任的萧瑀、刘弘基、屈突通、封德彝等重臣，竟然强烈要求暂时退守新安，等待时机再战。

他们的理由很充分，唐军经过几个月的奋战，已经疲惫不堪，洛阳城一时难以攻克，窦建德又连战皆捷，应该避其锋芒。

但是李世民显然很不满意，退守新安固然安全，但是过去几个月所夺下的州县怎么办？他完全有理由相信，那些望风而降的州县都是一群墙头草，只要大唐撤军，他们必然会再次倒向王世充那边。以后再战，恐怕就没有这么容易了。

而且，李世民也看出了萧瑀、刘弘基等人的私心，他们都属于关陇贵族，现在已经位高权重，可以荣华富贵一生，完全不必冒着生命危险再立战功。

可是李世民却不同，他如果不能打赢此战，下一个坐上皇位的人，必然是他的哥哥李建成，而自己以往拼死立下的战功，都将烟消云散。至于自己的性命，恐怕也只在哥哥的一念之间。

所以，李世民失望至极地将眼神转移到了另一群人身上——山东战将。他明白，这群人刚刚归附，必然急于立功，一定会有更好的策略。

而事实上，李世民只猜对了一半，第一个站出来主张继续作战的人，却是一个文弱的书生——薛收。

此人是房玄龄推荐给李世民的人才之一，时任秦王府记室，才高八斗，运筹帷幄，李世民认为他有宰相之才，只是很可惜，没等李世民当上皇帝，他便死了，年仅三十三岁。

第二个站出来的，才是山东战将郭孝恪，就是那个和李世勣刚刚投降窦建德，便要阴人家的家伙。

他们用近乎歇斯底里的声音喊道："王世充已穷途末路，窦建德前来送死，正是灭了他们的最好时机。大王只要一面分兵守洛阳，再亲率大军到虎牢关，以逸待劳，不出一月，两寇必破。"

那么多久经沙场的老将竟然临阵退缩，而一位弱不禁风的书生，竟然有如此决心，让李世民百感交集。是啊，退，何时才能平定天下？战，则可以一举扫平北方，立下不世之功，以命相搏，有何不可？

二十二岁的李世民终于下定了决心，他站了起来，用威严的目光扫视着在座的每一个人，厉声说道："一举两克，在此行矣。洛阳不破，决不回军，再有胆敢提班师者，一律斩首。"

很多时候，不是看到了希望才坚持，而是坚持了才会看到希望。一个人如果遇到一点儿困难，便裹足不前，即便周围都是希望，他也不敢舍身向前，奋力一搏。

相反，一个人只有在坚持中经历过痛苦、绝望、无奈等等至暗时刻，看到希望时，才会拼尽全力，哪怕牺牲性命，也在所不惜。

确定好策略之后，李世民将军队分成了两部分，一部分由齐王李元吉带领，继续围攻东都洛阳，自己则率领余下的三千五百玄甲铁骑，前往东边的虎牢关抵御窦建德。

三月二十五日，李世民一行进驻虎牢关。第二天一大早，他便亲率五百骁骑，出虎牢关东二十余里侦察敌情。

溜达到半路，李世民看见道路两侧正好有两座丘陵，于是，他突然萌生一计，让李世勣、程知节、秦叔宝分别带领一百多名骑兵埋伏在丘陵之上，自己则带着尉迟敬德等四人，向窦建德的营寨直奔过去。

纵马狂奔一段路之后，李世民突然看到了不远处的滚滚黄河，顿时豪情万丈，对着尉迟敬德喊出了那句壮志凌云的名言："吾执弓矢，公执槊相随，虽百万众若我何！"

在距离窦建德营寨一千多米的地方，这四个人终于碰上了窦建德的游骑兵。

于是，李世民的第四场"**战狼真人秀**"，又要上演了。

第四场"战狼真人秀"

李世民看到这些游骑兵之后，不仅没有跑，还和他们打起了招呼："老子乃秦王也。"

这些人看到有人骂自己，而且还只是四个人，顿时大怒，拍马就朝李世民冲了过去。李世民也没有动，就站在原地极其从容地弯弓、搭箭、射击，一箭下去，就射死了对方一将，其他人看懵了，再也不敢上前，赶忙让人回去叫来了五六千骑兵，准备群殴。

看到如此多的敌军汹涌而来，跟着李世民的其他几位骑兵顿时大惊失色。李世民却极为轻蔑地大笑："你们先走，我自与敬德殿后。"

说罢，战场上便出现了让人震惊的一幕。前面李世民和尉迟敬德两个人往回跑，后面五六千骑兵疯狂往前追。如果这五六千人一起拉弓射箭，朝着前方一通乱射，李世民等人肯定就变成了刺猬。但事实却是，李世民与尉迟敬德一边往回跑，一边转过身来弯弓、搭箭、射击，连续射杀了十几名窦军。

更惨的是，这些追军很快又钻进了李世民早已布置好的圈套，被李世勣、秦叔宝、程知节等人一通暴捶，留下了三百多个士兵和两员大将的尸体之后，才落荒而逃。

窦建德听说五六千人被几百人捶了，大怒不已。第二天，便亲率数万人马杀到了虎牢关，准备和李世民决一雌雄。

三十　一战擒双王，李世民平定山东（四）

当窦建德亲率数万人马，气势汹汹杀到虎牢关，准备报昨日之仇的时候，李世民却紧闭关门，又玩起了躲猫猫的游戏，无论对方怎么叫骂，人家就三个字——没听见。

窦建德在下面又是溜达，又是喊叫，等了半天也不见有人出来，更加生气了。他看到关口险峻、攻城无望，晚上连个可以休息的地方也没有，只好无奈地带着人回去了。数万大军就这么来了一次公款吃喝一日游。

在接下来的一个多月里，李世民继续发挥他的特长——坚守不出，消耗对方的斗志。当然，在此过程中，他也不会大眼瞪小眼地闲着，而是不断派出小股骑兵试探对手虚实，摸清楚对手的数量，以及各个部队的战斗力，并寻找机会切断对手的粮道。

在这一系列的操作之下，他很快就逮住了一次机会。

四月底，据探子来报，窦建德押送粮草的队伍戒备非常松散。李世民大喜过望，便让王君廓率领一千多名轻骑兵，劫了窦建德的大批粮草，还俘虏了其大将军张青特。

在关下憋屈了一个多月，还连输了两阵，窦建德十分郁闷。于是，他也召开了一次会议。第一谋士凌敬发挥了他野兽般的想象力，提出了一个脑回路特别大的"四步走"战略：

第一步，渡过黄河，攻取黄河以北的怀州（今河南焦作）、河阳（今河南洛阳孟津）。

第二步，翻越太行山，拿下上党。

第三步，通过豫北通道，进入河东，拿下蒲津。

第四步，进入关中，拿下长安，围魏救赵。

凌敬为什么会提出这么个战略呢？因为自古以来，从山东往关中打，相对好走一点儿的路只有三条：

第一条就是凌敬所说的豫北通道，从河阳通过太行八陉之一的轵关陉，进入山西侯马。但是，这条路上的轵关非常险峻。"轵者，车轴之端也。"轵关，就是只能过一辆车的关口。

第二条就是豫西通道，也叫作崤函道。这条路还分为南北两路。北路是洛阳—新安—渑池—三门峡—潼关—长安。项羽当年往西打时，走的就是这条路。

南路是洛阳—宜阳—永昌河谷—雁翎关河—三门峡—潼关—长安。

这条路上最难通过的就是函谷关和潼关，这两关和轵关一样，也是最多只能过一辆车。不过，随着黄河携带泥沙的不断堆积，唐朝之后潼关变得越来越宽，以后也就没那么险峻了。

第三条是武关道，从襄阳出发，经淅川—武关—商洛—蓝田，最后到达长安。

这条路上最难通过的是武关，武关高峻陡峭，比其他关还要难过，两匹马都不能并行。当年刘邦入关中，走的就是这条路。当然，依刘邦的武力值他是肯定硬攻不下来的。最后，他是听从张良的计策，让郦食（yì）其（jī）、陆贾游说武关秦将投降，搞了个突然袭击才拿下的。

后来，刘邦出关中和项羽打架时，走的就是这三条路。

为什么说凌敬提出的这个战略，得有野兽般的想象力才能想出来呢？

我们上文中讲过，李世民在围攻洛阳的时候，就已经命令刘德威从太行拿下了河内（河阳、怀州都在其中），既然唐军已经事先拿下了这两个地方，肯定早有准备，不会那么轻而易举被窦建德攻下。

所以，说白了，凌敬的意思就是，反正也打不过去，就别管王世充了。趁着王世充还有最后一口气，能牵制住唐军的主力，咱们赶紧去抢地盘，为以后与唐朝的战争做准备吧，至于能不能围魏救赵，已经无所谓了。

窦建德打了这么久，也有退军的意思。所以，看到有人给了台阶下，他非常高兴，便立刻决定按照此计划进行。如果历史按此进行，大唐统一的进程估计要慢好几年了。

但是，窦建德的命令刚刚传达下去，王世充前来求救的使者王琬、长孙安世两个人却不干了。

他们立刻找到窦建德，抱着他的大腿，一天到晚号啕痛哭，再不救洛阳，王世充估计就要饿死了。不仅如此，这两人还特有脑子，又花巨资收买了窦建德身边的若干将领。

所以，几天之后，窦建德手下大将们的意见就变成了一边倒："凌敬是个书生，根本不懂打仗，你怎么能听他的？"

众将这样一说，慢慢地，窦建德产生了一种幻觉，还以为这群人勇气可嘉，急着打仗呢。所以，他很快又转变了思路，下定决心要和李世民在虎牢关死磕。

现在，我们再看一下当时交战三方的实力对比，这有利于理解李世民之后惊为天人的操作。

窦建德这边人概有十三万人，自己从河北带了十万，又俘虏了孟海公的三万。但是，这十三万人属于疲惫之师。

因为窦建德在620年十月和李艺打了两场，结果都被按地上摩擦了一番。随后，他便挥师南下，又和孟海公打了四个月，到621年四月底时，这群人已经在外溜达整整七个月了，战斗力肯定不会怎么强。

更重要的是，刚刚归附他的孟海公的三万人马，根本没有来得及消化，这群人就像当年归附李密的骁果军一样，肯定和他不齐心，各打各的算盘。

王世充这边，先前把所有精锐带出去和李世民对打，一共才两万人，当时又被杀掉了六千人。所以，加上城里的老弱病残，最多也就两万人左右。

李世民这边，大概是八万人，其中被李世民带到虎牢关的有三千五百人。这群人也是疲惫之师，从620年七月到621年四月，在外面溜达了整整十个月，肯定也疲惫至极。

所以，交战三方都已至最疲惫的时刻，拼的就是勇气和耐力，谁有绝地反击的能力，谁就能获得最后的胜利。

621年五月一日，窦建德在虎牢关下骂了三十多天之后，大战终于打响了。

当天上午，一封密报传到窦建德的手中：唐军牧草已尽，即将到黄河以北牧马。

窦建德大喜过望，立刻召集诸将开了场战前会议。在会上，他慷慨激昂，向大家描绘了一幅美好的未来蓝图。最后，他终于下达了决战的命令，明天即是决战之日，夺取虎牢关，进入关中。

但是，窦建德不知道的是，几个小时之后，李世民这边也收到了一条密报：窦建德明天要和他决战。

由此可见，在这一个多月内，这两人还真没闲着，都玩起了无间道，并成功策反了对方的高级将领。

李世民得知消息之后，同样大喜过望，一举两克，只在明天。当即，他便作出了一个正常人想都不敢想的决定，让三千五百人硬杠十三万人。

五月一日下午，李世民将计就计，装作到黄河北岸视察敌情，并将一千多匹战马放到了黄河边的一个沙洲之上。但是，等到夜晚降临时，他又悄悄地返回了虎牢关，而窦建德对此却一无所知。

当晚，双方军营里都充满了杀气，一个个如狼似虎的士兵，擦拭他们寒光逼人的铠甲和杀人无数的战刀。明天，他们或站在敌人头颅之上，或死在敌人刀剑之下。决定无数人命运的大决战，终究还是来了。

第二天一大早，天刚微微亮，窦建德率先出击，全军开拔、敲鼓进军。一时间，虎牢关下旌旗招展、战马嘶鸣，南北绵延二十多里。

史书上只要写某人兵力强盛，又将部队一字摆开玩造型，最后基本都要完蛋，夏军也是这样，结果被打了个几乎全军覆没。因为这个阵型看起来很酷，但也意味着你的力量太分散。

二十多里就是一万多米，横着站十三万人，平均一米才十三个，当然，他们不会傻到一个挨一个连着站，但总归还是纵深不够，敌人一旦发起猛烈的冲击，就很容易突破防线。另外这二十多里阵线，首尾根本无法呼应，这边估计都打完了，那边救援力量还在路上呢。

难怪看到窦建德摆出这个阵型后，李世民大笑不止，用极其轻蔑的口吻对左右诸将说："贼起山东，未尝见过大敌，在险关之下，还敢如此嚣张；我军只需按兵不动，不过片刻，贼军勇气自衰，到时再追而击之，必破贼军！"

窦建德见唐军龟缩不出，大怒不已，便非常有心机地派出了王世充前来求救的使者王琬。王琬手拿长枪，身跨隋炀帝的青骢马，带着三百名骑兵，渡过汜水，来到虎牢关下挑战。

看到窦建德如此嚣张，李世民准备再杀一杀他的威风，便让王君廓带领两百骑兵前去应战。

二将相见，分外眼红，二话不说，便拍马大战。但是打了数十回合之后，始终不分胜负，无奈之下，王君廓只好引兵而还。

王琬看到王君廓退军，以为唐军怕了自己，便哈哈大笑，骑着青骢马，在阵前来回炫耀。站在城墙上的李世民不由得感叹："他所乘之马，真良马也！"

尉迟敬德看到王君廓没有获胜，本就愤愤不平，听到这话之后，立刻怒目圆睁，大喊道："我愿为大王取之。"说罢，他顾不得李世民的劝阻，跨上战马，带了两个随从便出了城门，直接杀入王琬的阵营。

王琬正在得意，根本没想到唐军竟然敢过来冲杀，所以，没有做丝毫准备。一不小心，竟然连马带人被尉迟敬德生擒了。其他夏军看到尉迟敬德如此生猛，也不敢上前，急忙引兵而逃。

又胜一阵，李世民大喜不已。便令人偷偷地牵回了放牧在河北的战马，准备伺机反击。

中午时分，机会终于来了。李世民的第五场"战狼真人秀"，即将上演。

第五场"战狼真人秀"

当时是农历五月初二，也就是阳历六月，天气炎热。已经列阵半天的夏军，看到唐军一直没有动静，便逐渐放松了警戒，纷纷席地而坐，争相饮水，军纪极其松散。

李世民见状大喜，便令宇文士及率领三百骑兵，对夏军进行了试探性进攻。攻击之前，李世民又再三叮嘱：一定要自北向南从敌军阵前掠过，如果敌军没什么动静，就率军回来。如果敌军发生骚乱，就往东冲过去，让小骚乱变成大动乱。

宇文士及领命而行，结果席地而坐的夏军被打得措手不及，出现了部分骚乱。

李世民敏锐地抓住了这个战机，急忙打开城门，亲率剩下的三千多玄甲军，向夏军冲了过去。

刚刚冲进敌军之中，李世民就发现自己中了大奖。窦建德的中军竟然守备空虚，于是，他一马当先，直接冲了过去。

更加幸运的是，窦建德也不知道哪根神经搭错了，大敌当前的正中午，竟然还在和群臣开着朝会。不过，窦建德也不愧为百战之主，听到营前战马嘶鸣之后，他立刻意识到了大事不妙，急忙令左右骑兵快速出击，迎战唐军。

但是，就在这危急时刻，这些开朝会的大臣却慌了阵脚，开始四散逃亡，刚好挡住了窦建德骑兵前进的道路。

窦建德大怒，立刻高声命令大臣们赶紧散开。可惜，命令刚发出，唐军骑兵已经杀至眼前。

窦建德急忙带着左右向后撤去，一直撤到了一个山坡上。但是，李世民却紧追不舍，让舅舅窦抗对着山坡发起了一轮又一轮的进攻。另外，李世民的堂弟淮阳王李道玄也极其勇猛，战甲之上被射满了飞箭，犹如一只刺猬，但他仍然不顾个人安危，左冲右突、犹入无人之境。于是，唐军士气大振，一时间诸军混战，尘埃漫天。

李世民见正面不易攻破，便又率程知节、秦叔宝、史大奈、宇文歆等一群猛将，绕到了窦建德的后面，出其不意，发动突然袭击。经过一番恶战，秦琼带着数十名精锐骑兵，率先冲破了窦建德的阵营。

窦建德见状大惊，带着左右数千人开始向东仓皇而逃。李世民狂追三十多里，一路斩首三千余级。

更加幸运的是，在追逐的过程中，窦建德竟然被长矛刺中了。等逃到牛口渚（今荥阳西北）的时候，由于疼痛难忍，他竟然一不小心，从马下跌落了下来。

唐车骑将军白士让、杨武威立刻拍马上前，举刀便砍。

眼看窦建德就要命丧于此，突然传来一声壮士的大喊："别杀我，我是夏王。"

两人顿时惊喜万分，立刻跳下马，将窦建德死死捆住送到李世民的面前。

刚刚血战一番的李世民，看到窦建德竟然被擒了，也是惊讶不已。不过，他立刻又摆出王者之风，用极其轻蔑的口吻大声责备道："我讨伐王世充，与你何干，竟然敢来犯我军威？"

窦建德居人屋檐下，不得不低头："今日不来，恐怕劳你远征啊。"一代枭雄在临死关头，却说了一句这么服软的话，实在可惜啊。

在窦建德兵败被擒之后，洛阳就变成了一座毫无希望的城市。一周之后的五月九日，王世充召集诸将想要突围，但是早已人心离散，无人愿从。无奈之下，王世充只好身穿素服，率领太子、群臣两千多人出城投降了唐军。

两个月后，两个人被装进囚车，押到了长安。李渊当即下令将窦建德当街斩首。当他准备杀王世充时，王世充却说，李世民曾经答应过不会杀他的。

于是，李渊只好免了王世充的死罪，把其兄弟子侄都贬到了四川。但是，还没等王世充上路，大唐定州刺史独孤修德为报杀父之仇，便以假传圣旨的方式，把王世充一族全部杀死了。

什么，假传圣旨是死罪？李渊表示没有听过。他只是假装很生气地罢免了独孤修德的官爵，然后过了几天就又给恢复了。

两位隋末枭雄，就这样结束了他们短暂而壮烈的一生。现在我们终于可以给这两位枭雄一个客观的评价了。

王世充绝对属于有能力的枭雄。

侍奉杨广时，他阳奉阴违，演假戏、捉美女，无所不用其极。救援东都时，他领几十万雄兵，竟然数败于李密，仅剩几千人仓皇逃至河阳。但越王杨侗对他仍然礼遇有加，不仅多次豁免其罪，还不断将手中兵力交付于他。

可是，最后他却背信弃义，不仅夺了杨侗的皇位，还将其鸩杀。此等小人，天地不容，人神同愤，绝对死不足惜。

但是他身上也有优点——为达目标锲而不舍。从617年援助东都，到621年被杀，三年多的时间里，他虽然屡次败北，但是每次作战时都亲临一线，打得异常顽强，竟然几次三番东山再起。

经历过那么多至暗时刻，面对强大的李世民时，他竟然还能强撑将近一年，是隋末撑的时间最长的军阀。不得不说，他配得上枭雄的称号。

他这种不到最后一刻绝不放弃的精神和屡败屡战、永不气馁的精神，值得每个人学习。

而窦建德则和李密一样，是一位让无数人扼腕叹息的枭雄。

如果说得人心者便能得天下，那么毫无疑问，窦建德是隋末乱世中，唯一能够与李渊正面较量的对手。

他文武双全、严于律己、礼贤下士、任人唯贤，在他的治理下，河北、山东竟然能在乱世之中达到盛世的水平。在他死后的两百年，也就是830年，大唐魏州书佐殷侔，路过其庙，还能看见河北的父老乡亲成群结队祭祀他。可见，他有多么得人心。

这样的人物，放在任何时候，都不应该是失败的开国之君。只可惜，忽然之间竟然一战被擒，落得了身首异处的下场，令人扼腕叹息。

很多人不禁要问，如果窦建德在虎牢关之战中侥幸逃脱，回到河北，那么，他最终会不会被唐朝所灭？

即便窦建德侥幸逃脱，恐怕他也很难改变最后的结局。因为那个时代，只能属于那位千年不遇的战神。人家起点比他高，年龄比他小，文武之才又都在他之上，遇到这样的对手，他又能怎么办？

每一个动乱的年代都不缺英雄，但是能走到最后的注定只有一个。有大才、无大运之人，千百年来，比比皆是，窦建德不过是其中之一罢了。

天命在唐不在夏，这种"既生瑜，何生亮"的悲剧岂是人力所能左右的？

最后，我们必须庆祝这位二十二岁少年的出现，在过去一年的时间里，他把很多小说都不敢书写的故事，活生生地变成了现实。

他以极其高超的御人、用人之术，将内乱扼杀在摇篮之中；他以极其勇猛的冲锋陷阵手段，连续五次压制对方；他以极其高超的全局掌控能力，率五路大军，所向披靡。

他创造了一个奇迹，中国历史上下五千年，"一战擒双王"只此一例。他创造了一个时代，一个千余年后中华儿女都为之骄傲的精彩绝伦的时代，他无愧于"自古能军无出李世民之右"的称号。

自此，整个北方全部纳入大唐的版图，大唐在统一的进程中，再无强敌。

三十一　河北再大乱，唐军再次被痛扁

两千多年前，道家学派创始人老子，在《道德经》中曾经劝告过世人："不自伐故有功，不自矜故长。"

什么意思呢？就是不天天吹牛的人，才能建立功勋；不骄傲自满的人，才能够活得长久。

他之所以说这话，是因为从普通百姓到君主帝王都有一个毛病——取得一点成绩，就开始骄傲自满，一骄傲自满，就容易出事。

可惜，老子白吆喝了那么多年，在现实中，根本没有多少人愿意听，无非是能力越强者，骄傲起来，犯的错越大而已。李世民和李渊，现在就犯了这种错。

李世民"一战擒双王"之后，天下的四分之三都已经纳入大唐的版图，一统江山指日可待。李世民身披黄金甲，带着一万多名铁骑回到长安之后，李渊喜不自胜，又是到太庙献俘，又是祭祀祖先，恨不得让老祖宗们全都知道。

但是，由于这个胜利来得太突然、太辉煌，李渊和李世民这两位明主，竟然在战争的扫尾阶段，连续犯了三个致命性的错误，终于导致两个月之后，刚刚归附的河北，又一次燃起了熊熊狼烟。

第一个错误：

虎牢关大战，李世民仅仅用三千五百铁骑，就将窦建德的十三万大军打得大败亏输，绝对创造了军事史上的一大奇迹。

但是，夏军死伤的人数并不多，仅死了三千多人，而剩下的十几万人，大概有五万人被俘，另八万人又逃回了河北。所以，虽然夏国伤了不少元气，但是，实力仍然不容小觑。更重要的是，后来夏国投降之后，李世民又把俘虏的五万人放了回去。

这就为那些不服大唐的夏军将领，提供了一呼百应的民众基础。

第二个错误：

李世民攻占洛阳之后，虽没有杀王世充，但是立刻杀了王世充手下的十几个大将军、文臣。

这其中有绝对该杀的，例如吃人魔王朱粲。但是，也有不少可杀可不杀的，例如杨玉环的高祖父杨汪，以及李世勣的结拜兄弟单雄信。

当年，单雄信和李世勣曾指天发誓，不求同年同月生，但求同年同月死。所以，李世勣就向李世民求情，希望看在自己的面子上，可以免单雄信一死。但是李世民拒绝了，因为他觉得单雄信当年背叛了李密，以后肯定也不会可靠。

李世民杀单雄信这件事产生了极其恶劣的影响，逃到河北的窦建德的将领们听说之后，吓得两腿发软，一溜烟全都窜到老家躲了起来。他们觉得李世民连朝中有人的单雄信都杀了，像他们这样没背景、没人脉、还没钱的三无人员，难逃一死。

第三个错误：

虎牢关大战之后，窦建德的老婆曹氏和夏国左仆射齐善行等人带着残余部队逃回了洺州（今河北邯郸市永年区）。

窦建德的忠实粉丝们要求拥立其养子为王，和大唐死磕到底。但是，左仆射齐善行和曹氏却觉得，连窦建德这么有能力的雄主都完了，其他人就别提了。于是，他们遣散了部队，带着从宇文化及那里得来的传国玉玺，举国投降了大唐。

按道理讲，人家已经举国投降了，李渊完全没道理再杀窦建德。况且，以前窦建德俘获李渊的堂弟、妹妹以及所有的大臣时，都以礼相待。你现在把人家俘虏了，怎么好意思杀了？

但是，李渊觉得窦建德这人威望太高，活着就是一个大威胁，最终还是把他给杀了。这一刀砍下去很容易，但却寒了窦建德原部下的心，更寒了河北人民的心。

以上所有的事情叠加起来，就让刚刚归附的河北，迅速变成了一个大火药桶。而对着这个火药桶放一把火的人，很快就来了。

夏国投降之后，李渊让堂弟淮安王李神通做了河北道行台左仆射，负责河北的一切事务。李世勣做了黎州总管，继续负责黎州的安全。郑善果当了慰抚大使，负责选补各州的县官。

这群特派员一上任，就着急忙慌地接收了夏军留下的资产。这样还不算完，他们又对窦建德余党展开了穷追猛打，要将这些人的资产也变成国有资产。当然，他们也可顺便赚"一点点"辛苦费。

窦建德的原部下大将高雅贤、王小胡等人，本来就想躲在老家，老老实实种地、生娃、颐养天年了。被这么一折腾，便只好在河北东躲西藏。当他们逃到贝州（今河北清河）的时候，正好遇到之前的同事范愿、董康买、曹湛等人。

范愿把最近一段时间听到的新闻，添油加醋地给大家播报了一下，并做了一番慷慨激昂的演讲：

王世充投降唐朝之后，李世民杀了跟随王世充的大臣段达、单雄信等人。我们要真的听了李渊的征召，到了长安，必然也会被杀。

夏王俘获淮安王李神通后以礼相待，而李渊却杀了夏王。我们蒙受夏王厚恩，今不为之报仇，将无脸见天下之士！

我们十几年以来，身经百战，早就该死了，今又何必吝惜余生，窝窝囊囊地度过下半辈子？

话虽不多，但句句扎心。于是，这群人便决定扯旗造反。但是，在选谁当老大的问题上，大伙又犯难了，要么是觉得自己身份低，没有号召力；要么是不愿当出头鸟，以后也许还会有个后路。

百般推让之后，谁也说服不了谁。于是，他们找来了一个老道，让他算一下拥立谁当老大最有前途。

老道两眼一抓瞎，算个啥啊，他要是知道谁最有前途，早就跑关中投奔李渊去了。但是，又不能不算。老道只好眯眼胡乱摆弄了一下手指，悠悠地说出来一个字：刘……

"刘什么？"过了半晌，这伙大老爷们等不及了。

"刘氏当兴。"

这群人集体崩溃，这不是大海捞针吗？但是，老道表示他功力有限，只知道这么多。

幸好，天下姓刘的人一抓一大把，谁都认识几个。于是，这群人便马不停蹄地跑到漳南县（今山东武城县），找到了原窦建德的部下刘雅。可是，刘雅表示，他早已放下江湖中的恩恩怨怨了。

高雅贤见软的不行，就开始来硬的，逮住刘雅就是一通揍。眼看刘雅被揍得鼻青脸肿，快不行了，王小胡赶紧拦住了高雅贤，表示毕竟同事一场，不能再揍了，万一引起周围邻居的注意怎么办？直接一刀杀了多好，省时省力。

于是，这群人还真的就把刘雅杀了。

随后，他们又找到了窦建德原来的手下大将刘黑闼。此时，刘黑闼正在菜地里种地，看到这伙人沾满鲜血的双手，便立刻答应了他们做老大的"请求"。

随即，他们便杀牛宰羊，召集了一百多号人，开始搞事情。

621年七月十九日，也就是李世民"一战擒双王"两个月零十天之后，河北大地上，再一次狼烟四起了。

鉴于大唐之前犯的那几个错误，刘黑闼这次造反的发展速度极快，一个多月内，他们便先后攻占了漳南县、魏州、贝州等地。

看到刘黑闼这么生猛，不久之后，原来已经投降唐朝的徐圆朗、高开道都跟着叛变了。

眼看刘黑闼作乱越演越烈，李神通便带领邢、魏、恒、赵等州五万兵力，联合幽州总管李艺，两面夹击刘黑闼。

当年十一月，这几伙人便在饶阳城南相遇了。李神通仗着自己人多，学习起了几个月前的窦建德，将五万多人马沿着滹沱（hū tuó）河列阵，长达十几里，准备给刘黑闼包个饺子过大年。

刘黑闼由于人少，只能让自己的人马站成一排杵在对岸（黑闼众少，依堤单行而陈以当之）。

两边刚刚列阵完毕，突然大风四起，大雪纷飞。由于逆风，刘黑闼军被吹得颤颤巍巍、弓腰驼背。李神通大喜过望，命令全军火速过河，对刘黑闼发动了全面的进攻。

可是，唐军刚刚渡过河去，老天爷就开了个大玩笑，突然之间，大风又调转了方向，这次轮到唐军弓腰驼背、颤颤巍巍了。刘黑闼抓住战机，来了个反攻。

唐军顿时大乱，开始四散逃亡，挨刀的挨刀、跳水的跳水，被杀死、冻死的人达到三分之二。

李神通、李艺看到情况不妙，掉头逃窜。但是李艺的手下大将薛万均、薛万彻兄弟却成了俘虏。不过，刘黑闼和窦建德一样，也不爱杀俘虏，只是把他们的头发剪了，以作羞辱。

李神通大败之后，李渊又紧急派遣右屯卫大将军义安王李孝常、黎州总管李世勣等人，带兵围剿刘黑闼。但是，这两人全部被刘黑闼打得大败亏输。

尤其是大名将李世勣，这一次被打得十分难堪。第一仗不战自退，第二仗所率的五千多人马竟然全部被杀，只剩他一个人逃了回去。

看到刘黑闼势如破竹，多次以少胜多，河北各地的窦建德旧部，开始纷纷起兵响应。

于是，短短半年，刘黑闼便恢复了全部窦建德旧地，继续定都洺州，自称汉东王，改年号为天造，任命范愿为左仆射、董康买为兵部尚书、高雅贤为右领军，征召王琮为中书令、刘斌为中书侍郎，窦建德时期的其他文武官员，也全部恢复了原来的职位。

窦建德第二，又回来了。

三十二　魏徵连出妙计，李建成躺赢河北

刘黑闼在搞定河北之后，开始一路南下，准备让自己变成窦建德加王世充的复合体。

李渊大吃一惊，没想到杀了窦建德，整个河北竟然都反了。于是，他在后悔的同时，不得不在621年十二月十五日，再次起用撒手锏，命李世民带领李元吉以及"凌烟阁二十四功臣"中的几位大将，再出关中，征讨河北。

另外，命燕王李艺从幽州出发，配合李世民南北夹击。

于是，在接下来的几个月内，刘黑闼便像之前的薛仁杲、宋金刚、王世充一样，经受了李世民一次又一次的暴力摩擦。

622年一月八日，李世民率大军抵达获嘉（今河南新乡），战争由此拉开序幕。

一月十四日，李世民收复相州（今河南安阳）。

一月三十日，李艺大败刘黑闼的弟弟刘十善，斩杀刘军八千多人。

二月十七日，李世民收复邢州（今河北邢台）。

二月十九日，李世民收复井州（今河北石家庄井陉县）。

二月二十四日，李艺收复定、栾、廉、赵四州，并俘虏了刘黑闼的尚书刘希道。

不到一个月，李世民和李艺便以犁庭扫穴之势，推进到了刘黑闼的都城洺州。

更可喜的是，距离洺州仅四十公里的洺水县（今河北曲周县）人李去惑，看到唐军势大，举城投降了大唐。

李世民急忙令王君廓率一千五百名骑兵奔赴洺水，支援李去惑。至此，刘黑闼只剩下洺州一座孤城。唐军眼看胜利在望，但是，意外却发生了。

退无可退的刘黑闼，终于爆发出了他剽悍的战斗力。看到洺水县投降之后，他勃然大怒，亲率大军对洺水县发动了最为猛烈的进攻。

几日之后，洺水县已经岌岌可危，随时都有被攻破的可能。王君廓急忙派人向李世民发出了求救信。

李世民立刻带人朝洺水赶了过去。刘黑闼见状，也立刻兵分两路，一路继续围城，另一路由自己率领，去正面硬杠李世民。

一边是穷途末路，一边是紧急施救，所以，两军相见打得格外惨烈。不幸的是，李世民连续突击了三次，竟然全部被刘黑闼顶了回去。

眼看救援已经无望，王君廓就要为大唐献身了。罗士信突然站出来，仅仅带了两百多骑兵，硬生生地把刘军撕开了一道口子，杀进洺水县城，将王君廓替换了出来。

可惜，天公不作美，罗士信刚刚进城，便天降大雪，完全阻断了外围李世民所派的其他援军。

刘黑闼抓住战机、趁势攻城，一举拿下了洺水县。罗士信最终被俘，英勇就义，年仅二十岁。

这位十三四岁便身披两副盔甲，跟随张须陀一路冲杀的猛将，就此结束了极其灿烂却短暂的一生。

不过，他也没有白死。李世民听说之后，伤心不已，转而怒火中烧。等到天晴之后，便亲自率军对洺水县发动了猛烈的进攻，成功夺回了洺水县城。

此战之后，李世民和李艺分别驻扎在洺水南北两岸，又玩起了一边固守疲敌，一边不断派出奇兵骚扰刘黑闼粮道的把戏。

几十天后，李世民推测刘黑闼的粮食已经吃光，必定急于求战。于是，他命人在洺水上游筑坝、截断了河水，只等刘黑闼前来送死。

不出所料，三月二十六日，刘黑闼果然率领两万步骑兵，渡过了洺水，准备找唐军决一死战。

李世民也没有客气，带着精锐骑兵，就朝刘黑闼杀了过去。双方一直从中午打到了黄昏。就在胜负难分之时，在上游看守堤坝的唐军，终于决开了洺水。

一时间，战场之上，泥沙俱下，洪水滚滚。刘黑闼大惊不已，调转马头就往回狂奔。李世民率军乘胜掩杀，斩杀敌军一万余人，刘黑闼仅率两百多骑兵，一路向北，逃到了突厥。

从621年十二月到622年三月，李世民仅仅用了三个多月的时间，便以绝对优势迅速平定了河北。

紧接着，李世民调转马头，跑到了山东，对着徐圆朗就是一顿痛扁，连续夺回了十几座城池。

看到大局已定，李世民便兵分两路，把扫尾工作交给了其他人。

一路由齐王李元吉带领，驻守河北，防止刘黑闼卷土重来。

另一路由淮安王李神通、行军总管李世勣带领，继续痛打徐圆朗。

李世民则带着新一轮战功，班师回长安去了。

虽然打强敌的时候，李世勣几次三番全军覆没，但是，打徐圆朗这种不入流的小股势力，他还是很有两把刷子的，三下五除二，就将徐圆朗给斩了，平定了兖州。

但是，李元吉那边却又出现了问题。李世民前脚刚走，逃往突厥的刘黑闼，便在突厥的支持下，又一次卷土重来。

十月五日，刘黑闼的弟弟刘十善，斩杀了唐朝贝州刺史许善护。

十月六日，大唐观州刺史刘会举兵反叛，归附了刘黑闼。

李渊急忙任命十九岁的淮阳王李道玄（李渊的堂侄）为河北道行军总管，史万宝（隋朝名将史万岁的弟弟）为副将，率领三万兵马前去平叛。

从这个任命上就能看出，李渊是得了他姨夫杨坚的真传。皇亲国戚挂帅保证军队忠诚，猛将辅佐保证能够获胜。但是，这样的安排也有漏洞，就是两人得配合默契，明白自己能做什么，不能做什么。而这一次安排的两位将领，很明显没有理解李渊的意思。

李道玄年轻气盛，之前跟着李世民南征北战，想当然地把自己当成了李世民第二。史万宝因为是史万岁的弟弟，也觉得自己不得了，不愿听小毛孩的指挥。

就在这种谁也不服谁的情况下，唐军出征了。十月十七日，唐军和刘军在下博相遇了。

看到对手兵强马壮，李道玄却像神经病一样，激动万分——终于可以像李世民那样冲锋陷阵了。于是，他二话不说，带着人就向刘黑闼杀了过去，并命令史万宝紧随其后。

但是，史万宝接到命令之后，却一脸不服地表示，李渊曾经跟他说过，军队的行动全由他负责。如果陪这小毛孩贸然出击，必然失败，还不如把李道玄当作诱饵，如果李道玄失败，刘黑闼必定贸然进军，然后他再伺机出战，来个反败为胜。

只是很可惜，史万宝只算对了一半。由于得不到后方支援，李道玄冲进敌军阵营不久，便被杀了。

刘黑闼率军乘胜狂追，而当史万宝准备抵抗之时，唐军早就被吓傻了，两军刚一交战，史万宝就带着人往回跑了，最后被杀得几乎全军覆没。

看到兄弟被杀、史万宝大败，大唐唐州（今河南泌阳）总管庐江王李瑗（李渊堂侄）伤心不已。刘黑闼军刚到自己的地盘，他就丢下城池和士兵，一边哭一边跑，回长安报丧去了。

李渊也惊了，赶紧下诏，任命李元吉为领军大将军、并州大总管带兵继续讨伐刘黑闼。但是，李元吉看了看李道玄的尸体，又看了看自己，也怂了，迟迟不敢进攻。

大唐镇守河北的三位王爷，死了一个，跑了一个，怂了一个。于是，河北其他州县的各位长官也开始纷纷效仿，要么直接跑路，要么直接投降。

然后，河北这块大地上，诞生了一个军事奇迹——短短十天之内，刘黑闼就收复了原来的全部地盘，只有魏州（今河北邯郸市大名县）总管田留安还举着大唐的旗子。

战报传来，满朝震惊，李渊气得直拍桌子。但是，有一个人却很高兴，这人就是咱们耳熟能详的著名"杠精"，太子洗马魏徵。

他给李建成进行了一次非常通透的分析：

秦王功盖天下，内外归心；而殿下贵为太子，却没有大功，急需立功树威。

别看刘黑闼来势汹汹，但才十几天时间，必然兵力分散、粮食匮乏，虚得很。

殿下如果亲自出征，必将获胜，还可趁机结交山东的豪杰，保住太子之位。

此时，李建成和李世民正在上演宫斗戏，听魏徵这么一说，大喜过望，立刻上书李渊，请求带兵出征。

十一月七日，李渊下诏，命李建成为陕东道大行台及山东道行军元帅，河南、河北各州均受其处置，带兵讨伐刘黑闼。

事实果然如魏徵所料，此时的刘黑闼只是看起来凶猛，其实却很虚。位于河北的唐军，听说太子率大军前来，顿时士气大振，还没等李建成大军赶到，就将刘黑闼打得只剩了几座城池。

十一月二十二日，李元吉率军在魏州打败刘十善。

十二月十六日，李艺收复廉州、定州。

十二月十七日，田留安大败刘黑闼，俘虏六千多人。

十二月十八日，唐并州刺史成仁重大败刘黑闼左仆射范愿。

当李建成率军到达昌乐（今河南南乐）时，刘黑闼带着被打得萎靡不振的军队，又一次开始了反击。

看到敌军士气低落，犹做困兽之斗，魏徵脑瓜子一转，又向李建成献上了一条妙计：

"以前打败刘黑闼时，他的部下都被杀了，部下的妻子、儿女也成了战俘，被关了起来。因此齐王前来，虽然诏书说要赦免刘黑闼的党羽，但是他们都不敢相信。如果太子可以放掉那些战俘，刘黑闼的军队必将分崩离析！"

李建成一听，大喜，立刻下令释放了敌军的家属。事实再一次如魏徵所料，刘黑闼的部下要么四散而逃，要么举着白旗投降了唐军。

刘黑闼看见人心散了，队伍没法带了，于是，悄悄地，趁着夜色就向北狂逃。

李建成见状，率军一路狂追，斩杀刘军士兵数千名，刘黑闼仅带几百名骑兵逃走了。

随后，李建成又派刘弘基率领精锐骑兵，狂追刘黑闼六百里，一直追到了饶州（今河北饶阳县）。

到达饶州之后，刘黑闼身边只剩下一百多名战士跟随。饶州刺史诸葛德威看到主公刘黑闼狼狈不堪地来了，赶紧出城迎接，请刘黑闼进城喝口水，再好好休息休息。

自己如此落魄，竟然还有下属忠心耿耿，刘黑闼感动得稀里哗啦。但是，一生征战的第六感告诉他，无事献殷勤，非奸即盗。于是，他拒绝了诸葛德威的好意。

诸葛德威哭了起来，而且哭得那叫一个撕心裂肺。刘黑闼被这一声声痛哭搞得脑瓜子嗡嗡直响，片刻之后，终于心软了下来，便跟着诸葛德威进了城。

哪知道，男人的第六感也是很准的，刘黑闼刚一进城，饭还没吃完，就被诸葛德威带兵斩了。

623年一月五日，诸葛德威带着刘黑闼的脑袋，举城投降了大唐。

至此，整个北方，只剩下了几个月前刚刚叛变大唐的高开道。624年二月十九日，高开道的手下将领张金树，提着高开道的脑袋，也投降了大唐。

河北，终于在经历了投降、反叛、投降、反叛的数次循环之后，彻底安定了。一直到一百多年后，这里才重新燃起战火，断了大唐的梦幻盛世。

三十三　五十年几经生死，大唐第一名将坎坷路

不知道大家发现了没有，在所有的乱世之中，我们都能看到这样的两种英雄：

一种是少年奇才，他们出道即巅峰，年纪轻轻便有经天纬地之才，或无敌于沙场之上，或运筹帷幄于千里之外。

比如二十四岁的项羽、二十五岁的韩信、十八岁的霍去病、十六岁的贾复、二十岁的耿弇（yǎn）、二十一岁的邓禹、十九岁的孙策等。再如我们刚刚讲过的十八岁的李世民。

年轻时，我们都酷爱这种英雄。因为他们血气方刚、敢作敢当，全身上下都散发着神迹的光芒。我们幻想着自己也能和他们一样，少年得志，意气风发。

而另一种英雄，则是不死老兵。他们的前半生，总是被命运折磨得死去活来，人到中老年时仍然一事无成，甚至落魄不堪。

但是，他们却始终心怀梦想、志存高远，哪怕无数次濒临死亡，也绝不向命运低头认输。

如六十一岁的重耳、四十七岁的刘邦、五十九岁的苏武、四十一岁的班超、四十七岁的刘备等。

年长后，我们都钦佩这种英雄，因为他们坚韧不拔的意志，"老骥伏枥，志在千里"的倔强，让无数被现实打磨得没有任何棱角的中年人看到了希望。

事实上，现实中更多的应该是后一种英雄。因为少年奇才是上天的恩赐与垂青，没有大福、大运，绝难达到那种水平。

而不死老兵则不同，他们更多靠的是日拱一卒的坚持和永不服输的精神。

我们接下来几篇要讲的主角——大唐第一名将李靖，就是这么个永不服输的人物。

621年九月，就在河北的刘黑闼铸犁为剑、弃农从军，把大唐第二名将李世勣打得全军覆没、只身逃跑的时候，大唐的第一名将李靖，却在南方"老树开了大金花"。但是，为了开这朵"大金花"，他足足等了五十年。

李靖，字药师，生于571年，陕西三原人，他爹和他爷爷都是刺史级别的高官。他舅舅更加厉害，就是隋灭南陈时的赫赫名将韩擒虎。

都说孩子像舅，李靖从小就和他舅十分相似，长得魁梧，酷爱兵法。

他舅每次和他谈起兵法，都会不住地猛拍大腿："能和我一起谈论孙吴（孙武、吴起）之术的人，只有你小子。"

就连杨素也拍着自己的宰相座椅对他说："你小子，一定会坐上我这个位置的！"

但是，历史的奇妙之处就在于，无论你有多牛的背景，是多牛的人物，有多大的抱负，时间、机遇轮不到你的时候，一切都白搭。

李靖虽然广受好评，老爹、爷爷还都是高官，但是，在他五十岁之前，并没有留下任何可圈可点的战绩。

不是他不优秀，也不是他不努力，而是他一直没有这个机会。

580年，杨坚篡周时，五路诸侯起兵造反，他九岁，上了战场只能当炮灰。

589年，隋灭南陈时，六十万大军由北向南推进，他十八岁，也没有机会。

599年，隋打突厥时，他二十八岁，虽然在年龄、能力等各个方面，都有了一展身手的机会，但是，他的舅舅韩擒虎在七年前已经去世，没有人愿意带着一位只会侃侃而谈，但没有实战经验的人上战场。

更重要的是，当时，一大把战功卓著、百战百胜的名将，比如高颎、杨素、贺若弼、史万岁等人还都活着。

在这些名将的轮番伺候之下，平定叛乱只是小菜一碟，就连突厥、吐谷浑也被打得服服帖帖。

当时的大隋处于仅因为"时天下无事，群臣言林邑（今越南）多宝"就把越南灭了的盛世。总之，放眼当时的隋朝，名将辈出、天下太平，李靖完全没有用武之地。

所以，李靖很郁闷，每次想起舅舅对他说的金戈铁马的战场，每次看到那些大胜而归的将军，他都会感叹一番，为什么自己没有早生几年，为什么机会总属于别人。

在无限的郁闷和感叹中，不知不觉间，李靖终于到了三十四岁。二十年前，他就被舅舅评为有孙吴之才，二十年后，竟然还是个一事无成的中年油腻男，还不如自己的父辈。

李靖终于意识到，不能再等了，去边疆看看吧，也许那里还有机会。

于是，他立刻向刚刚登基的皇帝杨广上了一封奏疏，表示自己极其渴望去建设祖国的大西北。

杨广自然很高兴，竟然还有主动要求去苦寒之地的人。于是，他当即就批准了李靖的请求，让李靖做了马邑（今山西朔州）郡丞。

李靖终于见到了飞沙走石的塞外和席卷北海的阴风。大西北的荒凉让他兴奋不已，草原上的雄鹰，让他浮想联翩。

他想，终于可以像无数先辈那样，建功立业、封侯拜将了。

可是，过了一段时间，他却失望地发现，辽阔的塞外，除了日暮时分悠悠的羌笛和烟灰之外，并没有三万里的沙场，以及纵马犯境的骄虏。

在高颎、杨素、史万岁、长孙晟等名将连续二十年的暴击之下，北方的突厥早已人马凋零、俯首称臣，哪里还敢再犯大隋的边境。

于是，李靖只好在前辈们的阴影之下，又等了整整十二年，直到他四十六岁。

在杨广连续十几年的折腾之后，天下大乱、战火四起。安静了近二十年的突厥，趁着中原空虚、无暇北顾，又一次露出了狰狞的獠牙。

这一年，对于天下的百姓来说，是生灵涂炭的炼狱。但对于李靖来说，却是大展宏图的良机。

"一朝英雄拔剑起，又是苍生十年劫。"

616年，突厥数万大军犯境，兵锋直指马邑。当时的马邑郡守王仁恭惊慌不已，急忙向杨广上书求援，但是李靖却在暗自激动，十年磨一剑，终于遇到了不平事。

可惜的是，李靖激动早了。不久之后，另一位大器晚成的老年人，五十岁的李渊被杨广调了过来。

在李渊这位神箭手面前，突厥的骑兵连马邑的城门都没有看到，就被打退了。

自己等待了十二年，终于遇到了一个立战功的机会，却被李渊给抢了，这让四十六岁的李靖非常生气。

更加让人郁闷的是，不久之后，他便发现了李渊要造反的蛛丝马迹。

怎么办？是跟着李渊造反，还是上报朝廷？李靖犹豫了。

隋朝，这个强大的王朝，在杨广这位败家子的折腾之下，早已民不聊生，千疮百孔。如今群雄并起，天下恐怕早晚要分崩离析。

但是，跟着李渊造反，那不成了乱臣贼子？更何况，谁又敢说李渊就能成功呢？

经过几个辗转难眠的夜晚之后，终于，李靖选择了上报朝廷。

他相信，只要自己到了江都，只要杨广能给自己几万人马，他就能够凭借一己之力，平定天下，还杨广一个盛世的大隋。

于是，他放下了架子，丢下了面子，将自己化装成一个囚犯，偷偷溜出马邑城，向江都狂奔而去。

经过重重险阻，奔波了一千多里之后，他终于到达了南下的第一站，大隋的首都——长安城（大兴城）。

他急忙亮明身份，将李渊要反的事实告诉了西京留守代王杨侑，以及右光禄大夫卫文升等辅佐之臣。同时，他还主动请缨，要到前线去平叛。

但是，那些位高权重的人，只听到了前半句，却没有听到后半句。他们根本不相信李靖这个中老年人还会打仗。

所以，他们只是象征性地表扬了一下李靖的忠君爱国，然后就把他晾在一边，再也不管不问。

一腔报国热血，却遭到如此冷落。李靖愤怒不已，转身就要离开长安，再下江都。

但是，刚刚走出长安城，他便发现，关中已经大乱，到处是横行的土匪。别说是到江都了，就是到黄河边，也有被杀的可能。

于是，他又不得不返回了长安，在绝望中等待着那一天的到来。

终于，几个月后，长安被李渊攻陷了，李靖被俘。李渊笑了，就你，还要告发我？拉下去，斩了。

李靖虽然早已做好了被俘的准备，但是，他仍然不敢相信自己的耳朵。大丈夫生于世间，寸功未立，却要身首异处，这是何等的悲哀。不行，绝对不能如此。

于是，就在临死之前，他将几十年来压抑在心中的委屈、不甘、希望、壮志，全都化作了一句话，倾泻而出：

"明公兴起义兵，本为除暴安良，如今天下未定，怎能以私人恩怨斩杀壮士？"

此话，振聋发聩，铿锵有力。李渊一下子惊呆了。他没想到，眼前这个将死之人，还敢责问自己。

更没想到，李靖的脑瓜子转得如此之快，责问自己的时候，还又捧又打。

先是给自己戴了一顶高帽子——除暴安良的明公。

又是一个不能杀他的反问——私人恩怨，斩杀壮士。

这时候李世民刚好也在一旁，他也被李靖这种临危不乱的胆识和机智折服了。

于是，在李世民的请求之下，李渊留下了李靖的一条老命，并将他归入李世民麾下。

终于活了下来，终于有了一展宏图的机会，李靖暗自发誓，他一定会抓住接下来的每一次机会。

可是，老天又跟李靖开了一个玩笑，他又被雪藏了整整三年。就在李世民带领着一干人马打薛举、灭刘武周、建立不世之功勋的三年里，他连一个出镜的机会也没有，连当配角也不行。

秦叔宝、程知节、李世勣、罗士信，这群比自己投降还晚，能力又远不如自己的将领已经立下了赫赫战功，可自己竟然还和三年前一样，没有一丁点儿变化。

四十九岁了啊，放在当时，绝对是半截身子已经入土的年龄，他还能再等几年呢？

是自己能力不行吗？李靖不信！

但是，为什么一直没有机会？李靖不懂。也没人能懂。

直到620年，李靖终于等来了一个机会——随李世民东征王世充。

他很高兴，机会终于来了。不久之后，他便立下了人生中的第一个战功。

但是，战功是什么，史书上没有任何记载，相反，老天又跟他开了一个大大的玩笑。

就在他准备驰骋沙场的时候，刚好南边的萧铣溯江而上，企图攻取峡州（今湖北宜昌）。

为了避免两线作战，李渊便把李靖从洛阳调往夔（kuí）州（今重庆奉节），并封他一个四品的散官——开府，和李孝恭（李渊的堂侄）一起防守。

四品的散官？要知道李渊当年拿下霍邑之后，见人就封官，许多平庸之辈都能封一个五品的散官。李靖一个堂堂的高官，在归附了三年之后，竟然还只是个四品的散官。

李靖受到了莫大的打击，谁都知道攻打王世充的，是大唐最精锐的部队，只要跟着李世民混下去，就能立下战功，加官晋爵。

而跟着李孝恭混，鬼知道他有什么水平。说白了，在李渊看来，李靖就是一个德艺双馨的老干部，可有可无的准退休老头。

无奈之下，李靖只好带着几个随从上路了。

当李靖一行溜达到金州（今陕西安康）的时候，他发现走不动了。当地的蛮人邓世洛，带领着数万蛮兵，到处抢家劫舍。而负责平叛的庐江王李瑗，却是一个无能之辈，逢战必败，被打得满地找牙。

于是，李靖只好干起了谋士的工作，不断为李瑗出谋划策，终于使他转败为胜，平定了叛乱。

立下这么大的功劳，按说李渊怎么着也得封赏一番。但是，不知道是李瑗没有为他请功，还是李渊觉得这只是一件小事，李靖没有得到任何封赏。

就这样，带着不甘和委屈，不久之后，李靖又溜达到了峡州。但是，由于萧铣的军队控制着险要，李靖发现又走不动了，于是，他只好又一次停了下来，准备等待时机，再次前进。

然而，坐在太极宫中的李渊却不这么认为，在他看来，李靖两次踌躇不前，毫无疑问，就是贻误军机。

于是，李渊大怒，当即便下了一道诏书，密令峡州刺史许绍（李渊的好朋友，李白第一任老婆的曾祖父）将李靖逮捕斩首示众。四十九岁的李靖，面临着人生中最大的危机。

三十四　一战成名，五十岁李靖终成器

眼看李靖连孙吴的大腿还没有够着，就要去地下见他们了，而这时，他等待了半个世纪的贵人终于出现了。

峡州刺史许绍是个非常有眼光的人，在和李靖的短暂接触中，竟然看出他身怀大才。于是，他给自己的同学、好友兼君主李渊上了一封求情的奏疏，李靖这才免于一死。

人啊，既要有才，也得有机遇，许绍要是早死一年，或者峡州刺史不是许绍，李靖这位大唐第一名将的人生，大概率就到此为止了。

又一次死里逃生之后，李靖终于意识到，不能再等了，冒死也得往夔州去，不然自己这条老命，早晚会被李渊整没了。

幸运的是，就在李靖刚刚冒死挺进夔州之后，他人生中最大的机会终于来了。

几天之后，冉肇则突然反叛，率领万人进犯夔州。二十九岁的赵郡王李孝恭也是个标准的硬汉，见敌军前来，二话不说，带着人就冲出城门，跟冉肇则打了一通。可是，冉肇则战斗力明显更加强悍，没过多久，李孝恭便被打得大败亏输。

危难之时，李靖突然站了出来，给李孝恭献上了一计：敌军大胜，必然轻敌，夜袭其营，必胜无疑，然后……

李孝恭听罢大喜过望，按照谁出主意谁干活的原则，二十九岁的李孝恭把夜袭的任务交给了李靖这个四十九岁的中老年同志，你有能耐你上！

刚刚差点儿被李渊杀了的李靖，此刻压力极大。他知道，此仗只能胜利，不能失败，否则即使不被敌人杀了，也要被李渊杀了。置之死地而后生，大概是对此刻的李靖最好的描述。

当晚，李靖便挑选了八百名精锐骑兵，人衔枚、马缚口，悄悄溜达到了敌军营寨附近，突然发起了猛烈的进攻。

幸运的是，事情果然如李靖所料，冉肇则根本没有料到唐军在大败之后还敢夜袭。一时间，军营大乱，士兵四散而逃，冉肇则只好骑上战马，带着亲兵往回猛跑。

可是，跑了不久之后，他便再次落入了李靖的圈套。原来，李靖早已在他们的必经之地，埋下了数千伏兵。一时间，唐军伏兵四起、喊杀震天。一战下来，俘获五千多人，冉肇则也被生擒。

此战虽然规模不大，时间不长，但是，正所谓"外行看热闹，内行看门道"，李渊在京城收到战报之后，一下子便看到了李靖治军、用兵的才能：

差点儿被怨杀，还愿以死报国，这是忠。

大败之后，还敢带人夜袭，这是胆。

夜袭前，挑选士兵，并鼓舞士气，这是智。

夜袭的路上，躲过哨兵，不被敌人发现，这是严。

开打之后，用八百多人让上万敌军大乱，这是才。

战场那么大，退路肯定不止一条，知道哪里是敌军撤退的必经之地，埋伏多少伏兵合适，这是谋。

所以，李渊既高兴又尴尬地赶紧给自己找了台阶下，对大臣们说："朕听说，使功不如使过，看看朕多会用人，李靖果然立了大功。"

接着，他又赶紧给李靖连续写了两封亲笔信，一封以朝廷的名义，大力夸赞了李靖一番；一封则以自己的名义，表示既往不咎，旧事吾久忘之矣。

看看，李渊这笼络人心的水平是真高啊。公事公办，私事私说，两者可不相关哦。

另外，这个"既往不咎"用得实在是好。表面上的意思是说，你当年告我谋反的事，我不会再追究了。但深层次的意思还有，我两次想杀你的事，你也别记着了，咱俩重新开始，和和美美地过日子吧。

李渊都这么说了，李靖自然是高兴还来不及呢。于是，他趁热打铁，不久之后，便琢磨出来一篇高质量的论文——《论灭萧铣的十条计策》。

李渊看罢大喜，621年二月，便下诏任命李孝恭为夔州总管，又以李孝恭不太精通军旅之事，擢任李靖为行军总管，兼任行军长史，"三军之任，一以委靖"。

就这样，李靖鸟枪换大炮，一下子从四品散官，变成了战时的最高行政长官。

随后，李靖又劝李孝恭，说"攘外必先安内"，先把四川各位酋长的儿子召集到夔州，委以官职，但其实是作为人质，以解除后顾之忧。接着，他便开始四川总动员，一边大造舟舰，一边组织士兵练习水战，随时准备沿江而下，攻打萧铣。

就在李靖在长江上游对着萧铣磨刀霍霍的时候，萧铣正在干啥呢？

说来十分可笑，他在忙着窝里斗加裁军。

萧铣是后梁（西梁）宣帝的曾孙，隋炀帝的老婆萧皇后的侄子，当然，也是唐初名相萧瑀的侄子。而萧瑀呢，我们前文说过，是李世民的表姑父。而前来平定萧铣的大唐方面军总司令李孝恭，则是李渊的侄子。

从这一大串关系中，我们起码能得出一个结论：萧铣身世显赫，是标准的大富大贵之家的子弟。他是纨绔子弟，而不应该有不幸的童年。

但事实却恰恰相反，这一切只能怪他爷爷萧岩。587年，隋文帝杨坚吞并西梁时，萧瑀和他哥——当时的西梁皇帝萧琮，一起去了长安，继续享受着荣华富贵。

但是，萧铣的爷爷萧岩（萧瑀他叔）则对政权被杨坚所灭表达了强烈的不满，他带领家人往南投奔摇摇欲坠的陈，被陈后主陈叔宝封为扬州刺史。

可是没想到，两年之后隋朝便把陈给灭了。于是，萧岩一家就成了隋朝人民的公敌、十恶不赦的叛徒，而当时萧铣只有六岁。

从那时起，萧铣便过上了孤苦无依的生活，他从别人蔑视的眼神和母亲的眼泪中知道，父亲再也回不来了。

于是他幼小的心灵开始变得冰冷，复仇的火焰开始在心底燃烧。他知道没有人能够救他，除了他自己，而这种情况一直持续了整整十五年。

604年，隋炀帝当上皇帝之后，萧铣这位苦大仇深的青年，才终于啃上了杀父仇人送来的大猪蹄。作为萧皇后的侄子，他被任命为罗川县（今湖南汨罗）县令。

可能是他的祖辈们有过反叛的经历，也可能是他自身的能力就有问题，所以，在县令这个位置上，他一待就是十多年，一直到617年天下大乱。

李渊晋阳起兵几个月后，岳州（今湖南岳阳）校尉董景珍，带着手下的徐德基、郭华、张绣等人，也准备起兵反隋了。因董景珍官最大，所以大家一致推举他当带头大哥。

但是，董景珍却不想当带头大哥，这个原因我们之前讲过，在乱世当大哥，死亡率极高，成功率极低。于是，他便以自己身份低微，不能服众为理由推辞了，并把时任罗川县令的萧铣推了出来，理由有三：

第一，萧铣是名门之后，名气很大（此话不假）。

第二，萧铣有梁武帝萧衍的遗风，宽仁大度（纯属瞎扯）。

第三，隋朝官员戴官帽"进贤冠"时，就叫"起梁"，这是萧氏中兴的征兆（纯属瞎扯）。

解释一下为什么把隋朝官员戴官帽叫"起梁"，因为隋朝时的官员，把帽子上的"官梁"当工牌用。官梁越多，级别就越高。这个方法特别实用，就跟在脑门上刻了公章一样，两个不认识的官员见面，一数对方脑门上几根梁，立马就知道对方官阶高低。

萧铣在得到董景珍等人的支持后，终于将积压了几十年的仇恨全都放了出来。617年十月，萧铣在罗川县自称梁公，举起了造反的大旗。不到五天时间，周围的农民军便纷纷归附，人数多达数万。

随后，萧铣的势力便和之前的薛举、李轨一样，得到了飞速扩张。

他的手下大将苏胡儿攻克了豫章郡，杨道生攻克了南郡，张绣平定了岭表。岭南也在隋炀帝死后归降。

于是，618年，萧铣便自立为帝，依照梁朝旧例设置百官。他控制了西至三峡、南到交趾（越南）、北距汉水等广大地盘，兵力达到四十多万，成为南方实力最强的枭雄。

但是，萧铣从起兵开始，他手下之人的内斗就没有停止过。原因在于萧铣本人军事水平极其有限，而且，从一开始，他手下就没有一支忠于自己的部队。

萧铣在罗川举兵造反之后，第一个率军前来投奔他的，是当地的大土匪沈柳生。这人在归顺萧铣之前，曾和萧铣打过一次，结果把萧铣打得大败亏输。

后来，他看到岳阳的各方势力都推举萧铣做老大，便害怕起来，主动投奔了萧铣。萧铣也不计前嫌，将他封为车骑大将军。在沈柳生的示范作用下，这才有了五天时间归附者数万的骄人成绩。

但是，沈柳生有一个毛病，那就是拥兵自重，做事还不动脑子。

萧铣觉得罗川县太小，得把家搬到董景珍的岳州去。于是，他就带着全部家当，找董景珍去了。

沈柳生却觉得，如果前往岳州，在别人的地盘上，自己就没了权力。于是，他竟然把董景珍派来迎接萧铣的两个大使杀了。

看到这种行为，萧铣还以为沈柳生要发动兵变，当即表示这个老大我也不干了。

哪知道沈柳生根本没有要夺权的想法，他纯粹是一时冲动。看到老大生气后，他赶紧下跪道歉。萧铣这才长舒一口大气，赶紧就坡下驴，立刻赦免了他的罪行。

但是，一到岳州，萧铣就翻脸不认人，转身就让董景珍把沈柳生杀了。哪知道，董景珍这一伙人，随后也像沈柳生一样，拥兵自重、擅自杀人了。

刚开始，萧铣没有任何办法，寄人篱下，不得不低头。后来，萧铣慢慢有了点儿威信，他便利用各军阀之间的矛盾，放了一个大招：裁军兴农，而实际上，他就是要夺诸将的兵权。

大司马董景珍的弟弟第一个表示反对，准备造反。不过，没过多久，事情败露，他便被萧铣杀了。

董景珍当时镇守长沙，萧铣赶紧故伎重施，下诏表示要赦免他，并让他返回江陵（萧的首都）。董景珍在这种情况下怎么还敢回去，于是，他转身就投降了唐朝。

不久，萧铣派遣手下大将张绣把董景珍灭了。之后，他便将张绣提拔为尚书令。结果，张绣不长记性，一得到权力，也开始居功自傲了。萧铣一转身又把张绣杀了。

反正，在短短两三年的时间里，萧铣手下最主要的开国功臣，被杀了至少四位，而被削了兵权的更是不计其数，这种朝廷要是能稳固那就怪了。

更重要的是，萧铣的地盘看着很大，其实也很虚。因为荆州最重要的两个门户——夷陵和襄阳，都被牢牢地掌握在大唐手中。

三十五　三计灭萧铣，李靖料敌如神

　　明末清初的大地理学家顾祖禹在《读史方舆纪要》中曾说过："夫荆州者，全楚之中也。北有襄阳之蔽，西有夷陵（今宜昌）之防，东有武昌（今武汉）之援。"

　　为什么顾祖禹说襄阳、夷陵、武昌这三个地方那么重要呢？

　　自古以来，从北往南打，基本就三条路：

　　上游：南阳—襄阳—汉江—武汉；

　　中游：颍水/淝水/涡水—寿春—合肥；

　　下游：徐州—大运河（泗水开凿）—淮安—扬州—南京。

　　为什么说就这三条路呢？

　　因为打仗最重要的就是后勤保障。不管你打仗水平有多高，领军方法有多神，粮草不够，都得完蛋。李世民打薛仁杲、宋金刚、窦建德、刘黑闼都是前期固守，截断对方的粮道，等对方粮草不足、士气低落之后，再痛打落水狗的。

　　而古代打仗时的粮草，主要靠水运。因为陆运就跟养别人的孩子一样，费钱、费力、费时，最后大概率赔本。

在古代，假设在平原上走一千公里，用牛拉车运粮草。如果每段走九十公里，接力十一次，理论上的送达率是百分之二十；如果每段走三百三十公里，接力三次，理论上的送达率是百分之十二。如果直接走一千公里，不接力的话，你得把牛扛回来。

如果再考虑山地、阴雨天气、牛马生病等不可控因素，一千公里陆运粮草的送达率不到百分之五。也就是说，一百斤粮草，能送到前线五斤就已经很不错了。这就是《孙子兵法》里所说的"食敌一盅，当吾二十盅"。

而水运的效率就要高得多，逆水而行大概是陆运效率的十倍以上，顺流而下则是陆运效率的百倍以上，如《战国策》中记载："舫船载卒，一舫载五十人，与三月粮，下水而浮，一日行三百余里。"

襄阳在汉水上游，武汉在下游。拿下襄阳，武汉就危在旦夕。如果再拿下武汉，整个南方基本不用再打了，就等着乖乖投降吧。

而这么重要的地方，在李世民打王世充的时候，就被唐将李大亮拿下了。

奉节西部为四川盆地，宜昌东部为江汉平原。从东往西打，只要拿下奉节，整个四川盆地就基本无险可守。从西往东打，只要拿下宜昌，整个湖南、湖北便基本无险可守。

但是，两城之间的两百公里路却非常难走，这里就是大名鼎鼎的三峡。两边全是高山峻岭，中间水流极为湍急。当年像杨素这样的大名将，还在这里被不知名的小将吕忠肃打了四十多天，留下了近万具尸体才勉强通过。

而619年，许绍就带着宜昌投降了唐朝。中间萧铣派人来打过几次，全被许绍打了回去。

看完以上分析，相信大家心里应该已经有数了：

萧铣的梁就是一个不设防的银行，不仅内部管理混乱，外面连个防盗门也没装。面对强大的唐军，等待他的，只有死路一条。

不过，李渊对此战也非常重视，他一共派出了三路大军，进攻萧铣。

第一路，李孝恭和李靖统领十二总管，从夔州沿长江顺流而下，作为主攻。

第二路，庐江王李瑗率军沿汉江南下，作为辅攻。

第三路，黔州刺史田世康率军从沅江东进，作为辅攻。

621年九月，数万唐军集结完毕，只等李孝恭、李靖一声令下，就要出征。可是就在这个关键时刻，上天却给他们送来了一道考验题。

突然之间，天降暴雨，四百里三峡河道水位猛涨，犹如山洪暴发，极为危险。

看到这种情况，大部分唐军将领心虚了，这哪是考验题，分明是送命题。于是，他们纷纷劝说李孝恭，等到水落之后再进军不迟。老实说，这是一个很稳妥的计划，水落之后，唐军稳扎稳打，不出几个月，肯定能灭了萧铣。

可是，在这一片喧嚣之中，李靖却力排众议，提出了反对意见。

现在顺江而下，没有人知道自己能否活着回来。大家用了一辈子，甚至几辈子，才爬到这个高位，十分不容易，不愿意豁出性命，他可以理解。

但是，惜命怕死，如何立不世之功？兵贵神速，此时进军，敌人必然不会有任何准备，萧铣必可一战而擒。

看到五十岁的老将军如此生猛，李孝恭终于被感动了。

于是，当天李孝恭和李靖便率领两千多艘战船，冒着狂风暴雨，不顾生死地冲进了三峡。

天佑无畏者。幸运的是，历经千险万阻，唐军虽有损失，但大部分人还是顺利地通过了三峡。

事实果然如李靖所料，面对这群如狼似虎的唐军，萧军根本没有任何防备。几天之内，唐军就顺利拿下了荆门和宜都两个重镇。

战报传到江陵，萧铣顿时惊慌失措。他根本没有料到，唐军会豁出性命冒险而来，更要命的是，这位老哥前段时间刚刚裁军兴农，身边只留了几千兵卒。

于是，萧铣急忙命手下大将文士弘率领几千人，跑到清江口，试图拖延一下唐军前进的步伐，并紧急向各地发出了勤王令。

李孝恭看到文士弘仅仅率领几千人就敢来迎战，便准备教训一下这个不知天高地厚的小子。

但是，李靖却一把将他拉了回来，给他好好上了一堂军事理论课："敌军虽然人少，但却是过来拼命的。不如坚守不出，消耗敌军锐气。几天之后，敌军必然会分散兵力，一部分阻挡我军，另一部分返回城中守卫，到时再发动进攻，必然取胜。"

可惜的是，李孝恭这时候早已被胜利冲昏了头脑，根本没把这几千人放在眼里。于是，他便令李靖守营，自己带着人马冲了出去。

结果可想而知，李孝恭用亲身经历，再一次证明了"不听老人言，吃亏在眼前"的人生哲理。一番大战之后，李孝恭被打得丢盔弃甲，狼狈不堪地逃回营中。

好不容易取得了一场胜利，萧军士兵惊喜万分。但是，他们却没有乘胜追击，而是争先恐后地弃船上岸，争抢唐军丢弃的物资去了。

李靖在营中看到敌军这种行为，大喜不已，赶紧亲率五千精锐，又杀了出来。

结果，萧军被打得大败而逃。李靖跟在后面一通猛追，一直将这些人追到了江陵城下，并顺利拿下了江陵外城，缴获了大批战船。

一战下来，萧铣便成瓮中之鳖，江陵内城随时都有被攻克的危险。

按照一般将领的作战风格，此时唐军肯定要大举围城，全面发动进攻。不过，李靖却又玩了一个花招，他并没有乘机攻城，而是把缴获的战船全部扔到了长江之中，并开启了无人驾驶模式。

看到这种败家子行为，其他将领都以为李靖疯了，赶紧上来制止。

但是，他们又一次"感受"到了李靖天才般的战略眼光：

萧铣的地盘，南到五岭以南，东到洞庭湖。我们孤军深入，如果攻城不下，敌人援军从四方赶来，我军就会腹背受敌，进退不成，战船又有何用？

现在放弃战船，让它们堵满长江顺流而下，敌方援军见到，必然认为江陵城已被攻陷，不敢轻易进军，要先前来侦察。他们的行动迟缓十天半个月，我军便能取胜。

事实证明，李靖的确是一个天才般的将领，这一次他又对了。萧铣的援军看到满江的战船，果然怀疑江陵已经被攻陷，不敢前进。

遇到这种级别的名将，别说不会打仗的萧铣了，就是会打仗的王世充、窦建德们，估计也得完蛋。

于是，待在江陵城里的萧铣彻底绝望了，几天之后，也没想突围一下，竟然主动投降了。

621年十月二十一日，萧铣祭祀完祖先之后，便穿着丧服，带领群臣乖乖投降了。也不知道这种难堪的场合，他为什么要祭祀祖先。短短一个月，偌大的一个政权就被灭了，梁武帝要是知道子孙和自己一样，这么会败家，估计会被气得再死一次。

按道理讲，人家已经主动投降了，唐军作为王者之师，应该对百姓秋毫无犯才对。

但是，李孝恭率领唐军进入江陵之后，犯了一个低级的错误，他把江陵百姓当成了提款机，放任士兵们抢粮、抢钱。

眼看江陵百姓又要经历一次浩劫，唐军将要变成人民的公敌。

萧铣的宰相岑文本赶紧把李孝恭劝住了：现在纵军抢掠，那些没投降的地区，谁还敢投降？

李孝恭被他这么一敲打，才恍然大悟，赶紧下令制止了抢掠。看来，再聪明的人，也有糊涂的时候啊。

可是此令一出，正在大抢特抢的唐军将领们不干了，他们嚷嚷着，要把萧军将领们的家抄了，用来犒劳将士。由此可见，唐军的军纪可真不咋地，以前可没少抢东西。

结果这种话刚好戳中了李靖的痛处。当年自己因为忠心，差点儿被李渊斩了，现在这群人又想杀忠臣。于是，李靖一通臭骂，便把这群人给怼了回去。

其他州县听说之后，便开始望风而降。随后，李靖又翻越五岭，派人到各处招降，短短数月，便降服了九十六个州。

不久之后，萧铣也被送往了长安。看到这个轻易投降的对手，李渊有一种说不出的兴奋感，便把萧铣的罪行从头到尾数落了一遍。

可是，出人意料的是，萧铣在这个关键时刻，却硬气了一把，硬是把李渊怼了回去："隋失其鹿，英雄竞逐，萧铣无天命护佑，故被陛下擒获。正如田横南面称王，岂负汉朝？"

本想看人屈服而爽一把，哪里想到遇到这样一个硬骨头。于是，李渊转而大怒，一挥手就让人把萧铣拉下去斩了。

萧铣，家道中落，从小受尽屈辱，趁着乱世，终成一方霸业，算得上是一位枭雄。但是，这位枭雄却属于最弱的那种。

说他打仗水平不行吧，他拥兵四十万，占领的地盘还不小。说他打仗水平行吧，自己领兵时，就没打过什么胜仗。至于政治水平，也是马马虎虎，他造反四年以来，内政就没有安稳过。

但是，最后关头，他临危不惧，敢于顶撞李渊，的确勇气可嘉。这样的人，倒也值得尊敬。

萧铣被灭之后，江南只剩下了三个军阀：杜伏威、李子通和林士弘。

但是，杜伏威早在619年十月就在名义上归附了唐朝，被封为吴王，赐姓李。

621年十一月，也就是萧铣被灭两个月后，杜伏威又打败了宿敌李子通，将他押送到长安，被李渊软禁起来。随后，李子通和李密一样，又准备反叛，但是逃到半路就被杀了。

622年七月，李世民在打败刘黑闼之后，陈兵淮水、泗水之上，对着杜伏威耀武扬威。杜伏威心里一虚，便将军权交给义子王雄诞，自己带着少数亲信主动到长安投降。

李渊大喜过望，对杜伏威极为恩宠，将他封为太子太保，兼行台尚书令，上朝时让他位列齐王李元吉之上。

看到杜伏威也去了长安，成为孤家寡人的林士弘在五个月后也投降了唐朝。但是，几天之后，这位老哥竟然又反了。不久之后，他便在唐军的围追堵截之下，病死在山洞中。

至此，江南带头挑事的几位枭雄要么投降、要么被杀。如果不出意外，江南便会就此平定，人们从此过上和和美美的生活。

但是，没有经过铁和血深犁的地方，注定不会平静。因为被和平解放的地区，总会有那么一群人，在没有被暴捶之前，以为自己天下无敌，不把任何人放在眼里。

而这个人，恰好就出现在了杜伏威所统领的江淮地区。

三十六　平定江南，大唐终一统

江南被大唐平定之后，又起来造反的是位老"愤青"，他就是杜伏威的生死之交辅公祏（shí）。

杜伏威与辅公祏都是山东人，两人从小就建立了良好的革命友谊。杜伏威小时候家里穷，住的是冬凉夏暖型迷你草棚，吃的是天然绿色无公害野菜，还经常有一顿没一顿。

等到十四五岁时，他终于自学成才，拥有了人生中的第一份"工作"——偷窃。但是，由于刚入行业务能力不太强，他仍然经常性地饿肚子。

辅公祏看到好朋友如此落魄不堪，便豪气冲天地准备帮兄弟一把，奈何自己家里也穷得叮当响。于是，他灵机一动，就把目光投向了村里的放羊专业户——自己的亲姑家。于是，这两人就过上了喝羊奶、吃羊肉的生活。

不久之后，就被他姑发现了。没想到，他姑是个大义灭亲的人，一般人遇到这种侄子，暴揍一顿也就算了，但她却报了官。

无奈之下，两个好兄弟只好亡命天涯、四海为家。

几年之后，两人逃到了一个土匪窝。在这里他们转了行，从偷鸡摸狗的小蟊贼变成了杀人放火的土匪。

刚开始，这两人还只是土匪里面最底层的小兵卒。但是，由于杜伏威胆大、心细、能力出众，很快便被推举为老大。

614年，两人又带着弟兄们，溜达到了长白山（今山东会仙山），投靠了一个叫左君行的人。但是，由于几个人脾气不对付，不久之后，他们又离山出走，来到了淮南地区。

在这里，两人终于迎来了人生中最大的转机，但这同时也是第一个危机。

当时，淮南已经有了大批乱民，领头人叫赵破阵。赵破阵看见杜伏威初来乍到、兵微将寡，便打起了杜伏威的主意。

于是，他就摆了一桌宴席，派使者叫杜伏威来自己营中，唠唠家常。

杜伏威、辅公祏虽然家里穷，但多少读过点书，一眼就看出了这是鸿门宴。但是，若不去的话，人家要率军来攻，自己又明摆着打不过。

一番犹豫之后，杜伏威还是决定走一趟。于是，他便让辅公祏带着部队，驻扎在距离赵军军营不远的地方，而自己则带着十名亲信，端着牛肉和好酒，走进了赵军军营。

看到赵破阵之后，杜伏威低三下四地献上了满脸的笑容，表示自己很早就盼望着两军合并，没想到今天就能实现这个愿望，实在是太高兴了。

赵破阵看到这小子这么会来事，大喜过望。于是，他赶紧把所有的头目都叫了过来，大摆宴席，为自己聪明的脑瓜举杯畅饮。一时间，原本阴森森的军营，充满了欢乐的气氛。

但是，当他们喝得正高兴的时候，杜伏威终于露出了他本来的面目。是的，我希望两军合并，但不是你来兼并我，而是我来兼并你。只见杜伏威拔出砍刀，就朝赵破阵的脑袋劈了过去，一股股鲜血溅满了整个酒场。接着，杜伏威又手起刀落连杀了数人。

其他头目顿时酒醒了一半，撒丫子就往外跑，但为时已晚，杜伏威的亲信早已控制住了场面。而此时，辅公祏也带着军队杀了过来。赵军见状，只好放下武器，乖乖投降了。

于是，杜伏威的部队，一下子就变成了数万人之多，成为江淮地区势力最大的土匪之一。紧接着，他又打败了前来平叛的隋将宋颢，造反事业瞬间达到了一个小高峰。

但是，接下来，杜伏威就犯了一个很多人都容易犯的老毛病——骄傲。刚取得了一点成绩，他就干了一件相当残忍的事，把安宜城（今江苏扬州宝应县）屠了。

虽然因果报应之说很玄乎，大部分年轻人也不相信，但你翻看历史，或者活到一定岁数的时候就会发现，很多时候它还真的存在。总是干好事的人，不一定有好的结果，但总是干坏事的人，往往会遭到现实的暴击。

杜伏威马上就迎来了事业的大滑坡。

615年十月，李子通因为太得人心，遭到了老大左才相的嫉妒。一怒之下，他便带着一万多人出走，投奔了杜伏威。

杜伏威看到李子通是老战友，又和自己的遭遇相似，所以，有种惺惺相惜的感觉。二话不说，便将李子通纳为心腹。

哪知道，李子通也有样学样，不久之后就突然发动了兵变。杜伏威一个不小心便被李军刺到马下，身负重伤。眼看杜伏威就要一命呜呼，他的养子王雄诞突然杀了出来，一把将他背起，往芦苇丛里拼命狂奔，这才让他躲过一劫。

但是，事情还没有结束。隋军将领来整（来护儿的儿子），也趁机痛打落水狗，结果可想而知，杜军再次大败亏输。

躺在病床上的杜伏威又一次命悬一线，而这次救他的，却是一个女人——部下西门君仪的老婆王氏。此女"勇而多力"，关键时刻，她二话不说，背起杜伏威就一路狂奔。

义子王雄诞见状，也赶紧领着敢死队，在后面拼命断后。终于，在他们的齐心协力之下，杜伏威、辅公祏带着几百人又一次逃得性命。

两次死里逃生，他俩终于体会了一把被人追杀是什么滋味。痛定思痛之后，他们才开始走上正道。

经过小半年的招兵买马，他们的队伍终于又发展到了八千多人。杨广怕他的队伍再壮大，便派了大将陈棱率领八千精锐前来平叛。刚刚恢复一点元气的杜伏威，哪里是陈棱的对手，结果又一次被打得连连败退。

幸运的是，就在这关键时刻，杨广来了个"神助攻"——他第三次巡幸江都来了。当地老百姓本来就已经活不下去了，要么吃树皮、吃草根，要么自相残杀，现在被杨广这么一折腾，便纷纷加入杜伏威的队伍。一时间，队伍竟然达到了十几万人。

于是，战场局势瞬间发生了惊天逆转，刚刚还在追着杜伏威猛打的陈棱，开始坚守不出。

杜伏威见状，便学习起了当年的诸葛亮，派人给陈棱送去了一套女人的衣服，并送给陈陵一个外号——陈姥。可惜的是，陈棱不是司马懿，他一口气没忍住，便带着全军向杜伏威冲了过去。

杜伏威没有丝毫畏惧，带着人就冲。可是冲到半路，又一个不小心，被隋军的一个将领射了一箭。按一般的战场形势讲，此时的杜军肯定会军心大乱，大败而逃。

但是杜伏威和他的义子王雄诞一样"生猛"，受伤之后，他不仅没有倒地，还怒发冲冠，对着射自己的隋将大叫："不杀你，箭不拔！"

射箭的隋将顿时惊呆了，直到杜伏威冲到自己跟前也没有反应过来，结果被杜伏威擒了。这还没有结束，此时杜伏威已经杀红了眼，让隋将把自己身上的箭给拔了，才把他杀死。

接着，他又提着这个人的脑袋，在隋军之中来回冲杀，连杀了几十人。隋军看到这种疯子，哪里还敢再打，转身就往回逃。杜伏威趁机一路冲杀，占据了高邮、历阳等大片土地，成为江淮地区实力最强的枭雄。

不久之后，他便在丹阳组建了自己的小朝廷，自封为总管，封辅公祏为长史。他大量招贤纳士，修造兵械，减轻赋税，废除殉葬，并制定了最简单粗暴的法律——犯法之人，不分情节轻重，一律斩首。

618年，杨广死后，越王杨侗在洛阳登基。杜伏威便投降了杨侗，被任命为东南道大总管，封楚王。

619年，王世充篡位之后，李渊派人过来招降，他便又投降唐朝，被封为吴王，赐姓李。

由此可见，杜伏威其实真的没啥雄心壮志，他就是想固守一方，等队伍发展到一定规模之后，再转投朝廷。

但是，人性是一种特别奇怪的东西，两种看似矛盾的性格，却能完美地融合在一起。例如，同富贵的人，往往不能共患难；而共患难的人，又往往不能同富贵。

前者还好理解，大难临头各自飞。后者就太奇怪了，你说，有些人，大风大浪都能一起扛过来，怎么会在享受胜利果实的时候，变成了不共戴天的仇敌？

杜伏威和辅公祏两人就出现了这种问题。

辅公祏年纪比杜伏威大，所以，军中都称辅公祏为"辅伯"，两人的身份地位也都差不多。

但是随着两人的"事业"越做越大，杜伏威被权力欲熏了心，忘了当初吃不上饭时，是谁偷羊给自己吃的。

于是，他明升暗降地夺了辅公祏的权力，让辅公祏做了仆射，自己的两个义子阚（kàn）棱和王雄诞当了左右大将军，掌握了军权。

辅公祏也是一个聪明人，一看情况不对，就赶紧退出权力斗争，跟着道长左游仙炼丹去了。

622年，李世民陈兵淮泗之后，就给杜伏威出了一道基本无解的难题：

如果不去长安，下一步唐军肯定来收拾自己，到时候怎么办？

如果去了长安，把权力交给辅公祏，两人已经有了矛盾，万一这兄弟在背后给自己一刀，怎么办？

如果带着辅公祏一起去长安，江淮军便群龙无首，万一李渊翻脸不认人，谁来给自己报仇？

思来想去，对三个选项都不满意，最后，他只好选了第四个：赌一把，赌李渊不会杀自己，赌辅公祏是个聪明人，自己走后，他不会造反。因为当时局势已经明朗，大唐统一全国已是板上钉钉，辅公祏只要会审时度势，就不会铤而走险。

所以，最后他带着义子阚棱去了长安，把政权交给了辅公祏，把军权交给了王雄诞。临行之前，他害怕辅公祏真的会干傻事，便又叮嘱王雄诞一定要看好辅公祏，不要造反。

可惜的是，王雄诞是个有勇无谋的主，而辅公祏又是鼠目寸光之辈。

辅公祏竟然天真地以为，以江淮之力能与大唐争雄。杜伏威一走，他便和另一位老道左游仙一起，模仿杜伏威的笔迹，给王雄诞写了一封信，将王雄诞骂了一通。

王雄诞收到信后，非常伤心，也没辨别真假，竟然就此托病在家，不再沾手军务。辅公祏顺势就接管了军权。

623年八月，辅公祏又故伎重施，伪造了杜伏威的密令，起兵造反，自称皇帝，国号宋，并将不愿服从命令的王雄诞杀了。

李渊得知这一消息后大怒，立刻派出四路大军前去围剿。

第一路，赵郡王李孝恭由九江东下；

第二路，岭南大使李靖由宣城进兵；

第三路，怀州总管黄君汉出兵谯县；

第四路，齐州总管李世勣由淮、泗进讨。

辅公祐很荣幸地成为第一个被大唐第一名将和第二名将联合暴击的人物。

所以，整个平叛过程极其简单，其他的就不说了，只说一件事，两军对垒时，杜伏威的义子阚棱直接冲到阵前，摘掉头盔，对着前来抵抗的江淮军一声吆喝："汝不识我邪？何敢来战！"

江淮军的军心就乱了，投降的投降，跑路的跑路，基本没进行什么像样的抵抗。

624年三月，辅公祐在逃跑的路上，被几个农民逮住，送到了丹阳，被李孝恭斩了。

但是，在死之前，他又把杜伏威和阚棱也拉下了水，拿着自己伪造的密令，污蔑杜伏威和阚棱才是主谋。

这种事，很容易看出来是假的，要是真的，阚棱能上去打自己人？李孝恭当然也知道这是诬陷。但是，他刚和阚棱闹了一场矛盾，就公报私仇把阚棱斩了。

原来唐军打进丹阳之后，无意间把杜伏威和阚棱的家抄了。阚棱知道后，非常恼火。平叛乱时自己功劳最大，进了城却被抄家，这个谁能忍？于是，他立刻找到李孝恭吵了一架。

斩完阚棱还没完，李孝恭又把密令报告给了李渊。而早在一个月前，也就是624年二月，杜伏威就在长安突然去世了，时年四十一岁。《新唐书》说他是好神仙术，误服云母中毒而死。但事实究竟如何，恐怕只有李渊才知道。

李渊收到密令之后，又落井下石，剥夺了杜伏威的官职、爵位，并籍没了其家眷。什么叫籍没家眷呢？就是将其家眷"因人因技"分配到不同的地点为奴或为妓。

一代枭雄，竟然落得了这般下场。不知道临死之前，他是否会记起，二十多年前，有一个枯瘦如柴的少年，偷了一只羊，对着同样枯瘦如柴的他喊：喂，兄弟，快过来，一起吃！

唯一值得庆幸的是，627年，李世民刚刚即位，就给杜伏威和阚棱平了反，恢复了名誉，以吴国公礼下葬了杜伏威，由其儿子继承官爵。

至此，隋末"三十六路反王，七十二路烟尘"的故事基本结束。虽然北方还有梁师都、苑君璋等军阀还没有被消灭，但是对于唐朝的统一大局已经无关紧要。

看完这些枭雄的故事，可能很多人都会想到两个字——残酷。

在古代每天只能行军大概七十里的情况下，想在这个几百万平方公里的土地上赢得一席之地，你就必须不断押上身家性命，进行一次又一次豪赌。

成则黄袍加身，败则死无葬身之地。

而最令人痛苦的是，这是一个只要选择了开始，便永远不能停歇的生死局，直到只剩下一个王者。

更重要的是，这场生死局，并不是只要你投降了，就能被对方饶恕。

李密、王世充、窦建德、杜伏威、萧铣、李轨、薛仁杲哪一个摆脱了被斩的命运？

哪怕是主动投降的杜伏威，也没有赢得胜利者的一点点怜悯。

三十七　玄武门之变（一）：双方势力分析

　　624年，最后一个枭雄辅公祏被斩之后，李渊站在太极宫中，看着整个天下匍匐于自己的脚下，得意地笑了。

　　毫无疑问，他创造了历史。仅仅用了七年，便将破碎的山河重新统一。

　　他617年入主长安，618年灭薛举、薛仁杲，619年灭李轨、李密，620年灭刘武周、宋金刚，621年灭王世充、窦建德、萧铣，622年灭李子通、林士弘，623年灭刘黑闼，624年灭高开道、辅公祏。

　　与以往任何一个大一统的开国皇帝相比，他都在速度上创造了历史。刘秀用了十四年（22—36年）再续汉祚，司马炎用了十四年（266—280年）灭掉东吴，杨坚用了九年（581—590年）灭掉南陈。

　　只有刘邦和他一样，都用了七年（刘邦是公元前209—前202年）重缝山河。不过，他要比刘邦幸运得多。他不用自己到前线经历一次次血与剑的考验，他没有一个标准的悍妇老婆，也没有一群动不动就要造反的异姓诸侯王。

　　唯一让李渊感到不安的就是两个嫡子：长子李建成和次子李世民。这两个儿子之间有着不可调和的矛盾。

在李建成看来，父亲起兵时自己冲锋陷阵，父亲当皇帝后自己尽心辅佐。弟弟李世民在前方打仗时，自己要么坐镇后方调度粮草，要么驻守边疆以防突厥。另外，自己还有平定河北之功。

作为嫡长子，他毫无争议地是帝国的继承人，当之无愧的太子。

可是，在李世民看来，晋阳起兵前，是自己在晋阳帮助父亲结交的豪杰、组建的军队，哥哥李建成只不过是河东的闲人一个。因为他，父亲还差一点儿被杨广所杀。

起兵之后，哥哥只会在后方享受，是自己在前方历尽艰险，用鲜血和汗水先后消灭了薛仁杲、刘武周、宋金刚、窦建德、王世充和刘黑闼这些天下最难对付的枭雄。

哥哥除了比自己早生几年外，哪里都不如自己。如果非要说哥哥有功劳的话，那么他顶多只能算一个镇国家、抚百姓、给馈饷、不绝粮道的萧何。

而李世民自己则是运筹帷幄之中，决胜千里之外的张良；连百万之军，战必胜、攻必取的韩信；以及"威加海内兮"的汉高祖刘邦。

让萧何去当下一任皇帝，而让张良、韩信、刘邦的复合体去当臣子，不只是李世民不服，李世民手下的所有人都不服，甚至全天下的人都能看出问题的所在——德不配位，必受其殃。

李渊作为皇帝，当然很早就意识到了这个问题的存在，但他却无能为力。

他不能废了李建成的太子之位，因为李建成是嫡长子，占据道义上的优势，而且李建成为人稳重成熟，宽简、仁厚，自己每次外出巡幸时，他都坐镇长安监国，代理朝政，帮助自己推行律令、宣扬教化，把国家治理得井井有条，俨然一个合适的继承人。

更何况，姨夫杨坚废掉太子杨勇的悲剧才过去二十多年，至今回想起来还历历在目，他怎么能重蹈覆辙？

可是，他又不能杀了或者囚禁李世民。这个孩子虽然才二十多岁，却最像自己。他雄才大略、英勇神武，七年来南征北战、所向披靡，统一了整个北方，立下了不世之功，俨然是帝国的顶梁之柱。

而且外患仍未消除，突厥仍然猖獗，他还需要李世民去平定北疆。

他是皇帝，一个可以左右任何人生死的至高无上的皇帝。可是，他也是一位父亲，一位宁可自己被杀，也不愿过早起兵，陷孩子们于危险之中的父亲。

每次想到两个孩子斗得你死我活时，他都痛心不已。但让他在理智上选择支持哪一个，放弃哪一个，他又实在做不到，至少现在做不到。有时候，你不得不承认，世界上有些事情，就是你无论如何也解决不了的。

几十年后，李世民面对儿子李祐、李承乾连续造反时，不也是一边痛哭，一边写下了感人至深的诏书："且夫背礼违义，天地所不容；弃父逃君，人神所共怒。往是吾子，今为国仇……汝生为贼臣，死为逆鬼……吾所以上惭皇天，下愧后土，叹惋之甚，知复何云。"

"往是吾子，今为国仇……汝生为贼臣，死为逆鬼……"这是多爱又多恨，才能说出这种话啊。

这是一个帝王的悲哀，也是一个父亲的悲哀。所以，李渊此时唯一能做的事情只有一碗水端平，走一步算一步。

在李渊这位裁判的平衡术下，李建成和李世民开始不断招兵买马。在决战之前，双方在政治上和军事上，都已经拥有了足以致对方于死地的恐怖实力。

政治上双方的支持者

李建成主要代表京城权贵集团，其支持者主要有：

齐王李元吉，老大联合老三揍老二，好像是历史悠久的传统。不过，李元吉也有自己的小算盘，我们后面再讲。

燕王李艺（罗艺），李建成攻打刘黑闼时，结交了他。623年，李艺入朝。

左仆射裴寂，李渊的好朋友，害死刘文静的那个。

其他的都是太子府和齐王府的人，如太子洗马魏徵。

太子中舍人王珪（南梁尚书令王僧辩之孙，唐初名相）。

齐王府副护军薛万彻（隋末灭伊吾名将薛世雄之子）。

太子率更令欧阳询（唐初四大书法家之一）等人。

李世民主要代表军功新贵集团，班底大部分为山东人。因为最后李世民赢了，所以史书中记载他的心腹比较多：

右仆射萧瑀，梁明帝萧岿之子，隋炀帝萧皇后之弟，李建成和李世民的姑父。

中书侍郎宇文士及，宇文述之子，宇文化及之弟。宇文化及杀害隋炀帝的时候，他并不知情。后来归附大唐，因为是李渊的旧友，加上早年间就与李渊谈起过如何砸大隋的锅，所以不但没被李渊处罚，还被委以重任。

中书令封德彝，他名义上是李世民的心腹，实际上却是个骑墙派，既骗过了李世民，又骗过了李建成，还骗过了李渊。他死之后，才被发现首鼠两端。

礼部尚书兼天策府长史唐俭，祖父为北齐宰相，晋阳起兵时便追随李世民。

工部尚书屈突通，这位老将大家应该很熟悉了，李渊晋阳起兵后，长安派他去河东郡阻击李渊，结果力屈而降。

其他人就是李世民天策府的成员以及秦王府十八学士了。

天策府成员：长孙无忌（李世民的大舅子）、尉迟敬德、秦叔宝、程知节、高士廉（李世民妻舅）、侯君集、张亮、张公谨、刘师立、公孙武达、独孤彦云、杜君绰、郑仁泰、李孟尝、段志玄。

秦王府十八学士，全面包括了关陇、山东、江南等地的贵族：

房玄龄（名相）、杜如晦（名相）、薛收（曾力挺李世民打窦建德，可惜624年就死了，不然就是宰相了）；

许敬宗（唐高宗时宰相）、于志宁（唐高宗时宰相）、孔颖达（孔子的第三十一世孙）；

虞世南（著名书法家）、褚亮（著名书法家褚遂良之父）、姚思廉（史学家，著有《梁书》《陈书》）；

李玄道（李世民叔叔）、苏勖（隋宰相苏威之子）、薛元敬（薛收的侄子）、苏世长（李渊旧交）、李守素、盖文达、蔡允恭、颜相时、陆德明。

除此之外，双方在关键位置上都安插了自己人，到玄武门之变时，我们再详细讲。

权力上双方的实力

李建成为太子，毫无疑问是帝国的二把手，所有军国大事，都参与谋划。

李元吉为齐王、司徒、并州大都督，兼门下省长官侍中（隋朝时叫纳言，也就是宰相）。

门下省负责审议中书省的决策，如果他们认为决策不合适，可以反驳回去。如果认为合适了，就把决策交给皇帝，皇帝再签字盖章。门下省职工就是大名鼎鼎的给事中，到明朝时期发展成了言官。

李世民的名头则有很多，实际领有的官职包括天策上将、太尉、司徒、尚书令、中书令、陕东道大行台尚书令、益州行台尚书令、雍州牧、凉州总管、左右武候大将军、领左右十二卫大将军、上柱国、秦王（虽然这不是最终官职，中间也曾减少过，但影响不大）。

这其中有几个职位非常重要：

尚书令是尚书省的老大，为了防止其权力过大，实际上很少任命，通常由二把手左仆射履行第一宰相的职务。

整个隋朝，只有杨素担任过一年左右的尚书令，但是没过多久，他就死了。而整个唐朝，只有李世民和唐德宗李适担任过尚书令。

中书令，就是中书省的老大，也可以称为宰相。中书省相当于智囊团，工作内容是帮助领导人作决策、写文件。

陕东道大行台尚书令，相当于华北地区的老大，其官员、兵马全部受李世民节制。

左右武候大将军、领左右十二卫大将军，也就是唐朝所有的禁军，在名义上全部由李世民统领。当然，想调动禁军还是需要李渊批准的。不过，这为李世民拉拢李靖、李世勣两位大将提供了便利。

天策上将权力更是大得不得了，这是李世民一战擒双王之后，李渊封无可封才发明的官职，意思就是我没啥可封你的了，你这官是老天爷封的。

这个官职有哪些权力呢？

地位仅次于皇帝和储君太子，位于其他所有王、公之上。

在洛阳建天策府，为武官之首，在十四卫府（初唐所有禁卫部队）之上。

李世民可以自己招募人才作为天策府官员。

后来，李世民被逼无奈，想跑到洛阳，建立一个自己的小朝廷，就是因为有这个。

总结一下吧，大家可以简单地理解为：

李建成是大唐帝国的二把手，李世民是三把手，李元吉是四把手。

但是，由于李渊的纵容与溺爱，三个人的实际权力都差不多。李建成发布的太子令，李世民和李元吉发布的教，以及李渊发布的诏书，竟然有相同的效力。

很多部门也不知道该听谁的，于是，就形成了一个不成文的规定，先收到谁的命令，就按谁的执行。

此外，这父子四人，都住在太极宫内。李世民住在太极宫西侧的承乾殿（承庆殿），李元吉住在东侧的武德殿，李建成住在更靠东边的东宫，李渊则住在中间。

除太子之外，还有成年皇子住在皇宫，这本身就是一个危险的信号。而李建成、李世民、李元吉三个人竟然还可以骑着马，带着弓箭、大刀，随时出入李渊的寝宫。一家人要是在半路上遇到了，也不用行君臣之礼，只像家人一样打个招呼就行了（昼夜通行，无复禁限……太子、二王出入上台，皆乘马、携弓刀杂物，相遇如家人礼）。

另外，李渊竟然还允许三个孩子拥有自己的私人武装，具体是李建成两千人，李世民八百人，李元吉不详（募壮士，多匿罪人），但几百人肯定是有的。

身怀利器，杀心自起。李渊的纵容，简直就是给三个要打架的儿子一人递了一把刀子。只是他不知道，这几把刀子最后还会插在自己身上。

三十八　玄武门之变（二）：两个女人整哭李世民

621年，对于李世民来说，是最辉煌的一年。这一年，他一战擒双王，创造了史无前例的神迹。

随后，他身披黄金甲，带着几十员猛将，以及万余名精锐骑兵，在一片欢呼簇拥中，踏进了长安城。

可是，在欢迎仪式上，有一个人却一直用冷冷的目光注视着一切。毫无疑问，这个人就是太子李建成。

一年多以前，他还是毫无争议的太子，弟弟李世民虽有战功，但也只是个秦王，还威胁不到自己的地位。但是，一年多以后，老爹却将这位好弟弟封为史无前例的天策上将，不仅让他统率关东所有兵马，而且还可以组建自己的领导班子。

而弟弟也丝毫没有客气，不仅天策府搞得有声有色，还搞了个弘文馆十八学士，里面个个都是人才，说话又好听。这哪里是搞学问，分明是搞自己嘛。

面对这种赤裸裸的挑衅，李建成很聪明地意识到，李世民羽翼已丰，虽然正面搞垮他已不容易，但背地里却有很多机会。碰巧的是，不久之后，他便敏锐地抓住了两次机会。

621年，李世民打下洛阳城之后，为了方便行事，李渊下了一道诏书，令关东的所有事情，全都由李世民一人处置，不必上奏。

大部分情况下，领导说这话，也就是说说而已，你要真把啥事都办了，也不打声招呼，事后出了问题，他肯定找你麻烦。

李世民虽然才二十二岁，但他显然明白这个道理。所以，拿下洛阳之后，他第一时间便让萧瑀和窦轨去查封了府库，把所有金银珠宝上交给国家。

为什么让这两人去办呢？他们一个是他姑父，一个是他舅舅。查封府库的人必然会贪污，既然都会贪污，那就让亲戚们贪。更重要的是，这两位也是李渊的心腹，他们给李渊打的报告，李渊才会相信啊。

另外，李世民也可以借此机会，收买这两位长辈。允许他们贪那么多钱，以后在关键的时刻，他们还不得帮自己一把？

按理说，李世民这事办得相当漂亮，不应该出现什么意外。但是，意外还是发生了。

李渊后宫里的几个妃子，听说李世民缴获了很多宝贝之后，便两眼直放绿光，向李渊请求去一趟洛阳，挑选一些隋朝皇宫里的金银珠宝。

不知道李渊是想考验一下李世民，还是想当然地认为，李世民必然会私自藏匿很多宝贝，竟然同意了这些妃子的请求。

这些妃子刚刚到洛阳，就表现出了强烈的主人翁意识，不仅向李世民伸手要珠宝，还要李世民给她们的亲戚封个一官半职。

面对这群妃嫔的无理诉求，李世民非常无奈。

如果答应她们的请求，将士们会怎么想？将士们拼死拼活打下来的东西，没有分给自己，却分给了其他人，以后谁还会给他李世民卖命。

另外，府库说封就封、说开就开，官位不看素质，说给就给，以后老爹李渊会怎么想？

如果拿自己的私人珠宝让她们挑，那就等于是在打自己、姑父以及舅舅的脸，说明大家全贪污了。

但是，如果不答应她们的请求，她们回去后肯定会狠狠地告自己一状。

难啊，可以说这完全就是李渊给李世民出的一道无解难题，无论怎么做，李世民都是错的。

最后，李世民只能赌一把，赌老爹是为了考验自己。于是，他无情地拒绝了她们的请求："宝物已经登记在册，上报朝廷了，官位应该给有才有德有功劳的人。"

这件事发生之后，李渊具体什么反应，我们不得而知。所以，我们无法判断李渊的真实意图，但李世民是彻底得罪了这些妃嫔。

这件事，很快就被李建成和李元吉知道了。于是，他俩便开始极力讨好各位妃嫔，尤其是李渊最宠爱的张婕妤和尹德妃。一直到玄武门之变前，李世民都在为他的这次"错误"付出代价。

不久之后，张婕妤便在李建成的支持下出手了。

有一天，张婕妤把李渊伺候高兴了之后，便让李渊赏赐她爹几十顷良田。按说这几十顷良田，给了也就给了，根本不是什么大事。但问题在于，张婕妤要的这块土地，刚好就是以前李世民封给淮安王李神通的。

李神通看到李渊下发的诏书后，直接就拒绝了。因为按照当时的惯例，李渊的诏书与太子令，李世民、李建成的教，谁先发布就听谁的。李神通的这一做法，没毛病。

但是张婕妤就抓住了这一点，开始大做文章、颠倒黑白："皇上赐给我爹的田，却被秦王抢去给了李神通。"

前后顺序一颠倒，问题就相当严重了。李渊可以不在意儿子分享自己的权力，但绝不允许儿子的权力超越自己。于是，他大发雷霆，把李世民叫过去狠狠地骂了一通。

面对父亲的训斥，李世民知道，这事无论怎么解释，都是自己的错。即便是自己赐田在先，但"普天之下，莫非王土"，违抗诏令这一个罪名，就是绝对的大逆不道。

所以，他不得不向老爹认错，硬生生地吞下了这口恶气。

但是，李渊并没有因此而消停。不久之后，李渊在和好朋友裴寂喝酒、聊天的时候，便意味深长地感叹了一句："李世民这孩子，长年领兵在外，被那群书生教唆坏了啊。"

李渊都这样发话了，手下人能不懂啥意思？但是，裴寂还没来得及动手呢，尹德妃就赶紧去抢了功劳。

几天之后，李世民的心腹杜如晦骑着马在街上溜达，突然窜出来一伙人，按着他就是一顿胖揍，还把他的一根手指硬生生打断了。

人在街上走，祸从天上来。杜如晦正准备开骂呢，没想到这群人却先骂了起来：从尹德妃老爹家门前过，还不下马，你以为你是谁？

光天化日之下，竟然以这么奇葩的理由，把秦王府的人揍成这样。李世民彻底地怒了，带着人就准备揍回去。但是，尹德妃早已经将此事报告给了李渊，不过她却变成了受害者，不是她的人群殴了杜如晦，而是杜如晦一挑十，揍了她的人。

李渊听闻大怒，又把李世民叫了过去，逮着就是一通臭骂。不过，这一次，李世民没有像上一次那样继续忍耐，而是据理力争。但是，李渊就两个字——不信。

很明显，李渊并没有糊涂，这是一位帝王最起码的御人之术。李世民刚刚灭了王世充和窦建德，功劳实在太大了，不逮住他几个错误捶打一番，野心就会膨胀，以后就难以控制了。

另外，受点儿打击，也能磨炼儿子的心气。只有历经坎坷的人，才能成大器。咽在肚子里的泪水，终会化为催人奋进的甘泉。

后来，李世民当上皇帝，李靖灭了东突厥，他不也是狠狠地打压了一下李靖嘛。所以，李世民你也别觉得委屈，伴君如伴虎，谁当帝王都会这样用人。

如果这件事李世民也忍了，李渊估计就不会再打压他了。

但当时的李世民却并没有这么想。在他看来，当年杨广利用他爹身边的女人整死兄弟们的事情似乎正在重演。唯一的区别在于，杨广利用的是他亲妈，李建成利用的则是后宫的妃嫔。

所以，他不能坐以待毙，必须反击！

不久之后，李世民便想到了一个很经典的反击方法——哭。眼泪，虽然是非常柔软的东西，但也是威力巨大的武器之一。哭得好了，也许父亲就能够回心转意。

所以，在之后的一段时间里，他每次到宫中伺候李渊时，就跟奔丧一样开始哭。李渊瞬间蒙了，我还没死呢，二十来岁的大小伙子，咋就突然哭了呢？

李世民一边擦眼泪，一边说出了原因：想俺娘了，如果俺娘还活着，能和老爹一起享受荣华富贵该多好。

多么孝顺的孩子，多么感人的一幕，如果是在普通人家，当爹的肯定会和孩子一起潸然泪下、忆苦思甜。但是，有钱有权的人脑回路就是不一样。

所以，正在兴头上的他，看见李世民为死去的"老妇"哭哭啼啼，立刻就不高兴了。年轻人，还是阅历浅啊。

正和李渊一起玩得高兴的嫔妃们也被李世民哭蒙了，这哪里是在哭他妈，分明是拿他妈来压我们啊。

于是，李世民一走，她们也哭了起来。并趁机又告了李世民一状：咱们在里面娱乐，秦王在外面哭，这哪里是想她妈，是准备搞死我们啊。

李渊被这么一点拨，瞬间就明白了李世民的小心思。看来这小子没服气，还需要继续敲打啊。

幸运的是，这件事发生没多久，河北的刘黑闼就把大唐的名将虐了一个遍。李渊不得不再次起用李世民。

但是，河北战场上的一次次胜利，并没有换回李渊的宽容。相反，李渊还加大了打击的力度。没办法，功高震主，儿子不服气，就必须打到他服为止！

622年四月，李世民大胜刘黑闼，回到了长安。按道理讲，李渊应该大力封赏才对。但是，当年七月，李渊却在城郊接合处给李世民修建了一个宏义宫。史书上说，这是李渊为了奖励李世民平定刘黑闼而作。

但实际情况却是明升暗降。因为让李世民离开长安城（619年因为刘文静事件，李渊已让李世民搬离了太极宫，移居到了长安城内的长春宫，现在又让他搬到了郊区），而让李元吉和李建成留在自己身边，本身就是一种强烈的政治信号。

更何况，这个宏义宫也是相当寒碜。李世民称帝三年后，把李渊请出了太极宫，安排到了宏义宫。监察御史马周后来看不下去了，曾劝说过李世民："太安宫（宏义宫）太寒碜，还在郊区，皇太子都住在城里，怎么能让太上皇住那里？"

尽管如此，打压仍然没有结束。同年十一月，当刘黑闼卷土重来，再次扫荡河北的时候，李渊在李建成请求挂帅出征之后，更是直接架空了李世民在山东的兵权，让李建成担任陕东道大行台及山东道行军元帅，河南、河北各州均受其管制。

还记得李世民之前的头衔不？其中一个就是陕东道大行台尚书令。自己从死人堆里拿下的势力范围，一转眼竟然过户给了哥哥李建成。

看到父亲如此对待自己，李世民终于彻底地绝望了。他清楚地意识到，想靠感动父亲夺嫡，已经不可能了。他必须拿出强有力的反击手段，才能扭转父亲对自己的偏见。

幸运的是，不久之后李建成就连续犯了两个大错。

三十九　玄武门之变（三）：李世民反击李建成

623年九月，李建成在灭掉刘黑闼之后，就开始骄傲了。因为此时的政治环境对他实在是太有利了。

上面有领导——李渊大力支持，后宫的妃嫔帮着天天吹风。

自身有能力——文能提笔当财务，武能抽刀杀黑闼。

善于搞关系——灭了刘黑闼之后，他不仅笼络了实力派军阀燕王李艺（罗艺），还把他带到了长安，并把猛将薛万彻也纳入了麾下。

李渊还把李艺擢升为左翊卫大将军，和右翊卫大将军张瑾一起，统领宫廷内部警卫。注意，张瑾这个人也倾向于李建成继位。

反观李世民，619年因为刘文静事件，被赶出了太极宫。622年又明升暗降，被赶出了长安城，直接给整到城乡接合部去了。好不容易拿命换来了天策上将的官职，统领关东总兵马，一眨眼又被李建成架空了。

本来是自己和哥哥单挑战，现在却变成了群殴——李渊、李建成、李元吉父子三人群殴自己。

假如这个时候，李渊要是在宫中突然挂了，李世民估计连一点儿机会也没有，别说皇宫门他进不去，长安城他都进不去。

不过，这对善于控局的李世民来说，输赢还没有定，只要不下牌桌，就一定有翻盘的机会。

他不得不把战场上的那一套搬到了皇室斗争中——超长时间的隐忍，探清对手的虚实，一旦出击招招毙命。

幸运的是，在隐忍了整整半年之后，李世民终于找到了机会。据线人上报，李建成从燕王李艺的幽州私自往京城调动了三百名精锐骑兵，作为自己的私人武装。

唐朝时，属于太子的武装部队为东宫六率。每率下面有三到五个府，每府大概有一千人，也就是说太子能调动两万到三万人的部队。前面我们还说过，由于李渊对儿子们的溺爱，隶属李建成的私人武装还有两千人。

但是，这只是太子名义上拥有的军权。你调动你那两千人可以，因为属于私人保安。但是，这三百人可是属于国家的部队啊。按照唐朝法律的规定，只要调动十人以上的部队，就得有皇帝的批准。

"擅发十人以上、九十九人以下，徒一年；满百人，徒一年半；百人（每多一百人），加一等；七百人以上，流三千里；千人，绞。"

照这规定，李建成调动三百精锐骑兵，怎么着也得吃四五年的牢饭，更何况这是太子与藩王勾结，私自调兵入京。而此时，燕王李艺负责的恰好还是李渊的保卫工作。

这就已经不是私自调兵的问题了，判他谋逆都不为过。

李世民得知这一消息后，大喜过望。但是，他并没有自己出手，而是找来一个不知名的小人物，告发了李建成。

终于要翻盘了，李建成必然会受到重罚，父亲必然会重新审视自己，李世民急切地期盼着。

出人意料的是，李渊知道此事后，虽然很是生气，但也只是把李建成叫去骂了一通，将前去调兵的太子右虞候率可达志流放到嶲（xī）州（今四川西昌）。

比起李世民赐田、杜如晦打架（被打），李建成这可是十足的重罪啊。但是，法官李渊大人却给出了截然不同的判决。他没有把李建成明升暗降，更没有把李建成赶出皇宫。

这到底是什么世道？李世民极为不甘，却又无可奈何。

不过，李世民也不必太过灰心。因为此事起码给李渊提了一个醒——李建成很不老实。更重要的是，这件事也让李建成产生了一个严重的错觉——父亲心太软。

于是，几十天后，李建成便又犯了一个比私自调兵更大的错误。

624年六月三日，长安城里热浪滚滚，开启了烧烤模式。本来就患有高血压的李渊，血压窜得更高了（高血压是唐皇室的遗传病）。于是，他便带着李世民、李元吉到长安以北一百多里的仁智宫（今铜川）避暑去了，让李建成留守京城"享受"高温桑拿。

可是，还没过几天凉爽日子，李渊刚刚降下来的血压，马上就来了一次大飙升。

六月二十三日，仁智宫里突然来了两个人——李建成手下的郎将尔朱焕和校尉乔公山。这两人狂奔一百多里，带来了一个紧急情报：太子谋反，准备和庆州都督杨文干里应外合，发动兵变。

原来李建成趁李渊不在家，便让这两位"心腹"给另一位心腹杨文干赠送了一些盔甲。但是，没想到这两人刚刚跑到豳（bīn）州就反水了。

李渊听后，简直不敢相信自己的耳朵。但是就在李渊犹豫之时，宁州人杜凤举也跑到仁智宫"踹"了李建成一脚。

这两拨证人还互相验证了。李渊一下子就想起几十天前，李建成调兵入京的事。看来，李建成真要反啊。于是，盛怒之下，李渊立刻采取三项措施：

一是亲笔写下一道诏书，令李建成火速赶往仁智宫；

二是令司农卿宇文颖火速赶往庆州，传召杨文干；

三是收拾行李，赶紧跑。仁智宫在山沟沟里，李建成这败家子要真打过来，他这个五十八岁的高血压患者，跑都没地方跑。

李建成收到诏书之后，顿时吓出了一身冷汗。看来事情已败露，如果此时赶往仁智宫，恐怕凶多吉少。于是，他立刻将手下们召集起来开会。

会上，谋士们分为了两派：

一派以太子舍人徐师暮为首，劝说李建成占据京城，发兵造反。

另一派以詹事主簿赵弘智为首，他们则劝李建成赶紧到仁智宫谢罪认错，李渊一向心软，肯定会饶他一命。

李建成虽然办事糊涂，但显然还有点自知之明，看了看自己的实力，明显斗不过"辕门射鸟眼"的老爹和"一战擒双王"的李世民，所以，只好带着十几个人，火急火燎地赶到了仁智宫。

狂跑了半宿，李建成终于在荒郊野外遇到了从仁智宫里逃出来的老爹。看见老爹被自己吓成这样，李建成一下子就瘫了，立刻趴到地上使劲地磕头认错，差一点晕死过去，那叫一个惨啊。

但是，李渊这一次明显没有那么好糊弄。一直到李建成头磕得马上要断气了，李渊这才让人把他软禁到了一顶帐篷里。第二天一大早，李渊才返回仁智宫。

李建成这边好不容易稳住了，但是，杨文干那边却出了大事。六月二十四日，宇文颖到达庆州后，也不知道跟杨文干说了啥，这家伙还真的就造反了。

六月二十六日，消息传到仁智宫。李渊血压立刻又飙升了，他急忙把李世民叫到了身边：

"杨文干造反，牵连着你哥，恐怕会有很多人响应。你最好能亲自去一趟，回来以后，我立你为太子。"

顿了顿，他又语重心长地接着说："至于你哥，我不能像隋文帝那样，杀自己的儿子啊。到时候，我会把他封为蜀王，蜀中兵力薄弱，如果以后他老老实实的，希望你能给你哥留条活路；如果以后他要造反，你也能够很快把他拿下（取之）。"

注意，李渊这里说的是把他"拿下（取之）"，而不是杀了，可怜天下父母心啊。

听闻此话，李世民差点儿暗喜到内伤。于是，他二话不说，带着人就朝杨文干杀了过去。

七月一日，杨文干攻陷了宁州。七月五日，李世民便杀到了宁州城下。杨文干的党羽一看李世民来了，没做丝毫抵抗，撒丫子就跑了。杨文干一看这架势，转身也跟着跑，不过还没跑两步，就被部下杀了，脑袋则被李世民拎回了京城。

但是，当李世民喜气洋洋地到了京城之后，却惊讶地发现李建成竟然被无罪释放了，老爹答应自己的太子之位也没了。

相反，李渊还以兄弟不和为借口，把两个人各打了五十大板：太子中允王珪、左卫率韦挺和天策兵曹参军杜淹，全部被流放到了嶲（xī）州（今四川西昌）。

原来，李世民前脚刚走，李元吉便与那些后宫妃嫔轮番替李建成求情。表面上属于秦王党的封德彝，也偷偷使了把力。然后，李渊就原谅了李建成。

以上便是史书上关于"杨文干事件"的全部记载。但是，这个记载很明显不能说服后人，因为有太多不合理的地方：

李建成真的要造反吗？

如果是，他为啥没反？

如果是，这些大臣怎么敢替他求情？

如果是，李渊怎么会因为几个人的求情就原谅了他？

如果是，李渊怎么会以兄弟不和的名义把两个人各打五十大板？

所以，关于这件事，后世还有两种猜测：

第一种依据《资治通鉴》——李世民是主谋。

李建成的确给杨文干送了盔甲，但是他并没有要造反的意思，是李世民买通了那两个人，让他们诬陷李建成造反的。

李渊冷静下来之后，发现了事情的真相，就同时处罚了两兄弟。李建成是私运盔甲罪，李世民是诬陷兄弟罪。

另外，李渊派往庆州传召的宇文颖也被李世民买通了，是李世民让他对杨文干说了一些不该说的话，杨文干才反的。最后，李世民还搞了个死无对证，把宇文颖杀了。

第二种依据《新唐书》——李元吉是主谋。

《新唐书》中记载了宇文颖是李元吉的死党："元吉阴结颖，使告文干，文干遽率兵反。"

是李元吉让宇文颖对杨文干说了一些不该说的话。杨文干一旦造反，李渊便会废了李建成。之后，李元吉再出来指证，李世民才是背后的真凶。这样，他便可以一箭双雕，让李渊立自己为太子。

两种说法，各执一词。但是，如果我们从结果倒推的话，真相只能是第一种。

如此重大的事情，李渊必然会进行一系列严密的调查，才会作出决定。如果是李元吉在背后支持宇文颖，李世民捉住宇文颖之后，怎么可能不大肆炒作一番？另外，凭李元吉的智商，好像也没办法骗过李渊、李世民和李建成这三个人精吧？

不管怎么说吧，这两件事充分体现了李建成在政治斗争上的不成熟，以及李世民的高明。

李建成完全把政治斗争当成了战场，以为谁手下的武装力量强大，谁就能占据有利地位，不然他怎么可能干出调兵三百入京和运送盔甲的蠢事？另外，李建成选派心腹也选得太没水平了，担任送盔甲这么重要任务的人，竟然也会反水。

李世民则充分认识到了耍阴谋诡计的关键——暗桩。你调三百骑兵，你送无数盔甲，都不如我在关键位置上放三个暗桩。这些人可能地位不高，权力不大，但在关键的时候，却能以一当百。

同时，这件事也意味着，李世民与李渊、李建成、李元吉彻底决裂了。父亲的偏心已经拉不回来了，父亲的话也已经靠不住了。使用和平手段让父亲立自己为太子已经完全不可能了。

除了诉诸武力之外，李世民已经别无选择。

四十　玄武门之变（四）：李世民杀兄囚父

624年七月，"杨文干事件"发生一个月之后，李渊为了放松一下心情，便在长安城南面举办了一场大型射杀小动物比赛。

赛前李渊还特别贴心地提醒三个儿子：比赛第一，友谊第二，给我使劲打，看谁打得多。

李建成一听就蒙了，谁不知道李世民是百发百中的神射手，和他比打猎，那不就是屎壳郎搬泰山——自不量力么。

不过，李建成脑瓜子挺好使，迅速想到了一个好点子。他牵来了一匹膘肥体壮，但是喜欢尥（liào）蹶子的进口马，忽悠李世民："这匹马跑得特别快，几丈宽的水，它一下子就能跳过去。弟弟善于骑马，要不要试一试？"

当着老爹的面，李世民也不好意思拒绝。于是，只好骑上了。

刚开始，这马还挺不错，一溜烟就跑到了其他人前面。李渊看到兄弟关系如此融洽，非常欣慰。

哪知道，这马跑着跑着，忽然之间就尥起后蹶子，李世民一个跟跄就被甩了下去。幸好他骑马的水平比较高，一个翻身，就跳到数米之外，立定鞠躬，完美地完成了一次骑术表演。

遇到这种烈马，李世民却很兴奋。越是烈马，征服起来越有成就感。于是，等这马站稳之后，李世民像没事人一样，又骑了上去。

别说，这匹马还挺倔，一连尥了三次，才被李世民制服。

看到烈马屈服在了自己的胯下，李世民得意地笑了，回过头就对宇文士及吹嘘："生死有命，想用这匹马杀我，嫩了！"

吹就吹吧，本来也没啥事。但是，李世民吹的声音实在是太大了，刚好就被李建成的人听到了。于是，李建成便把这话改了改，让后宫妃嫔在李渊的耳边吹了吹风："秦王自言，我有天命，方为天下主，岂有浪死！"

刚刚还在自我欣慰的李渊，血压又飙了上来，立刻把李世民叫去骂了一通。

当别人讨厌你时，无论你怎么做都是错的啊。李世民只好无奈地长叹一声，跪了下去，摘下王冠，递给了李渊，让父亲把自己交给有关部门定罪。你不是讨厌我吗，干脆就把我这秦王给废了吧！

李渊有点儿尴尬，没想到儿子会来这么一出。幸好，就在双方僵持着的时候，一封军情急报送了过来——突厥的颉利、突利两位可汗正率全国之兵杀向边境。

李渊顿时找到了一个台阶下，贱兮兮地又让李世民戴好了王冠，并命他和李元吉一起，即刻发兵，前往豳州抵御突厥大军。

八月十二日，李世民一行抵达了前线。

面对来势汹汹的突厥大军，李世民没有丝毫畏惧。他立刻心生一计，率领一百多名骑兵，冲到了敌军阵前。一边冲，一边骂突利可汗背信弃义，刚刚结好盟约，便率军来攻。

这个举动把颉利可汗给搞蒙了。因为颉利可汗继承的是他哥的汗位，突利可汗则是他哥的儿子。本来应该是突利继位的，结果却被颉利抢了过去。所以，这叔侄俩有着天然的矛盾。中原政权为什么是嫡长子继承制，就是因为这个。

颉利听李世民说大唐和突利结了盟，立刻就起了疑心——李世民敢带着一百多人冲过来，难道是和突利一起设的圈套？

所以，他赶紧向李世民表示，此次率军前来，没别的意思，就是来旅游的。你别再往前冲了，我马上就退军。

说完，颉利还真的往后撤了几里地，准备好好查一下自己的大侄子突利。

可惜天公不作美，随后几天，暴雨连绵不绝，别说查大侄子了，出去跑两步，回来都可能感冒。

但是，就在突厥人都躲在帐篷里避雨的时候，李世民却看到了出击的最好时机。他把将领们全部召集起来，发表了一通激情澎湃的演讲："突厥所恃弓箭，如今大雨经久不息，弓箭早已被泡得没有了弹性，如果此时发兵，必能一鼓作气制服敌军。"

当晚，他便亲率数千名骑兵，踏着泥泞，冒着大雨和夜色杀向了突厥的大营。但是，到达突厥大营之后，李世民看着这群被吓得准备随时跑路的突厥兵，却没有第一时间发动进攻。因为他知道，凭大唐的实力，现在根本消灭不了突厥。即使此战赢了，突厥必然会发起猛烈的报复，而大唐现在正需要休养生息。

所以他决定派人好好忽悠一下突利可汗：你已经被你叔怀疑了，可是你又打不过你叔，不如现在就和大唐结盟，如果以后你叔去打你，大唐就是你坚强的后盾。

突利可汗看了看外面的唐军，又被这么一忽悠，还真的上了钩。不到一顿饭的工夫，他竟然和李世民结拜成了兄弟。

一场巨大的边境危机，就这样被李世民不费一兵一卒地解决了。这种高超的战略眼光与超强的战术定力，简直成了后世的用兵楷模。

但是，如此大功，到了李建成和那些后宫妃嫔的嘴里，却变成了李世民勾结突厥，以揽兵权、篡夺帝位的证据。

所以，当李世民率军凯旋之后，李渊并没有给予任何像样的表彰，反而配合李建成、李元吉再一次加强了对李世民的打压：

程知节被贬出长安，任康州刺史，不过他誓死没走。

尉迟恭则比较倒霉，他先是拒绝了李建成的收买，后来又躲过了刺客的刺杀。最后，还是因为莫须有的罪名被关到了监狱。幸好李世民拼死营救，他才逃得一命。

李建成又去收买右二护军段志玄，但是再次碰了一鼻子灰。不过，李建成并没有气馁，又设计把房玄龄、杜如晦调离秦王府，并怂恿李渊下了命令，让二人不得与李世民相见。

搞到最后，李建成收获颇丰，秦王府一共被调离了六十多人，羊毛都要被薅秃了。

另外，李元吉还发挥他丰富的想象力，准备在自己家里把李世民杀了。一次，李世民陪同李渊到李元吉府中办事，李元吉竟然让护军宇文宝埋伏在卧室里，准备当着老爹的面杀了李世民。

幸好，李建成制止了。因为这完全就是个馊主意，你杀了李世民，就得把老爹也软禁了，不然就是找死。但是，老爹身边至少有三百多护卫呢，一个宇文宝能软禁得了吗？如果老爹跑了，不回过头来整死你才怪。

李元吉见一计不成，又干出了一件更加荒唐的事，他直接跑到李渊面前，要求杀了二哥。李渊一口老血差点儿喷出来，直接就拒绝了。但是，他并没有因此而训斥李元吉。

李世民当上皇帝之后，提起这段往事，还颇为伤感："武德六年（623年）已后，太上皇有废立之心，我当此日，不为兄弟所容，实有功高不赏之惧。"

这里的"废立之心"，很多人说是废李建成的太子之位，但根据前面的描述看，很明显是要废掉李世民的王位。

但是，好在有突厥的不断"帮忙"，以及李世民的努力自救，在这段时间内，他仍然有不少的收获。

625年三月，颉利可汗终于发现上一次被李世民忽悠了，于是，就吆喝着要过来报仇。李渊让李世民率兵出潞州（今山西上党）抵抗。

625年六月，颉利可汗又来了，李渊又让李世民进驻了蒲州。

625年八月，颉利可汗又来了，率领十万兵马，大规模侵犯朔州。并州道行军总管张瑾率军抵抗，结果全军覆没。

李渊又不得不让李世民前往并州率军抵抗。一直到当年十一月，李世民才回到京城，因功被封为中书令。李元吉作为并州总管，也被封为侍中，也就是门下省的老大。

于是，李世民的官职就成了：天策上将、太尉兼司徒、尚书令、中书令、陕东道大行台尚书令、雍州牧、十二卫大将军、秦王。三省李世民独掌其二。

另外，李世民在去前线打仗的同时，也没忘了搞地下组织和收买人心，时刻准备着发动政变或者打内战：

第一，他在皇宫禁卫处和太子身边，埋下了无数暗桩。

有名可查的暗桩，至少有四位：常何、敬君弘、吕世衡和王晊。无名可查的肯定还有很多，因为玄武门之变时，整个京城的防卫力量和皇宫的禁卫军，要么作壁上观，要么站在了李世民这一边。甚至李渊的亲卫兵也出乎意料地消失了，后面我们再详细讲。

第二，让行台工部尚书温大雅镇守洛阳，全权统辖山东嫡系部队。

第三，派秦王府车骑将军张亮，率领亲信王保等一千多人前往洛阳，暗中结交山东的豪杰。此计虽然被李元吉识破，并以图谋不轨的罪名将张亮逮捕入狱，但是张亮最终经受住了折磨与考验，完成了秦王交给他的任务，回到了洛阳。

第四，劝说大唐最能打的两位名将灵州大都督李靖、行军总管李世勣加入自己阵营。虽然这两位在最后都保持了中立，但这已经足够了。如果政变不成，打起内战来李世民一样能稳操胜算。

总之，李世民的实力表面上看起来被削减了不少。但是，他的力量却在暗地里持续增长。

看到李世民像打不死的小强一样，总是能靠着外挂升级，李建成和李元吉终于坐不住了。既然不能靠外力灭了你，那就只能自己动手了。

626年六月一日晚上，李建成约李世民到东宫喝酒，名义上是促进一下兄弟之间的感情，以后打架的时候动手轻点。为了打消李世民的疑虑，他还叫上了叔叔李神通。

因为李神通既是李世民的人，又是长辈，李世民就放下戒备去了。

哪知道，李建成却没有按套路出牌，当着长辈的面，竟然在李世民酒里下了毒。但是，为了不让李世民死在自己的宫中，下毒的时候，手一软，就下轻了一些。

几杯酒之后，李世民就出现中毒的症状，心脏疼痛，狂吐鲜血。李神通见状，意识到大事不妙，赶紧搀着李世民就往西宫跑。一面派人叫御医，一面派人叫李渊。

幸运的是，李世民只是轻微中毒，吐完后也就好得差不多了。李渊来了之后，一下子就明白是怎么回事，逮着李建成就是一顿臭骂。

最后，李渊一声长叹，表达了自己作为父亲的无奈："你们兄弟难容，以后还一起住在京城，肯定还要自相残杀。要不你去洛阳吧，陕东地区由你说了算。到那里，你还可以像汉朝的梁孝王一样，设置天子旌旗。"

这里所说的梁孝王是汉景帝的亲弟弟，因为平定七国之乱时有大功，所以，汉景帝给了他极大的权力，让他在自己的封国内，一切待遇犹如皇帝。

听李渊这么一说，李世民总算感到了一点点安慰。虽然离开京城就意味着再也无法继承帝位，但是，等李渊去世以后，他再打过来就是了。

可是，李建成和李元吉却不干了。因为他们很有自知之明，要大刀是要不过李世民的，但是要阴谋诡计，他们还是很有一套的。

所以，他们立刻又让人去告了李世民一状，说李世民的人听说要去洛阳，都高兴地快哭了。所以，他这一走，肯定就不会回来了。

李渊被这些人一劝，竟然再一次食言收回了命令。

李世民收到命令之后，极其郁闷。更加令他绝望的是，六月三日一大早，他的暗桩，太子率更丞王晊，便跑过来报告了一个可怕的消息：

突厥骑兵大举南下，皇帝命李元吉统率各路兵马北上抵御。李元吉请求皇帝，将李世民的心腹尉迟敬德、程知节、段志玄、秦叔宝以及其他精锐，全部纳入自己麾下。

另外，李建成和李元吉已经密谋好了：明天大家到昆明池为李元吉饯行之时，李建成将发动兵变，杀掉李世民，并逼迫李渊交出大权。

李世民听完之后，大惊失色，急忙叫来了还在秦王府中的长孙无忌、尉迟敬德以及其他谋士商量对策。

没想到，这群人来了之后却没有一点恐慌，反而一个个异常兴奋。早就让你先下手收拾他们，你一直犹豫不决，现在终于可以干了吧？

但是，无论他们怎么兴奋，怎么怂恿，李世民还是犹豫不决。不犹豫太难了，那毕竟是他的亲兄弟。

看见刀已经架在脖子上了，老大还在犹豫，终于有一位读书人站了出来："大王觉得舜是何人？"

"圣人！"

"舜他老人家，从小被他爹、后妈，还有兄弟欺负。你知道他后来咋当上君主的不？"

"你说。"

"因为他爹和他弟弟准备活埋他的时候，他知道跑啊！"

学历史有什么用？这就是用处。随随便便举个例子，胜过了千言万语。

李世民一听，顿时觉得很有道理，原来自己是舜啊。于是，他瞬间就放下了心理负担。但是，他仍然非常紧张，就让人找了两个龟壳，准备好好算上一卦。

就在李世民一边念咒，一边掐龟壳的时候，张公谨突然从外面回来了，只见他抓起龟壳就扔到了地上，并怒斥道："算什么算，如果算出来不吉利，你就不干了？"

看看李世民这群手下，一个比一个猛啊。于是，李世民当机立断——干。

李世民立刻命令长孙无忌到外面通知房玄龄和杜如晦，让他们火速赶往秦王府商议大事。

但是，意外又发生了。这两个谋士见到大汗淋漓的长孙无忌之后，竟然跟大爷似的，直接拒绝了。理由就一个，皇帝不让我们见秦王。

长孙无忌一跺脚，骂骂咧咧地又回到了秦王府。李世民大怒，直接把佩刀递给尉迟敬德："你去看看，如果他们不来，直接斩了，提头来见。"

这两人本来就是想刺激一下李世民，因为他们早就劝过李世民造反，但是李世民就是不干。所以，看着尉迟敬德拿着佩刀来了，就完全明白了李世民的意思。

于是，他们为了避人耳目，换上老道的衣服，分头赶往了秦王府。

他们刚刚赶到秦王府，李渊的诏书就到了，要求李世民立刻赶往宫中。直觉告诉他们，大事不妙，宫中肯定有大事发生。于是，他们急忙制定了一套行动计划，让李世民按计行事。

果然不出所料，李世民来到宫中之后，李渊一脸怒火地递给他一份来自大唐天文学家傅奕的秘奏："太白现秦空，秦王当有天下。"

为什么太白现秦空，秦王就要有天下呢？因为这个太白，就是太白金星的意思，在神话里，他是玉皇大帝的信使。所以，古人认为，太白星一出现，就是吉兆。

但对于李世民来说，这哪里是吉兆，分明是让自己去死啊。一个皇帝对臣子说，你要当皇帝了，这是什么意思？不就是让你去死的意思嘛！

所以，李世民看完秘奏之后，吓出了一身冷汗。急忙跪下，把刚刚编好的谎言一口气说了出来："儿子刚刚得知，李建成与李元吉淫乱后宫。没想到，他们却提前下手，想杀我灭口。这是要为王世充和窦建德报仇啊！"

李渊看到李世民如此情真意切，顿时大惊失色，立刻改变了态度，让李世民第二天一大早就赶往宫中，与李建成、李元吉等人当面对质。

李世民逃过一劫，赶回秦王府后，立刻采取了三项措施：

一是命令妻舅高士廉，第二天一大早便到长寿坊、光德坊，放出死囚，发给他们兵器，赶往芳林门，防止李建成军偷袭秦王府。

因为高士廉是雍州治中，也就是雍州的二把手（李世民是一把手），而长安城属于雍州管辖。所以，只有他带着死囚穿越长安城，才没有人敢阻拦。

二是命令暗桩常何、敬君弘、吕世衡等禁军将领，在第二天守卫玄武门。

三是李世民和王妃长孙氏亲自带领秦王府内的八百死士，从玄武门进入太极宫，发动政变。

一切安排妥当之后，手下将士们群情激昂地开始进行严密的布置。但李世民却精疲力尽地瘫坐了下去。今天我还是好兄弟、乖儿子，明天却要背负杀兄囚父的恶名。

他呆呆地望着天空，根本不敢相信眼前的一切。他希望黑夜能够再长一点儿，再长一点儿，也许就会有奇迹发生。但是，几个小时之后，黎明终究还是来了。

626年六月四日清晨，李世民带着长孙无忌、尉迟敬德、侯君集、张公谨、刘师立、公孙武达、独孤彦云、杜君绰、郑仁泰、李孟尝等人，以及八百死士，在玄武门守卫的注视之下，正大光明地涌进了太极宫。

随后，李世民和长孙氏便在宫中分发了铠甲兵器。将士们看到王妃竟然也冒死前来，无不为之振奋。娶妻如此，夫复何求啊。

终于万事俱备，只欠李建成了。

但是，就在此时，张婕妤突然得知了李世民上告李建成淫乱后宫的事情，她急忙跑出宫中，将此事告诉了李建成。李建成又把李元吉叫过去商量对策。

久经沙场的李元吉敏锐地意识到了问题的严重性，便劝告李建成，应该立刻召集军队，托病不朝，以观察时局。

可惜，李建成错失了这个唯一能够活下来的机会，并异常自信地表示："兵备已严，我们应当入宫，亲自打探消息。"

于是，两个人骑着马，带了几名随从，走进了这道让他们再也回不去的玄武门。

宫廷里面一切如常，还是那些熟悉的面孔，还是那条熟悉的道路，于是，两位终于放下心来，有说有笑地来到了临湖殿。

但是，就在此时，李建成突然察觉到了宫中侍卫的异常，这些人的眼神里不仅没有了畏惧，相反还充满了杀气，看着自己就跟看一头金猪一样。李建成这才意识到大事不妙。于是，他俩立刻调转马头就往东宫逃窜。

李世民见状赶紧追了上去，李元吉一边骑马，一边弯弓搭箭，朝着李世民就射了过去。但是，由于太过紧张，他连续射了三次，竟然都没能将弓拉满。

李世民则根本没有顾及李元吉，擒贼先擒王，他直接朝李建成追了过去，一箭便把他射死在了马上。

正在此时，尉迟敬德也带领七十多名骑兵赶了过来，一通乱箭，将李元吉射到了马下。

李世民见状，调转马头就朝李元吉扑了过去。但是，由于战马速度太快，李世民一个不小心，便被树林中的树枝连人带马绊倒了。

李元吉抓住机会，一个箭步就赶了过去，夺过李世民手中的长弓，用弓弦一把勒住了李世民的脖子。李世民顿时脸涨得通红，几乎昏厥过去。在这千钧一发之际，尉迟敬德一声怒吼，猛抽马鞭赶了过来。

李元吉大惊，立刻放开了李世民，拔腿就往自己居住的武德殿跑去。但是，两条腿哪能跑得过四条腿。尉迟敬德一边骑马、一边射箭，不一会儿便将李元吉射死在了路上。

当李世民等人在临湖殿鏖战的时候，早已有人将此消息报告给了一墙之隔的东宫。

于是，翊卫车骑将军冯翊、冯立以及副护军薛万彻等人，急忙率领东宫和齐王府的两千多名精锐杀向了玄武门。

玄武门守将敬君弘、中郎将吕世衡，看到太子的部队杀来，立刻挺身而起，就要上去砍人。但是，周围的"骑墙派"却拉住了他们："胜负未分，不如静观其变啊。"

可惜，这两位猛将根本没有听从，大吼一声便冲入了敌军。但是，两个人哪里是两千人的对手，不一会儿，他们便被剁成了肉泥。

幸好，昨天刚刚摔完龟壳的张公谨在关键时刻赶了过去。他看到敌军来势凶猛，自知难以抵抗，便立刻捋起袖子，硬是一个人把大门给关了起来。那么厚的大门，如果没有超强的爆发力，一个人根本不可能关上。

但是，敌军并没有气馁，随后便对玄武门发起了猛烈的进攻。不过，砍了一阵之后，他们才发现，完全高估了自己的实力——门太厚，根本砍不动。

情急之下，薛万彻猛烈地敲起了战鼓，招呼兄弟们调转枪口，准备进攻秦王府。躲在玄武门后面的秦王府将士个个大惊失色，如果敌军真的杀了过去，堵在芳林门的死囚怎么能是他们的对手，秦王府一家老小必将全部被杀。

幸好，就在敌军刚刚调转枪口的时候，尉迟敬德提着李建成和李元吉血淋淋的脑袋爬上了玄武门。

敌军看到老大已经被斩，顿时作鸟兽散。薛万彻急忙带着几十名骑兵，一路往南，逃进了终南山。

随后，李世民又让尉迟敬德身披铠甲，手握长矛，闯到了西海。此时，李渊正在和宰相裴寂、萧瑀、陈叔达等人在宫内的海池上划船。

看到满身鲜血的尉迟敬德闯了进来，李渊才意识到大事不妙，连续发出了两个疑问："谁在作乱？你要干吗？"

尉迟敬德虽然是一介武夫，但却回答得十分巧妙："太子和齐王作乱，秦王起兵诛杀了他们。秦王担心惊动陛下，便派我来担任警卫。"

施暴者一瞬间变成了受害人，李渊血压一飙，一口老血差点儿喷出来。萧瑀和陈叔达本来就是秦王党，看到大事已成，便赶紧劝说李渊，立李世民为太子，交出权力。

李渊看到自己的心腹竟然也帮着李世民说话，不得不长叹一声，放弃了所有的抵抗。

随后，李渊便像一个木偶一样，任人摆布。他先是按照尉迟敬德的要求，亲笔写下诏书，命令还在顽强抵抗的东宫军队立刻放下武器，接受李世民处置。接着，他又让黄门侍郎裴矩前往东宫、齐王府，安抚各位将士。

哪知道，裴矩刚刚安抚好这些将士，秦王府的人就杀了过去，将李建成的五个儿子和李元吉的五个儿子全部斩杀。

随即，他们又举起屠刀，挥向了那些已经放弃抵抗的将士。所幸的是，关键时刻，尉迟敬德制止了这种毫无意义的杀戮：元凶已诛，何必牵连他人。

当一切都平静之后，李世民终于来到了李渊的面前。他什么话也没有说，只是跪了下去，趴在李渊的身前，号啕痛哭。

是啊，这时候还能再说些什么呢？

除了在心中一遍又一遍诉说，哥哥、弟弟，愿我们来生不要再生在帝王之家。

杀了两个一起光着屁股长大的亲兄弟，杀了十个昨天还叫着自己叔叔伯伯的亲侄子，逼着父亲交出了权力。纵有千种冤屈，万种无奈，他说出来了，又有谁能相信呢？

倘若他母亲地下有知，要问兄弟何在，他又该如何回答啊？

所以，唯有痛哭，才能表达他此时此刻五味杂陈的心情；唯有痛哭，才能让他的良心稍微好过那么一点点。

那么，就让李世民先在那里哭着吧。

我们转过头来再看一下玄武门之变，因为这里面有太多让人费解的地方。

第一，玄武门之变的目的，到底是什么？

这个问题听起来像废话，但实际上却是玄武门之变的关键。我们可以做个假设，假如李建成听了李元吉的话，没有入宫，李世民会怎么办？

李世民肯定不会带着自己的人撤出太极宫。因为一旦撤出，事情必然败露，他必然会被李渊或者李建成等人所杀。

所以，玄武门之变的最终目的已经很清楚了，就是两个字——夺权。哪怕李建成、李元吉不进太极宫，李世民也会控制李渊，逼他退位，然后再找机会杀掉李建成和李元吉。

第二，李世民到底带了多少人？

所有的史书上，都没有明确记载李世民到底带了多少人。我们所说的八百多人，只是根据李世民有八百私人武装的推测。至于这八百人有没有全部进入太极宫，谁也不知道。

很大概率是他们都进去了，因为按照唐初的天子仪卫制度规定，李渊身边至少应该有卫兵三百人左右。

李世民既然是夺权，就肯定要搞定这三百人。否则，李渊不可能乖乖地交出大权。另外，他既要杀掉李建成和李元吉，又要看守玄武门，阻止太子的军队进宫。若没有八百人，他根本就完不成这些艰巨的任务。

第三，李渊真的是在划船吗？

应该是，但肯定不是李渊自愿的。太极宫东西不过两千八百三十米，南北不过一千四百九十二米，发生了这么大的事，薛万彻还在门口捶了一通大鼓，李渊即便是个聋子，什么都听不到，他身边的人也肯定早就把这事告诉他了。

如果真有那么长的准备时间，李渊恐怕早就调集军队去镇压李世民了。

所以，李世民肯定要在第一时间控制住李渊。怎么可能在杀了李建成、李元吉，又打败了太子的军队之后，才派尉迟敬德过去？

玄武门之变的战场应该有两个：杀兄弟于前殿，囚慈父于后宫。至于那八百人应该是这样分配的：

一部分由李世民率领，埋伏在临湖殿，守株待建成。

另一部分则由尉迟敬德率领，杀进太极殿，将李渊和各位大臣押到西海划船。

第四，为什么李世民能够迅速控制整个太极宫？

李世民在这些禁卫军里，应该安插了不少暗桩。另外，李世民在军中的威望本来就高，又是他们名义上的老大，这些人恐怕早就向李世民掏了心窝。

我们甚至还可以作一个大胆的推测，李世民在控制李渊的时候，李渊的保镖们还帮了不小的忙。

第五，李建成为什么那么自信地说"兵备已严，我们应当入宫，亲自打探消息"？

这里的"兵备已严"，很有可能不是指东宫的兵备，而是指玄武门上的禁卫是自己人。所以，他才敢如此大胆地进了宫。

但是，出乎他意料的是，这些禁卫早已经被李世民买通了。

第六，太子率更丞王晊只是个七品芝麻官，他怎么可能知道李建成和李元吉的阴谋？

王晊应该只是个送信的，李世民在太子府的暗桩肯定不止他一个，知道秘密的人应该是不方便出来，于是就派了他通风报信，让他青史留名。

第七，玄武门事变前，李建成真的给李世民下毒了吗？

不知道。如果说下毒了，李世民恢复得的确有点儿快，没过几天，就能发动政变杀人。如果说没下毒，史书上记载得很清楚，又有李神通这个证人在场。

但无论大家怎么谈论，我们都应该记住在玄武门之变第一篇中所说的那八个字——德不配位，必有灾殃。

一个人的财富、名望、地位，以及所有的福报，都需要德行来承载。

当你的德行压不住你所拥有的权力和财富时，当你的能力配不上你的野心时，迎接你的必然是惨痛的失败与教训。

假如李建成和李元吉明白这个道理，他们就应该一次次毫不犹豫地带兵出征、临阵杀敌，而不是躲在后方，一边享受着别人拿命换来的胜利果实，一边却想着如何把对方置于死地。

假如李建成和李元吉有自知之明，他们就应该像几十年后的李宪一样，知道"时平则先嫡长，国难则归有功"的道理。如此，他们便不会落得身首异处、子嗣被杀的下场。

可惜，历史不能假设。即便能重来一次，他们估计也还是这样。你看后来，李唐家的皇帝，又有几个从中吸取了教训？